U0557147

权威·前沿·原创

皮书系列为
"十二五""十三五""十四五"国家重点图书出版规划项目

BLUE BOOK

智库成果出版与传播平台

机器人产业蓝皮书

BLUE BOOK OF
ROBOT INDUSTRY

中国机器人产业发展报告
（2020~2021）

ANNUAL REPORT ON DEVELOPMENT OF ROBOT INDUSTRY
IN CHINA (2020-2021)

哈工大机器人（合肥）国际创新研究院
中智科学技术评价研究中心 ╱ 研创

社会科学文献出版社
SOCIAL SCIENCES ACADEMIC PRESS (CHINA)

图书在版编目（CIP）数据

中国机器人产业发展报告. 2020 – 2021 / 哈工大机器
人（合肥）国际创新研究院，中智科学技术评价研究中心
研创. -- 北京：社会科学文献出版社，2021. 3（2022. 3 重印）
（机器人产业蓝皮书）
ISBN 978 – 7 – 5201 – 7913 – 3

Ⅰ. ①中… Ⅱ. ①哈… ②中… Ⅲ. ①机器人 – 产业
发展 – 研究报告 – 中国 – 2020 – 2021 Ⅳ. ①F426. 67

中国版本图书馆 CIP 数据核字（2021）第 037837 号

机器人产业蓝皮书
中国机器人产业发展报告（2020~2021）

研　　创 / 哈工大机器人（合肥）国际创新研究院
　　　　　中智科学技术评价研究中心

出 版 人 / 王利民
责任编辑 / 丁阿丽
责任印制 / 王京美

出　　版 / 社会科学文献出版社·皮书研究院（010）59367092
　　　　　地址：北京市北三环中路甲 29 号院华龙大厦　邮编：100029
　　　　　网址：www. ssap. com. cn
发　　行 / 社会科学文献出版社（010）59367028
印　　装 / 天津千鹤文化传播有限公司

规　　格 / 开　本：787mm × 1092mm　1/16
　　　　　印　张：23　字　数：346 千字
版　　次 / 2021 年 3 月第 1 版　2022 年 3 月第 2 次印刷
书　　号 / ISBN 978 – 7 – 5201 – 7913 – 3
定　　价 / 198. 00 元

读者服务电话：4008918866

机器人产业蓝皮书
编 委 会

评审委员会 （按姓氏笔画排名）

丁　亮　　王田苗　　王华君　　刘　驰　　安　冉
孙立宁　　余文科　　张小飞　　陈　才　　赵　杰
姚智慧　　高　翔　　梁　靓

主　　　编　王　猛　　李闽榕

副 主 编　于振中　　朱　磊　　李文兴　　王洪波　　白相林
石胜君　　葛姗姗

组 织 策 划　朱　磊　　都　丹　　李文兴　　葛姗姗　　申　靓

编 写 人 员 （按姓氏笔画排名）

马旭旭　　马志斌　　申　靓　　朱　磊　　邬　迪
刘　振　　刘鹏飞　　孙　虹　　苏纯钰　　闵　锐
沙　鑫　　张　强　　张明文　　陈　倩　　陈　浣
陈靖靖　　武　帅　　金　马　　郝瑞刚　　姚宇峰
姚金金　　夏科睿　　郭　龙　　黄　康　　梅东升
曹　园　　曹　院　　葛姗姗　　鲁远航　　熊杨寿

调研指导单位　中国电子学会

调研赞助单位　北京能工荟智机器人有限公司

主要编撰者简介

王　猛　哈工大机器人集团股份有限公司（HRG）总裁，工学博士，主要研究领域为机器人及自动化技术。发表 SCI、EI 核心期刊论文 6 篇，获得授权专利 42 项、国家国防专利 9 项。2017 年获得北京经济技术开发区第二批"亦麒麟"新创工程科技领军人才奖。

李闽榕　中智科学技术评价研究中心理事长、主任，福建师范大学兼职教授、博士生导师，主要研究领域为宏观经济、区域经济竞争力、科技创新与评价、现代物流等。已出版著作《中国省域经济综合竞争力研究报告（1998~2004）》《中国省域经济综合竞争力比较研究》《中国省域经济综合竞争力评价与预测研究》；主编国家级系列蓝皮书《中国省域经济综合竞争力发展报告》（2005~2019 年共 14 部）、《世界创新竞争力发展报告》（2001~2017 年共 2 部）、《全球环境竞争力发展报告》（2013~2015 年共 2 部）、《中国可持续发展遥感监测报告》（2016~2019 年共 3 部）、《中国茶产业发展报告》（2010~2018 年共 6 部）、《中国轨道交通行业发展报告（2017）》、《中国核能发展报告》（2018~2020 年共 3 部）。

摘　要

《中国机器人产业发展报告（2020～2021）》是关于 2019～2020 年中国机器人产业发展的研究报告，为该系列的第 2 本蓝皮书。本书由哈工大机器人（合肥）国际创新研究院和中智科学技术评价研究中心联合研创，并在行业领域专家的鼎力支持下共同完成。

《中国机器人产业发展报告（2020～2021）》下设总报告、分报告、专题篇。

总报告提出，中国机器人相关应用领域不断拓展，科技研发成果产业化进程加快，但专业人才培养机制不完善等问题制约产业整体发展水平的进一步提高，亟须产业相关主体的共同努力。同时，服务机器人潜力赛道、线上教育模式等成为机器人产业未来发展的重要方向。

分报告分析了中国工业机器人、服务机器人、机器人产业核心零部件、机器人产业系统集成四个方面，提出随着中国工业机器人技术水平提升，非标软硬件产品成为厂商关注的重点；服务机器人向下游多个应用领域渗透，产业规模呈持续增长态势；机器人产业核心零部件技术壁垒有待突破，企业注重新应用场景产品的开发；机器人产业系统集成市场较为分散，智慧工厂柔性生产需求的日益增多带动市场规模的快速发展。

专题篇中，《中国机器人产业区域发展报告（2020～2021）》立足七大机器人产业集聚区，提出中国各区域的机器人发展集群辐射作用突出，但存在区域定位不清晰等问题，建议通过培育龙头企业等措施，提升机器人产业发展水平；《中国机器人产业资本市场发展报告（2020～2021）》提出医疗和物流领域依然是资本关注的热门领域，更多市场机会将出现在潜力赛道；《中国机器人产业人才发展报告（2020～2021）》总结了中国机器人产业各

界探索产业人才培养的新方法、新模式，提出线上教育有望成为新的发展契机；《中国机器人产业知识产权/专利发展报告（2020～2021）》通过研究机器人产业领域的专利数据，提出国内机器人产业专利申请较为分散，申请人专利意识不断加强；《中国机器人产业创新发展报告（2020～2021）》提出机器人产业创新体现在技术、产品、营销模式等方面，产业多元创新体系逐步形成。

《中国机器人产业发展报告（2020～2021）》从科学严谨的角度，对中国机器人产业进行了系统梳理和分析，希望能为企业、科研院校、社会大众等提供了解国内机器人产业发展的权威、翔实的资料。

关键词：机器人产业　工业机器人　服务机器人　机器人产业核心零部件　机器人产业系统集成

目 录

Ⅲ　专题篇

皮书数据库阅读**使用指南**

总 报 告

General Report

B.1

中国机器人产业发展报告（2020~2021）

——融合创新加快，推动产业发展

朱磊 孙虹*

摘 要： 2019 年，受全球复杂经济形势影响，中国机器人产业发展增速下降。在国家政策引导、制造业智能升级、社会老龄化等因素作用下，机器人相关应用领域不断拓展，科技研发成果产业化进程加快。但国内机器人标准不够完善且滞后、专业人才培养机制不完善等问题制约产业整体发展水平的进一步提高，亟须政府、企业、高校等机器人产业相关主体的共同努力。此外，伴随市场需求的变化、AI 技术的演进和应用，国内机器人产业出现新的发展趋势及市场机会，部分企业调

---

* 朱磊，哈尔滨工业大学机电学院讲师，哈工大机器人集团副总裁，黑龙江省工业设计协会副秘书长，国家工业设计奖评委，申报发明专利近 50 项，负责 HRG 市场、品牌、企业家学院；孙虹，统计学学士，哈工大机器人集团市场分析师，主要研究方向为机器人产业。

整业务方向，开拓长尾市场，服务机器人潜力赛道成为资本市场关注重点，产业人才培养探索线上教育模式，产业多元创新体系逐步完善。

关键词： 机器人产业　机器人标准　专业人才

一　机器人发展概况

机器人产业链包括上游、中游、下游三个环节：上游环节包括机器人核心零部件和软件系统开发，中游涉及机器人本体制造，下游涵盖系统集成、销售及售后服务。

机器人产业链环节少，但涉及多个高新技术领域（如软硬件、精密制造等），整体技术含量较高。在机器人产业链上游，核心零部件和软件系统开发包括减速器、伺服系统、控制器、传感器等，它们的性能决定了机器人的性能，技术含量最高、成本占比最大。在机器人产业链中游，机器人本体是搬运机器人、家务机器人等机器人的重要组成部分，本体制造的技术难度集中在加工工艺和整机结构设计两个方面，这两个方面是机器人执行命令和运动的基础，需要企业重资产投入。机器人产业链下游主要面向市场及用户，相关业务类型包括系统集成、销售及售后服务等（见图1）。

二　中国机器人产业环境分析

（一）政策助力机器人产业发展，推动机器人细分领域应用

近年来，国家颁布多项政策支持机器人产业发展，政策内容主要包括强调发展机器人产业的重要性、突破机器人关键技术、完善周边配套设施、支持机器人创新中心的建设等，助力机器人产业体系不断完善。

机器人产业链

需求侧 应用场景

- 工业：汽车、3C电子、金属加工、……
- 服务业：教育、娱乐、清洁、银行、餐饮、政务、医疗、消防、……

产业链下游 系统集成、销售及售后服务

- 线下渠道：系统集成商、实体零售商店、展销博览会、机器人租赁、机器人线下培训
- 线上渠道：网上商城、电商平台、机器人线上培训

供给侧

产业链中游 机器人本体制造

- 工业机器人：焊接机器人、装配机器人、喷涂机器人、仓储物流机器人、搬运机器人、加工机器人、……
- 服务机器人
  - 个人家用机器人：教育机器人、养老助残机器人、娱乐机器人、个人运输机器人、家务机器人、家用安监机器人、……
  - 公共服务机器人：讲解导引机器人、营销机器人、多媒体机器人、运输配送机器人、餐饮机器人、公共游乐机器人、……
  - 特种机器人：专业检测机器人、专业安防机器人、搜救机器人、采掘机器人、建巡机器人、检查维护机器人、国防机器人、医用机器人、农畜牧用机器人、……

产业链上游 机器人核心零部件和软件系统开发

- 硬件部分
  - 控制与驱动：减速器、伺服系统、控制器
  - 感知：专用芯片、传感器、采集系统
  - 通信：实时通信、5G通信
- 中上层软件
  - 感知：语音识别、视觉识别、位置识别、运动识别
  - 认知：语言处理、深度语义、知识图谱
  - 决策：路径规划、行为决策
  - 控制：运动控制、力控制、轨道控制、智能控制
  - 交互：界面交互、语音交互、运动交互
- 底层软件
  - 操作系统

图1 机器人产业链

资料来源：作者根据公开资料整理。

2019 年，中央及各地政府依然在大力推动制造业升级改造，发展智能产业及推动机器人的应用和开发，所推出的政策重点围绕机器人产业链的建设，包括建立机器人产业集聚区、完善机器人产业链、鼓励关键核心技术发展、推进智能化改造升级、推动机器人细分领域应用等。新基建政策从产品技术水平、基础设施建设、活跃资本及玩家、打造新应用场景等方面助力机器人产业发展。

2019 年，科创板为机器人产业拓宽融资渠道、提供配套支持，同时强调关键核心技术及创新能力，为机器人企业指引创新方向。

（二）国内经济发展速度有所减缓，机器人产业市场需求量缩紧

2019 年，中国经济面临更加复杂的内外部环境，中美贸易摩擦、英国脱欧等为全球经济带来了更大的风险和挑战，投资增速放缓等因素致使国内经济发展速度减缓。中国政府积极加大宏观经济调节力度、实施"六稳"政策，国内整体经济继续保持平稳运行。2019 年全国 GDP 增长 6.0%，与 2018 年相比回落 0.7 个百分点，其中，与机器人产业息息相关的制造业增加值增长 4.6%，较 2018 年回落 1.5 个百分点。从需求角度看国内经济运行情况，2019 年制造业投资增长 3.1%，与 2018 年相比回落 6.4 个百分点。

聚焦国内机器人产业运行情况，虽受宏观经济及下游制造业增速减缓影响，2019 年机器人市场需求规模有所缩紧，但中国凭借巨大的市场潜力及良好的投资环境，仍吸引国内外企业保持较高的投资热情，例如发那科、新松均大力开发机器人产业项目。国内外机器人骨干企业普遍看好未来机器人的应用市场。

（三）人工智能、5G 等技术快速发展，促进机器人产品的应用落地

近年来，伴随着人工智能、5G 等技术的不断发展，数字经济越来越成熟。未来，数字经济将成为推动经济社会发展的关键因素。由于技术融合紧密，数字经济尤其是由技术引起的变革对机器人产业的影响较大，人工智能、5G、工业互联网、云技术、边缘计算等都对机器人领域有着潜在而巨大的影响。

人工智能技术的快速发展，不仅可以加强机器人本体的感知能力，还可以使机器人本体实现在不同场景进行高效通信。5G、工业互联网的持续演进将进一步从网速、带宽层面增强网络的业务支持能力和灵活性，机器人可以满足更高通信要求的场景需求。机器人大量存储数据，带来流量增多的同时导致传输时延加长，机器人在场景应用中效率降低。云技术及边缘计算的快速发展解决了这类问题，通过将大量的机器人数据存放到云端，可显著降低数据的传输时延，助力机器人针对场景应用实现规模化部署。

2019年，Gartner发布人工智能技术成熟度曲线，以预测各种新兴科技的演变速度。聊天机器人、自主移动机器人、智能机器人、仓库拣选机器人等产品处于期望膨胀期的顶峰，显示出有望取得技术突破的迹象。尚处于技术萌芽期的知识图谱在机器人界日益受到重视，可与机器人的感知、决策模块紧密结合，将获取的信息存入知识图谱，通过对已有知识的挖掘来获得更高层次的知识，帮助机器人实现更高级的持续学习能力（见图2）。

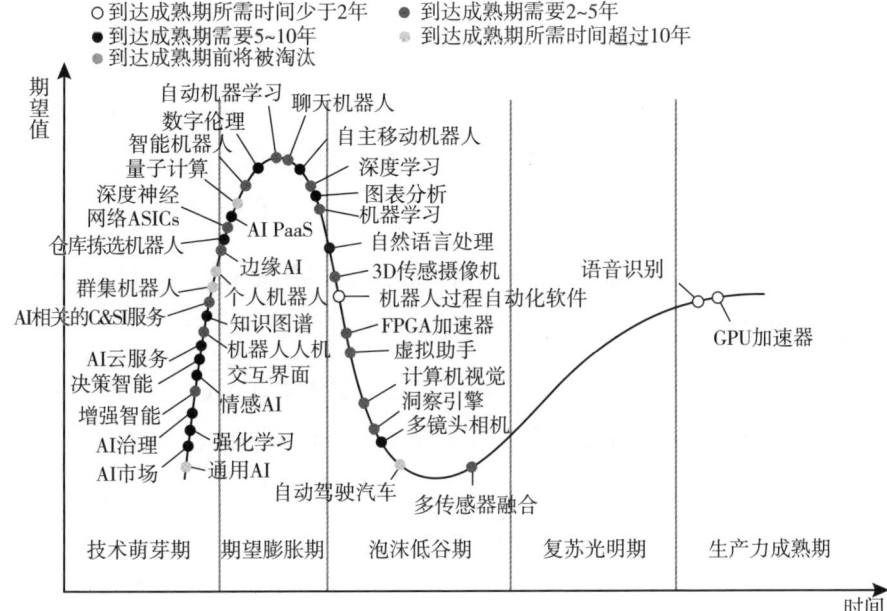

图2　人工智能技术成熟度曲线

资料来源：作者根据公开资料整理。

（四）人口红利消失推动机器人换人，机器人助力疫情防控获业界认可

联合国、艾媒咨询数据显示，目前全球整体处于老龄化社会，而中国老龄化程度超过了全球水平。中国老龄化的不断加剧，造成企业及工厂人力供不应求，直接影响体现在各企业及工厂人力成本不断提高，人口红利逐步消失，利用廉价劳动力竞争的模式将改变，制造业企业面临着人力成本高且招不到人的困难，这将持续推动企业进行机器人换人。

2020年初，中国面临新型冠状病毒感染的肺炎疫情范围扩大的严峻挑战，生活及商业环境中人与人之间的隔离或减少接触可以有效防止疫情扩散，在相应的场景中应用机器人，可保障民众的生活及工作正常进行。机器人企业抓住机遇，加快产品创新、迭代步伐，使得机器人在医院、酒店、商场等场景替代工作人员工作，提升了疫情的防控力度。同时，社会对机器人产品的用途有了新的认识，助力机器人在部分场景下迈过市场教育阶段，被更多行业认可。

三 中国机器人产业应用现状

（一）中国工业机器人产销量有所下滑，物流及协作机器人应用领域不断拓展

国家统计局数据显示，2019年中国工业机器人累计产量为186943.4台，同比减少6.1%；高工产研机器人研究所（GGII）数据①显示，中国市场的工业机器人销量约15.31万台，其中，外资工业机器人销量约9.4万台，同比减少0.57万台，国产工业机器人销量约5.91万台，同比增加0.24万台。

---

① GGII数据主要是通过对重点企业现场调研、电话访谈等形式获取市场信息，进行分析和预测。IFR数据主要依托全球各区域机器人产业联盟组织成员单位，以问卷形式采集信息，进行分析和预测。

据 GGII 数据，2019 年，中国市场中多关节机器人受汽车行业下行影响，销量 9.33 万台，同比下降 4.01%；平面关节机器人销量 2.91 万台，同比下降 1.02%，主要应用于 3C 电子行业；坐标机器人销量 1.63 万台，同比下降 9.4%，凭借产品结构简单、成本较低的优势，被广泛用于点胶、注塑等领域；并联机器人因下游行业使用基数较低，销量约 4620 台，同比增长 30.14%。据中国移动机器人（AGV）产业联盟（CMR）数据，2019 年，国内物流机器人销量 3.34 万台，较 2018 年增长 12.8%，市场销售额同比增长 45.29%。据铂睿德佳（MIR）数据，国内协作机器人销量超 6000 台，同比增长 21.37%，应用延展性较高。

2019 年，搬运、焊接、喷涂等机器人在国内工业机器人应用领域中占比较高，其中，搬运是工业机器人国产化程度最高的领域。喷涂机器人在自动化需求、环保政策等因素推进下，市场需求大幅增加，但国内企业在大规模系统集成技术及核心零部件制造水平上，与外资企业相比仍存在差距；搬运机器人借助传感器技术提升智能水平和安全性，满足更多下游应用行业需求；受益于国家新基建投资建设等政策影响，焊接机器人在基建、五金加工等行业销量有所提升，国产机器人厂商注重焊接解决方案的打磨；仓储物流机器人应用于工业及电商等领域，伴随 5G 技术的发展，其应用场景将进一步拓展；协作机器人保持投融资热度，企业更加重视行业资源整合、创新，搭建产品生态；装配机器人应用的整体技术难度较高，企业注重深耕细分领域，定制开发机器人装配设计；抛光打磨机器人企业通过改进技术、收集传统行业需求等途径，挖掘市场潜力。

2020 年初，突如其来的新冠肺炎疫情将机器人与智能制造行业推向风口。多家上市机器人企业披露，疫情使下游行业产生了更多的市场需求，为工业机器人提供了更广阔的应用前景。

（二）国内服务机器人市场规模增速同比下降，产业发展明显受市场需求驱动

2019 年，人工智能、多传感器信息融合等技术提升服务机器人智能化

水平及环境适应能力，进一步促进了服务机器人的商业化落地。据国际机器人联合会（IFR）数据，2019 年全球服务机器人市场销售额为 169 亿美元，较 2018 年增长 31%；据中国电子学会（CIE）数据，受国内老龄化加速等因素影响，2019 年国内服务机器人市场规模为 29.5 亿美元，较 2018 年增长 29.4%，但增速同比有所下降。

伴随国内机器人技术不断发展及劳动力成本的提升，2019 年中国个人/家用和公共服务机器人市场规模为 22 亿美元，同比增长 33.3%。其中，国内个人/家用服务机器人市场销售额较 2018 年增长 31.6%，高于全球 27.8% 的市场增速。国内医用机器人市场销售额 6.2 亿美元，同比增长 34.8%，高于全球 32% 的市场增速。国内特种机器人市场规模约 7.5 亿美元，同比增长 19.0%。

国内服务机器人产业发展明显受市场需求驱动，资本市场趋于理性，市场规模大及拥有刚需应用场景的细分产品更受资本青睐。2019 年，家务机器人、教育机器人因刚性市场需求提高而逐步在市场放量，娱乐机器人、养老助残机器人产业化仍存在一定瓶颈；个人/家用服务机器人以线上销售渠道为主，线下渠道主要用于产品展示及体验；室内配送机器人因可以降低人力成本、提升工作效率，受到酒店、餐饮、零售等行业的认可；在技术驱动下，公共服务机器人中的酒店机器人和餐饮机器人实现在下游应用场景中落地，逐步向政务等市场延伸；专业安防机器人更多地与人工智能技术相结合，在某些细分场景中初步具备自主能力；特种机器人在国内院校及企业加大研发力度的背景下，在部分特定场景中实现应用突破，如水上、水下、管道、消防等领域；煤矿因环境恶劣、工作高危成为特种机器人应用的刚需场景，但受制于技术、资质及渠道等壁垒，企业实现产品放量仍需一定发展时间。

2020 年，为防止新冠肺炎疫情扩散，机器人替代人工的需求被激发，越来越多的服务机器人被应用于医疗、配送等领域，服务机器人的市场空间进一步扩大。

（三）减速器、控制器及伺服系统国产化进程缓慢，传感器应用场景不断拓展，核心软件处于初级发展阶段

减速器的性能很大程度上决定了机器人的质量，是机器人的核心零部件之一，其成本占机器人总成本的1/3。截至2020年，全球减速器市场绝大部分份额被日本企业占据，比例高达80%以上。近年来，虽然中国持续在减速器领域投入研发、攻关技术，但依然与国际巨头存在差距（尤其是RV减速器）。目前，国内减速器企业无法完全实现对内供应，国内机器人本体企业及系统集成企业依然需要向减速器国际巨头采购减速器，由此造成了国内机器人产品的生产成本更高，机器人企业利润摊薄，终端用户需要用更高的价格购买产品。目前，国内减速器企业南通振康、苏州绿的的减速器产品逐渐获得了市场的认可，占据了一定的市场份额。

国内机器人控制器市场相对成熟，厂商主要分为两种类型：一种是机器人本体生产商，生产适用于自身机器人产品的专用控制器；另一种是机器人通用控制器生产商，为外部机器人本体企业提供专业控制器产品。近年来，随着技术及应用场景的不断积累，机器人控制技术不断提升，国内控制器产品在稳定性和易用性方面有所改善，但在控制位置精度和大负载动力学约束技术上还有待提升。

目前，中国伺服系统仍然依赖进口，尤其是中高端伺服市场，欧美及日系品牌占据近75%的市场份额。华中数控、广州数控、汇川技术等国内伺服企业通过自主研发得到了发展，其产品受到市场认可，国产化率不断提升。

传感器应用场景日趋增加，不断推动机器人智能化。以视觉传感器为例，它被广泛应用于工业机器人及移动机器人领域，相关技术及产品不断迭代升级，提升了机器人智能化水平，促使机器人产品满足更多场景的应用需求。

以机器人操作系统为代表的机器人核心软件发展迅猛，从全球来看，众多厂商发布了各类机器人操作系统，百家争鸣，但市场上的机器人操作系统产品缺乏统一标准，暂未进行大规模推广。

（四）国内系统集成市场竞争激烈，行业集中度低

2019年，受汽车和3C电子行业业绩下滑、投资放缓等因素影响，中国工业机器人系统集成市场增幅放缓。在国内机器人系统集成市场中，下游行业中汽车和3C电子领域自动化程度最高，依然有较大的市场空间；金属加工、仓储物流、锂电池等一般工业的系统集成市场规模持续扩大，但整体份额相对较小。

系统集成在汽车行业的应用中，汽车整车的市场份额最大，其应用领域还包括汽车零部件及汽车电子。虽然国内系统集成商也在不断进行渗透，但目前仍以外资系统集成企业为主。同时，国内系统集成商突破汽车焊装领域，占据部分市场份额。国内系统集成商在汽车零部件、汽车电子领域的市场份额较高，市场以中低端为主。随着系统集成市场的竞争越来越激烈，预计外资企业数量将保持稳定，国内系统集成商则面临洗牌。

从应用端来看，核心生产工艺等高端应用领域进入门槛较高，国外系统集成商具有一定的先发优势。例如，机器人在喷涂、视觉检测等领域的应用属于高端工艺，在相应领域中外资集成商占据主导，国内系统集成商攻占相关市场份额的进程缓慢。国内系统集成商在中低端应用领域占据了较高的市场份额，例如，外资集成商很少涉及搬运、码垛等中低端应用领域，在相应领域中国内系统集成商占据优势；除此之外，在焊接、装配、铆接和检测等系统集成领域，国内系统集成商也比国外系统集成商的市场份额高。

四 中国机器人产业现存问题及对策建议

（一）机器人标准体系及管理体制不能满足机器人产业发展的需求

伴随中国机器人产业的不断发展，机器人产业对标准体系和管理体制有了更多及更高的要求，现行机器人产业标准体系及管理体制已不能满足机器人产业相应的需求。

目前，部分机器人标准存在交叉重复以及矛盾的情况，造成了相关部门在制定标准过程中人力、物力等资源的浪费，相关部门在执行标准过程中执法不统一的问题也导致机器人企业面临标准依据不明确的困扰。同时，机器人产业跨领域、技术和应用较为丰富、缺乏标准制定规划及推进制度，导致标准制定效率较低、机器人标准缺失和滞后，难以满足产业快速发展需求，例如，机器人操作系统作为机器人的核心软件，缺乏统一软件组件化行业标准，阻碍了操作系统的规模化发展。此外，由中国主导制定的机器人产业国际标准在全球占比较小，对全球机器人产业标准的影响力不高，国际话语权较弱。

针对上述机器人产业标准存在的问题，政府需统筹规划组织机构建设，加强对机器人领域标准化机构工作边界的界定，避免机器人标准化工作内容出现交叉重复的现象。行业标准制定机构可通过互联网平台、线下交流等方式加强信息交流，量化标准制定对产业的影响，以提高各界对标准建立的重视程度。同时，相关主管部门可通过实地调研、企业沟通等方式，最大限度地保证标准制定的及时性、全面性，注重参与国际标准化工作，以全球化视角提升标准的科学性、适应性、有效性与权威性。

（二）中国机器人关键技术、精密制造工艺与国外仍存在一定差距

机器人是多学科融合的产物，由于国内机器人产业发展起步相对较晚、精密制造基础薄弱，中国机器人关键技术、精密制造工艺与国外存在一定差距。

在机器人产业链上游的核心零部件环节中，国内减速器产品质量、应用可靠性逐步提高，谐波减速器逐步实现进口替代，但本土企业与国外企业存在核心技术、设备等条件差异，RV减速器仍依赖进口；控制器技术成熟度有所提升，但产品易用性、兼容性、智能性等方面需进一步改进；国内厂商注重通用型伺服驱动器技术的积累，但在大型伺服驱动器技术上存在缺失；机器人传感器受制于产业链制造水平，其设备质量、参数暂时无法满足高端市场应用需求；核心软件的自主化与开发标准化问题制约产品市场的快速发展。

在机器人产业链中游的本体环节中，工业机器人技术发展较早，国内企业通过自主研发等途径取得一定市场空间，但由于产品打磨时间短、产品制造工艺及应用水平与国外存在差距等原因，在多关节机器人等产品市场未占据主导地位；国内服务机器人尚处于探索期，部分细分领域的产品应用依赖于人工智能等技术的发展。

在机器人产业链下游的系统集成环节中，国内相关企业利用自身本土优势，虽掌握了一定的项目经验和知识产权，但因解决方案落地的综合技术要求高，暂时不能完全满足综合性较高、需要多工序和多机器人整合能力的项目需求。

针对国内机器人产业链中存在的技术不足问题，国家相关部门需加大机器人产业顶层设计，出台符合中国国情的机器人发展支持政策，营造良好的市场环境；企业需注重创新能力培养，依据业务发展情况增加研发投入，建立技术壁垒，构建核心竞争能力，同时，针对业务细分领域对产品及解决方案进行打磨，避开同质化竞争。

（三）国内机器人产业集聚区呈现差异化发展，产业资源分布不平衡

目前，中国机器人产业集聚区可划分出京津冀地区、长三角地区、粤港澳大湾区、西南地区、中部地区、东北地区、西北地区七大区域。各大机器人产业集聚区因产业发展基础、地方支持政策、配套产业链、专业人才等条件不同，呈现差异化发展的产业集聚特征，也相应面临着不同的发展问题。

京津冀地区高度重视机器人产业发展，但整体未形成差异化、协同化发展路径；长三角地区凭借其完备的产业链吸引国际巨头布局，对本土厂商造成较大的市场竞争压力，且当地政策偏应用型导向；粤港澳大湾区中小型制造业企业多，智能制造及自动化改进市场潜力大，但需求碎片化，亟须机器人企业提升解决方案能力；东北地区拥有数量较多的机器人相关的重点高校、实验室及企业，但暂未形成产学研协同创新效应，部分技术研发成果产业转化率低；中部和西北地区机器人产业发展较晚，高端人才及科研机构数量有限，制约产业高速发展；西南地区通过政策扶持等措施培育本土企业、吸引集团公司在本区域召开分公司，但企业体量及聚集产业规模相对较小，

机器人产业集聚效应有待形成。

针对国内机器人集聚区存在的资源、人才等相关问题，区域可在坚持以市场为导向的前提下，加强产业政策梳理及规范，构建符合当地发展路径的引导政策，并依据优势资源，提高资源优化配置能力，加强产学研发展合力，全面支撑产业高质量发展；区域需立足发展及规划，培育龙头企业，以突破核心关键技术、占领产品优势领域，巩固国内外市场竞争实力。区域内注重高端人才、企业、科研机构的培养，加快技术成果创新及产业落地，形成资源集聚效应；区域间注重市场协同、产能协同，加强飞地经济等机制与模式的研究。

（四）资本助推机器人产业发展动力不足

2019 年，机器人资本市场在物流机器人、医疗机器人等细分领域投资的热度持续攀升，但整体活跃度降低。由于机器人产业所需投资多、工作艰苦、开发周期长、技术突破难度高，想要推动产业的发展，需要庞大的资金和高素质人才，且实现盈利的时间跨度较大。商业的目的是盈利，除了针对技术、市场相对成熟的领域进行赛道抢占以获得绝对优势，投资技术门槛高、难以短时间攻克的领域外，无论是资本机构还是产业巨头投入资源推动产业发展的动力都不足，导致机器人市场存在资本助推核心技术发展力较弱的问题，例如芯片、RV 减速器等产品，技术突破难度高，时间周期长，短期内无法实现资金回报，因此资本机构不愿过多参与。此外，国内机器人产业仍处于发展阶段，部分资本机构未建立完善、明晰的投资体系，所注资的初创企业因缺乏切实的应用场景、同质化竞争激烈、无法实现商业落地等问题倒闭，挫伤其投资积极性。

针对融资难的问题，机器人产业相关企业可紧握科创板设立发展机遇，解决融资难题。科创板淡化了盈利指标、进行注册制，平均审核周期约为 7 个月，降低了上市门槛。国内机器人企业以技术研发型为主，具备高估值、高研发投入的特点，易满足科创板对上市主体的要求。针对资本市场泡沫的问题，投资者应持续关注热门赛道头部玩家，密切注意潜力赛道深耕企业，帮助应用场景中产生切实价值的优质企业在资本的助力下实现商业化落地，最终实现盈利。

（五）机器人产业人才缺口尚未补足，人才培养机制不完善

人才是机器人产业发展的关键。在产业高速发展的浪潮下，机器人技术研发、操作、维修、营销及管理人员的需求大幅提升。

目前，国内机器人产业人才主要面临以下问题。一是人才数量短缺。工信部等部门共同编制印发的《制造业人才发展规划指南》中预计，到2025年，高档数控机床和机器人领域人才总需求量将达到900万人，缺口为450万人。二是人才培养机制不完善。国内机器人产业人才教育仍处于初始阶段，尚未形成完整的教学资源系统，优质的社会培训机构较为稀缺，制约了人才批量化培养的进程；同时，经过机器人技能职业培训的人才，在行业内暂无统一适用的水平或资质评价标准规范。三是人才就业行业（或领域）流向不均衡。相关就业者因工作环境、薪资待遇等因素影响，更倾向于选择到理论研发领域工作，致使机器人应用型人才短缺。

针对国内机器人产业人才数量短缺、培养机制不完善、就业行业（或领域）流向不均衡等问题，政府、企业、高校作为人才培养的直接关系方应同时发力。政府需加强人才培养规划与布局，出台产业高端人才培养鼓励政策；企业需注重人才培养和储备，投入资金、技术、人力加强人才队伍建设；高校应积极与产业实际相结合，进行教学方式创新，培养实用型人才。为推动机器人产业加快形成全面的人才培养机制，相关政府主管部门加快职业技能标准的制定与发布，提升就业者参与积极性，高校及职业培训机构基于产业实际应用需求，提升教学师资、装备和课程体系设计水平。政府、高校、企业合作建立联动机制，加强机器人产业人才就业技能培训、心态辅导，求职者可科学、全面依据自身专业以及产业细分领域人才供需情况进行择业、就业，以避免部分职业或工种无人选择或竞争过于激烈。

（六）中国专利质量不高，专利申请集中度低

2011年以来，中国申请人在机器人领域的专利申请数量迅速增加，在全球专利的申请量中占据了非常大的比例，但目前仍然存在专利质量不高的

问题。与全球数据相比，中国单个申请人专利申请数量相对较少，整体布局较为分散。虽然中国在全球专利数量中的占比相对较高，但全球专利数量排名前 10 的申请人全部是日本人和韩国人，中国申请人并没有出现。全球排名前 5 名申请人的专利拥有量占比为 4.13%，中国占比为 2.53%，可见中国申请人的专利申请较为分散。从中国排名前十的专利申请人可以看出，科研院所和大专院校申请专利积极性相对较高，企业参与度有待提升。其中排名第一的是科研院所，其次是 6 个大专院校，国内企业只有 2 个。目前，中国申请人大多数在国内市场进行专利申请，很少对国外市场进行技术保护。中国申请人向外申请专利的比例只有 3.26%，该比例相较专利申请量排名前几的发达国家较低。中国的专利制度实施较晚，企业对知识产权的认知相对薄弱，申请人在专利保护方面更关注专利数量、布局，而对专利质量、诉讼技巧的关注度相对较低。

针对中国机器人专利存在的质量不高、技术集中度低、企业参与度有待提升、对外专利布局不足、专利认知较为薄弱等问题，建议申请人关注专利布局和数量的同时，在专利质量控制方面投入更多的精力，以避免在后期维权时处于不利地位。有能力的企业可适当加大对机器人技术的研发投入，也可结合自身的需求和优势，与研发方向较为契合的科研院所或大专院校开展合作，发挥各自的优势，降低研发成本，探寻更多的研发方向。专利申请人在面对新的研发成果时，不应仅局限于国内市场，需加强专利意识，熟悉诉讼技巧。

五　中国机器人产业发展趋势及市场机会

（一）机器人企业避开竞争红海，深耕细分领域

国内机器人产业在人口红利消失、制造业转型升级等多因素影响下，市场发展潜力较大。伴随精密制造、人工智能等技术的发展，及机器人市场需求及竞争格局变化的影响，国内机器人产业链相关企业纷纷加大自主创新及研发投入力度，通过自身业务及技术经验积累，深耕细分领域，以掌握市场

机会。

在核心零部件环节，虽然外资品牌的减速器产品在全球市场份额占比较大，国产谐波减速器凭借成本优势有望争夺更多的市场份额。在控制器智能化、标准化等发展趋势下，在国内外机器人使用未完全普及前，本土厂商将面临针对新兴行业开发特定机器人控制器的市场机会。在机器人驱控一体化带动下，伺服企业可与机器人厂商深度合作，整合双方优势技术、行业资源，提高产品质量，降低成本。核心软件将在"智能工厂"业务拓展下迎来一波市场爆发，相应带动机器人软件教育行业发展。

在本体制造环节，工业机器人价格呈下降趋势，要求本体厂商提升控制产品成本的能力，或加速零部件国产化进程；工业机器人厂商逐渐将业务重心从外资占主导的竞争红海市场中转移，利用本土优势，聚焦于长尾市场特定需求的挖掘；工艺软件等非标产品凭借毛利高等特点，继核心零部件后成为厂商关注重点。清洁机器人在商用领域助力清洁行业智能升级，有望成为服务机器人新的商业落地方向；建筑机器人因技术发展、工作场景存在刚需，吸引高校及企业参与该细分领域。

在系统集成环节，硬件设备、顶层架构设计和软件相结合的智慧工厂将成为系统集成商的业务方向；面对系统集成因非标定制属性强而导致项目难以批量化复制的困局，部分系统集成商已开始联合本体厂商推动机器人"本体＋工艺"的标准化发展，促进业务快速落地推广。

（二）企业业务依据机器人产业集聚区发展特色进行战略布局

目前，国内已形成七大机器人产业集聚区，各大区域依据当地产业基础、引导政策、企业及人才数量与质量情况，呈现不同的产业发展特色。其中，处于沿海地区的长三角地区及粤港澳大湾区机器人企业数量众多，京津冀地区、长三角地区及粤港澳大湾区高端人才优势明显，东北地区具备的深厚工业基础为机器人产业发展提供了土壤，中部地区凭借区位等优势已形成产业集群，西北和西南地区在相关政策引导下不断吸引项目落地。未来，七大机器人产业集聚区将立足优势资源，加快产业集聚步伐。

京津冀地区将基于机器人产业政策，人才、技术优势，聚焦特定工业机器人、特种机器人等产品形成特色集群，如天津重点推进工业机器人、水下机器人、医用机器人的研发与产业化；河北注重矿用抢险机器人、农业机器人的生产制造。长三角地区产业集群发展较为典型，国内外企业数量众多、技术实力突出，将基于完整的产业链促进产业高质量、高端化发展。粤港澳大湾区聚集众多制造企业，为机器人自动化改造提供市场空间，并且依靠当地3C电子、汽车等行业形成了以应用为主线的产业集群，产品及解决方案的实际应用性成为区域特色。东北地区的机器人龙头企业带动效应明显，拥有扎实的人才和工业基础。中部地区将重点利用机器人产业园区运营模式、企业招商服务政策等形式吸引更多优秀企业落地。西南地区将依托机械制造等产业园基础，为机器人产业园打造良好的发展环境。西北地区将依托当地高校、企业扩大机器人产业规模，整体发展增速较快。

基于国内不同机器人产业集聚区的发展重点及优势，机器人相关企业可依据自身主要业务、长期市场战略选择相匹配的产业地区布局，以降低生产成本、增强企业合作、扩大市场份额。

（三）资本向热门赛道头部企业汇聚，市场机会转向技术有待突破的潜力赛道

2019年全球实体经济增速放缓，机器人企业短期内面临市场需求低迷、竞争加剧、投入高回报率低等难题。以机器人为主营业务的大部分上市企业营业收入、毛利率同比下滑。为突破市场困局，企业通过增加研发和技术投入，提升核心技术水平。部分大型企业通过收并购等资本手段进行业务的横向与纵向延伸，实现技术及客户资源的积累与拓展，打造企业核心竞争力。

随着机器人产业的发展，大部分热门赛道已产生了"独角兽"，资本向头部企业汇聚，投融资活跃度明显降低。在此背景下，机器人产业新的机会将出现在技术相对不成熟、偏冷的潜力赛道，如养老助残的智能护理机器人，以及面向军事、救援、巡检等特定场景的特种机器人等，这些机器人具有更高的人机交互、柔顺控制、功能仿生及智能感知技术要求，技术壁垒相

对较高，入局企业可避免同质化竞争。

机器人产业客户大多以 ToG、ToB 为主，不论是积累应用场景业务经验还是实现商业化落地，均需要具备行业资源基础。例如，在服务客户中积累的经验对于初创企业来说是重要的竞争壁垒，成功的客户案例是企业获取新客户最好的宣传。未来，具有协同效应的战略投资将会更多地出现在机器人领域。

（四）机器人产业人才培养体系日趋完善，线上教育模式成为新的发展契机

人才是机器人产业快速发展的重要支撑，为避免人才问题成为阻碍国内机器人产业前进的瓶颈，产业各界将会越来越重视专业人才的数量及质量。

在机器人市场、用人企业对人才专业性的需求度和依赖度提升的背景下，多元化、国际化、专业化成为人才培养思路。针对国内机器人产业人才培养路径的变化，政府将注重高素质产业人才队伍建设，加强产业人才培养顶层设计，明确人才评价标准；企业将转变原有"外部引进"为主的人才引进策略，加强与高校、培训机构等单位的沟通、合作，进行人才的自我培养；高校、科研机构将紧跟产业市场需求，加强与企业的深入交流，完善教育体系和开设相关专业；社会培训机构在国家相关主管部门引导、管理下，提升教学装备、课程体系设计水平，培养优质学员。

此前，优质的机器人教育资源受地域等因素限制，无法在线下渠道快速得到推广复制。受新冠肺炎疫情的影响，线上教育凭借突破时间和空间限制等优势得到迅速发展，相关线上职业技能培训平台、新职业在线学习平台被政府、高校等人才培养单位重视，打造出的机器人产业人才培养平台呈现专业化、规模化效应，拓宽了产业人才培养方式，为企业、培训机构提供新的业务开展模式。

（五）中国机器人企业专利意识不断加强，产学研融合促进研发成本降低

随着中国机器人相关技术的不断发展，中国申请人在中国受理专利中的

申请量占比持续上升，截至2020年，占比已经超过90%。中国申请人的主要申请目的地是中国，向外申请的专利不到5%；向外申请的专利中，主要目的地是美国。由此可见，中国申请人在机器人领域的专利申请更为注重在本国的保护，比较看好的对外市场是美国。中国的机器人相关专利申请分布与全球相比更为分散，大量申请人参与专利申请和技术研发，但尚未出现部分申请人的专利拥有量明显偏多的现象。

随着专利意识的不断加强，中国机器人企业及相关机构将更加关注专利的质量，通过成立专业法务团队、寻找高水平代理机构等方式加强对专利质量的控制。相关企业会不断加强核心技术的重视程度，以技术研发投入形式提升中国申请人的专利集中度，还可与已积累了一定理论研究基础和专利数量的科研院所、大专院校合作，以降低企业研发成本，拓展更多研发方向。此外，考虑到专利申请在进行已有技术判定时，会针对全球范围内已经公开的信息进行检索，为了便于产品向外的推广销售，企业需注重国外市场的专利布局，向不同国家或地区分别提出保护。

（六）机器人产业创新主体丰富，助推机器人产业不断发展

机器人产业的发展离不开持续不断的产业创新。一直以来，政策从多维度鼓励机器人产业创新发展，如科创板拓宽了机器人产业的融资渠道；新基建政策为机器人企业及产业新进入者带来机遇；地方政府围绕机器人产业链通过资金支持、成果奖励等形式对产业发展进行支持和鼓励。

目前，机器人产业创新体现在技术、产品、营销模式等方面。在技术层面，机器人产业通过标准架构满足多种机器人应用需求，如对可视化编程环境进行统一，搭建可表达多种任务的框架，实现技术平台化创新，支持用户快速开发各种机器人应用，通过集约式平台化管理覆盖多维产品矩阵。在产品创新层面，机器人企业聚焦业务场景需求进行产品设计，精简产品功能，降低产品成本，使得更多下游用户认可机器人价值并为之买单。营销创新主要体现在社群化创新及业务布局全球化方面，营销社群化使品牌和用户建立强信任关系，促进持续交易，例如大疆、哈工海渡等品牌，通过大疆社区、

海渡学院 App 把用户集结为社群状态，降低了营销费用，提高了营销效果；业务布局全球化体现在国外机器人企业不断在中国拓展业务、投资建厂，国内本土机器人企业及机构通过海外收并购、产品外销、与国外相关企业合作等方式布局国外业务。在创新主体层面，创新主体逐步丰富，形成了各级政府、实体企业、科研机构、行业协会等主体参与的多元创新体系。

分 报 告

Topical Reports

B.2

中国工业机器人发展报告（2020~2021）

——企业注重行业应用创新，立足细分市场打磨产品

申靓 沙鑫*

摘 要： 2019 年，受国内外经济低迷等因素影响，中国工业机器人整体销量、进出口量有所下滑，但国产工业机器人占比提升，物流、协作、并联机器人产品销量同比增长；喷涂、焊接、抛光打磨等机器人厂商提升技术水平，拓展细分应用领域。针对工业机器人产业面临的下游应用行业集中、外资品牌占据市场主导、企业经营压力大等问题，可通过行业应用创新、注重产学研深度融合、企业针对细分领域进行产品打磨、避开同质化竞

* 申靓，管理学学士，哈工大机器人集团高级市场分析师，主要研究方向为智能制造行业；沙鑫，工学学士，哈工大机器人集团高级市场分析师，主要研究方向为机器人、自动化等。

争等途径解决。未来，伴随工业机器人产品、市场的发展，非
标软硬件产品将继核心零部件后成为厂商关注的重点，物流、
协作机器人的市场潜力及应用延展性会不断提高。

关键词： 工业机器人　人机协作　细分市场

一　工业机器人发展概况

（一）工业机器人定义及产业链

1. 工业机器人定义

我国国家标准（标准号：GB/T 12643－2013）将工业机器人定义为：
自动控制的、可重复编程、多用途的操作机，可对三个或三个以上的轴进行
编程，它可以是固定式或移动式，在工业自动化中使用。按照《机器人分
类（征求意见稿）》（标准号：GB/T 39405－2020），工业机器人可依据应用
领域分为搬运作业/上下料机器人、焊接机器人、喷涂机器人、加工机器人、
装配/拆卸机器人、物流机器人和其他工业机器人（见图1）。

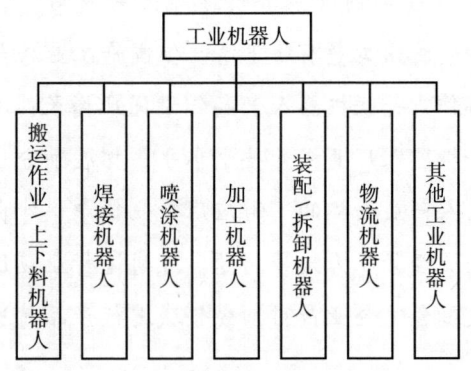

图1　工业机器人分类

资料来源：作者根据公开资料整理。

2.工业机器人产业链

工业机器人产业链分为上游工业机器人关键结构部件、中游工业机器人本体制造以及下游销售及售后服务。工业机器人关键结构部件包括减速器、伺服电机、控制器、传感器等；工业机器人本体制造实现了机器人的结构和功能，目前最大的应用领域为汽车制造业。从上游工业机器人关键结构部件到下游销售及售后服务环节，技术难度越来越低，商业模式更倾向于轻资产（见图2）。

（二）中国工业机器人密度持续增长，但与发达国家仍存在一定差距

在工业机器人密度方面，机器人产业"十三五"规划提出，到2020年我国制造业工业机器人密度要达到150台/万人。2018年我国工业机器人密度达到155台/万人，提前两年完成目标。2019年我国工业机器人密度为187台/万人，远超全球工业机器人密度平均值（113台/万人），但我国工业机器人使用密度与发达地区相比还有较大差距，按保有量分析预计，2023年我国工业机器人使用密度有望达300台/万人（见图3）。

（三）中央及地方政府从基础设施建设、产业集群打造、核心零部件技术发展等多维度支持工业机器人产业发展

一直以来，国家高度重视工业机器人产业的发展。2019年至今，中央和地方政府对工业机器人产业进行多维度政策支持，通过设立制造业转型升级基金、科创板等配套制度，为工业机器人企业拓宽融资渠道；新基建相关政策强调了推动工业互联网的快速发展，为工业机器人技术实现数字化、网络化、智能化提供平台，鼓励促进人工智能、5G、大数据等新兴技术的发展，将对工业机器人产业发展产生积极影响。

同时，全国多地出台了各种政策助推机器人产业的发展，提出要打造机器人产业链、建立机器人产业集群、突破工业机器人核心关键技术、推进制造业智能化改造升级以及加速机器人细分领域应用，并通过资金支持、成果

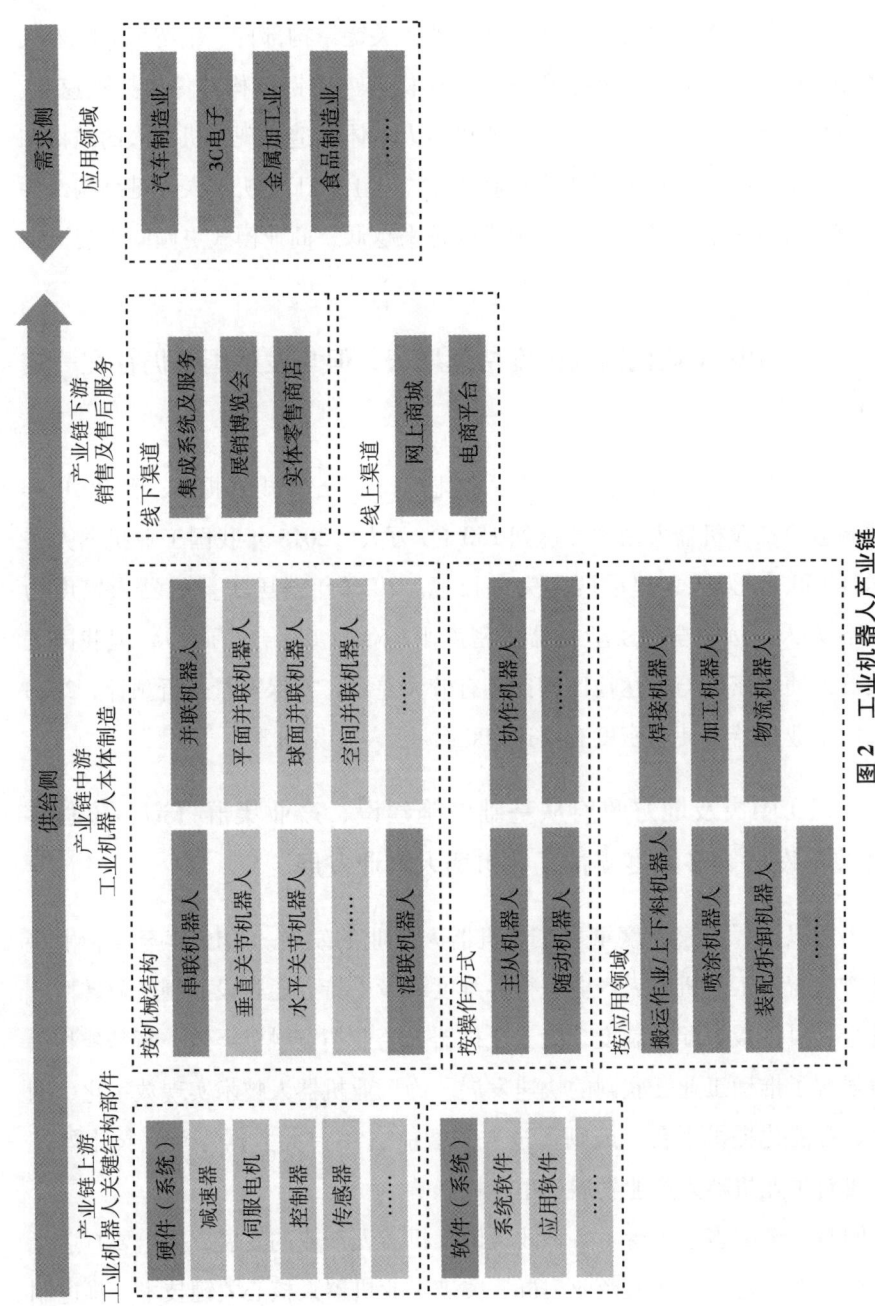

图 2 工业机器人产业链

资料来源：作者根据内部资料整理。

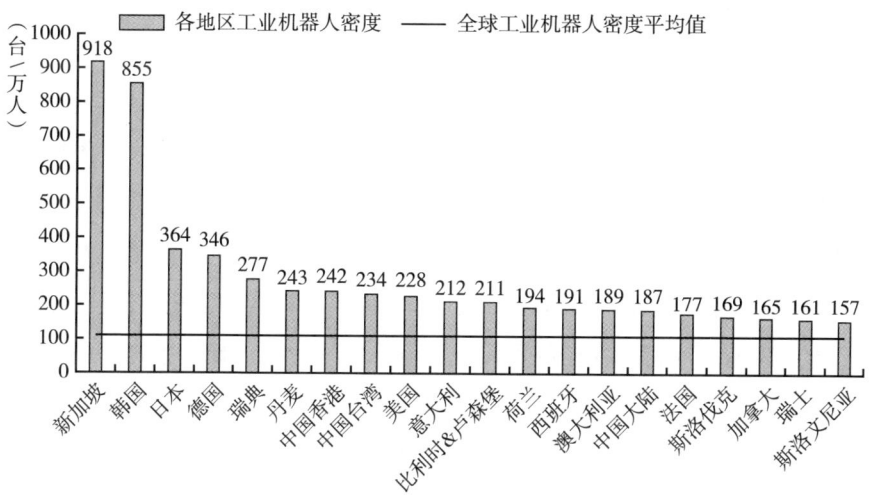

图3　2019年各地区工业机器人密度对比

资料来源：IFR。

奖励等形式对工业机器人产业发展给予支持和鼓励。例如，2019年7月，上海提出积极建设以机器人产业为重点的智能制造产业集聚区；重庆发布政策推动工业机器人核心零部件快速发展；黑龙江提出要重点发展面向航空航天、汽车、电子、洁具等领域的工业机器人；苏州通过给予项目补助，推进当地制造业智能化升级。

（四）工业机器人技术现状

1. 国内工业机器人企业持续推进减速器、伺服电机、控制器国产化进程

工业机器人硬件系统中的减速器、伺服电机、控制器占机器人成本比例较高，决定了机器人的质量和价格。目前，该三大核心零部件与发达国家相比依然存在较大差距，国内机器人企业不断致力于推进三大核心零部件的国产化进程。

减速器在全球市场呈高度垄断格局，目前日本企业占据了减速器大部分市场份额。过去几年，在精密减速器国产化道路上中国减速器企业进步明

显，逐渐赢得了本土市场空间。截至 2019 年，我国机器人减速器国产化率提升至 30.12%。

从全球竞争格局来看，机器人伺服系统市场被欧美和日系品牌占据。随着国内机器人企业持续针对机器人伺服系统投入研发，攻关技术，国产伺服系统产品逐渐获得了市场的认可，伺服系统国产品牌份额不断提升。截至 2019 年，伺服系统国产化率提升至 22.86%，市场替代空间依然巨大。

机器人企业（如新松、埃斯顿、新时达等）的控制器已实现自制。以珞石为代表的厂商持续在控制器领域深耕，实现应用创新，推进产品更广泛地落地，部分性能已可以与外资品牌媲美。2019 年，我国机器人控制器国产化率提升至 25.88%。

2. 国产工业机器人厂商在人机协同、主动安全控制等方面进行技术革新

通过加强技术攻关，持续投入研发，中国在工业机器人领域取得了一系列成果。在产品层面，中国已掌握工业机器人的设计和集成技术；在应用层面，实现了机器人在焊接、喷涂、装配等场景中的应用。部分国内工业机器人产品已达到国际同类型机器人的先进水平。

面向智能制造需求，国产工业机器人厂商在非结构环境理解、人机协同、安全性等方面进行技术革新，信息技术（如大数据、云计算等）与机器人技术实现融合。从产品、应用等层面来看，机器人能力不断提升，实现了与人的紧密协作。中国工业机器人核心技术发展路线如表 1 所示。

表 1　中国工业机器人核心技术发展路线

技术类别	2013~2018 年	2019~2020 年	远期（2021~2030 年）
工业机器人	机器人与人完全隔离以保证人的安全；需要离线编程使机器人适应新的制造任务；主要应用于传统的制造业生产现场	机器人具有主动安全能力，能够与人在特定场合共同工作；机器人具有半自主自编程能力，面对新生产任务的适应能力得到提升；机器人技术的发展促成新的制造模式	工业机器人具有本质安全能力，能够与人紧密配合、协同工作；具有自主适应能力，能够快速适应新的生产任务；机器人在生物、医药、微纳制造领域得到广泛应用

技术类别		2013～2018 年	2019～2020 年	远期（2021～2030 年）
机器人本体技术	本体机构	工业机器人模块化、单元化程度仍处于较低水平	工业机器人模块化、单元化水平中等，能够实现机器人的重组、重构	工业机器人模块化、单元化水平较高，能够快速实现机器人的重组、重构
	末端执行机构	大部分工业机器人只有非常简单的抓取机构（自由度较低），无法实现精细操作功能	具有中等复杂程度的抓取机构（拥有多于 10 个独立关节），具有自由抓取某些不规则对象的能力	具有较高复杂程度的抓取机构（类人的机构和运动特性），能够对制造业常见目标实施灵巧作业
传感与控制技术	传感与感知	外部生产环境感知能力较低，机器人没有应急反应行动能力	视觉、激光等外部传感技术成熟并得到大量应用，工业机器人能够产生特定的反应行为	多模态传感融合技术成熟，机器人在大部分生产制造过程中具有充分的主动安全性能
	控制	工业机器人控制器以单纯追求控制精度为主	工业机器人主动安全控制技术发展迅速，具有一定的主动安全控制能力	工业机器人主动安全控制技术发展迅速，具有较强的主动安全控制能力
智能性与自主性技术	规划	工业机器人不具备面向不确定动态环境的自主规划能力	针对简单的突发事件，工业机器人具备实时规划能力	工业机器人具有较高的自主规划能力，能够应对大部分工业现场环境
	学习	工业机器人只具备简单的重复行为学习能力	工业机器人具有简单的操作行为学习能力	工业机器人能够通过与人的协作，学习操作技能
交互与协作技术	人机交互	大部分工业机器人仍然需要编程式的非自然交互	工业机器人可以通过行为协同与人进行交互	工业机器人具备（自然）语言、行为等多模态的自然交互能力
	人机协作	工业机器人不能实现人机协作（示教学习除外）	在充分安全保护下，工业机器人能够和产业工人共同完成特定任务	工业机器人可以和人安全协作，完成大部分的制造任务

资料来源：作者根据公开资料整理。

3. 导航技术发展结合人工智能等前沿技术推动物流机器人自主性和灵活性提升

物流机器人集环境感知、动态决策、智能规划等多功能于一体，随着应用领域的不断扩大，朝着柔性化、智能化方向发展，凝聚了众多前沿技术，是目前机器人技术发展最活跃的领域之一。

在传统物流机器人的基础上，新的自主移动机器人（Automated Mobile Robot，AMR）概念被提出，相比于传统自动导引运输车（Automated Guided Vehicle，AGV）具有更强的自主性和灵活性，其无须提前规划路径，利用机器视觉、同步定位与地图构建（Simultaneous Localization and Mapping，SLAM）、多传感器融合等先进技术，实现自主导航到任意预设地点，同时能够探测周围环境，达到复杂环境下的自主避障。

调度管理系统可以实现多台 AMR 高效协作，全面覆盖各物流环节。调度管理系统有赖于先进的物流机器人调度算法，结合云计算、大数据等技术，对路线拥堵做监测和预判并下达最优化的指令，从而实现最优的路径规划和人机协同。同时，云端服务器可以积累机器人运行数据，计算出仓库的运营热力图，并给出在不同业务压力下的商品布局最优解，从而为业务运营做优化。

此外，由于无须对环境设施进行修改即可实现安装，AMR 投入使用更为便捷，大大缩短了应用端的投资回报周期。其次，AMR 在运行过程中，不需要依靠电线、磁条等，应用过程更为灵活。

（五）工业机器人标准现状

完善健全的标准是产业发展的重要依据和保证，对产业有着重大意义。工业机器人产业技术密集，国内技术水平与国外依然存在较大差距，高效的标准体系、健全的标准制度对机器人产业发展有着促进作用。

国家机器人标准化总体组数据显示，截至 2019 年底，国家标准目录中包含机器人领域及与机器人强相关的现行国家标准共计 119 项，其中工业机器人相关标准 93 项，占比为 78%；按具体类别划分，工业机器人相关基础标准约 40 项，工业机器人相关检测评定方法标准约 20 项，工业机器人相关零部件标准约 20 项，工业机器人整机标准 10 余项。

国家机器人标准化总体组数据显示，截至 2019 年底，机器人领域国家标准计划共 55 项，其中工业机器人标准计划约 40 项，占比约为 73%，覆盖协作机器人、物流机器人、机器人云服务平台、工业机器人运行效率等领域。

二 工业机器人市场规模分析

（一）受宏观经济等因素影响，中国工业机器人销售额下降

2019 年，中国工业机器人累计产量为186943.4 套（见图4），同比下降 6.1%。

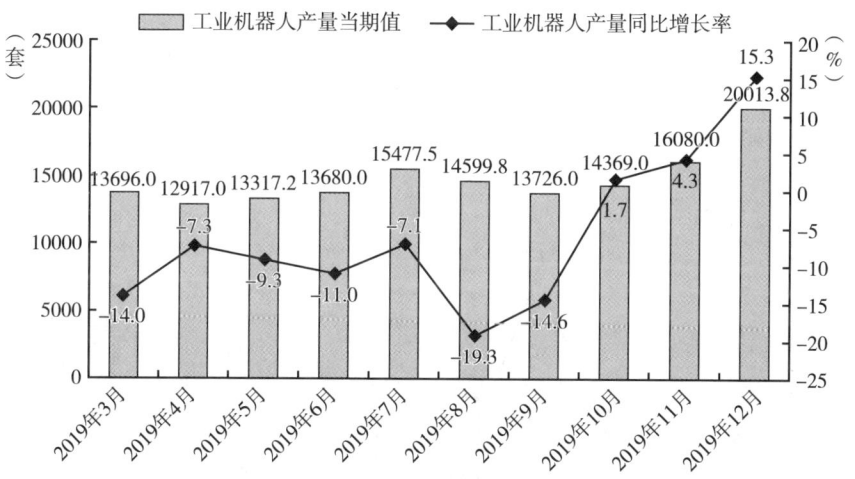

图4 2019 年中国工业机器人产量及同比增长率

说明：2019 年 1~2 月数据未披露。

资料来源：国家统计局。

受宏观经济环境回暖慢、实体经济面临增长压力影响，2019 年全球工业机器人销量为37.3 万台，同比下降 11.6%（见图5）；2019 年中国工业机器人销量为15.31 万台，同比下降 2.11%（见图6）。

2020 年，新冠肺炎疫情对全球经济造成的后果尚无法完全评估，IFR 主席米尔顿·格里（Milton Guerry）认为，"机器人供应商会适应新应用和开发解决方案的需求，不太可能从大规模订单中获得重大刺激，中国市场可能是个例外，该国经济已从第二季度开始恢复"。

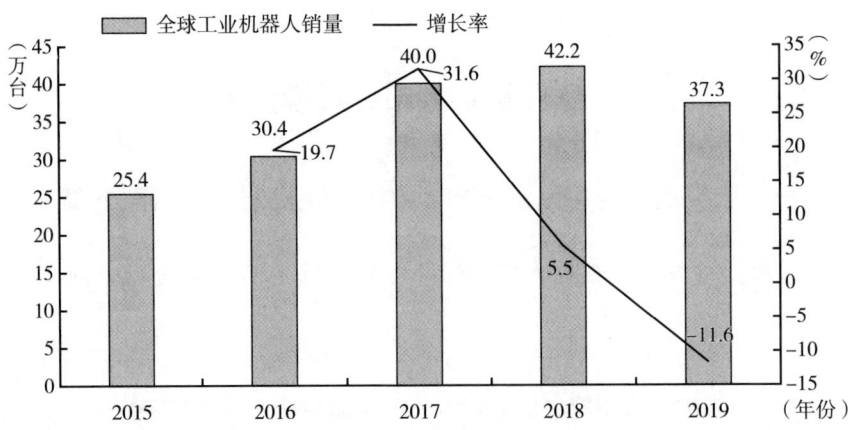

图5 2015~2019年全球工业机器人销量及增长率

资料来源：IFR。

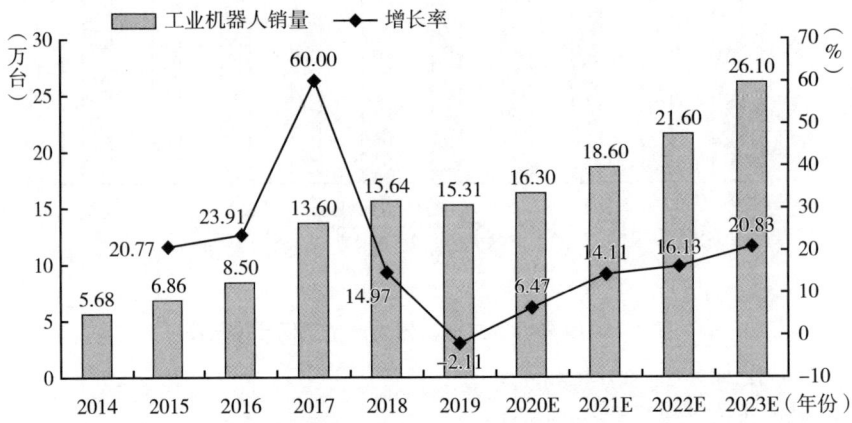

图6 2014~2023年中国工业机器人销量及增长率

资料来源：GGII[①]。

根据国内相关机器人上市公司披露的2020年前三季度财报数据，超60%的公司经营业绩于第一季度同比出现小幅下滑（平均降幅在7%左右）。

---

① 本报告采用2020年初GGII发布的相关数据，预测数据与实际数据可能存在偏差。其他报告如不做说明，均来自同一数据来源。

在第二、第三季度影响面不断缩小，行业基本面明显好转，第一季度业绩下滑的公司中半数在第二季度实现上涨。相关机器人上市公司前三季度累计经营业绩同比上涨超 20%。总体来看，疫情对机器人和智能装备行业的影响程度不大，疫情带来的停工影响激发了企业机器换人的迫切需求，为推进机器人应用提供了新的发展机遇。

从长期来看，制造企业对工业机器人仍有巨大需求，机器人价格下行的态势也将延续。在"量增价降"综合因素作用下，工业机器人本体销售额平稳增长，预计到 2023 年将达 265.8 亿元（见图 7）。

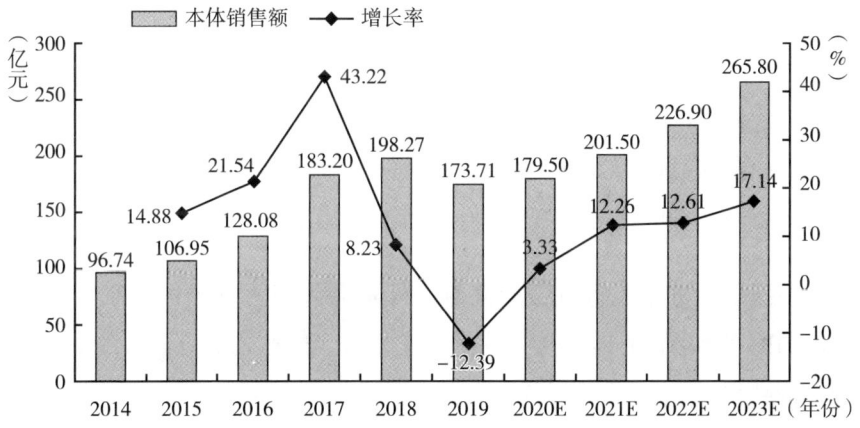

图 7　2014～2023 年中国工业机器人本体销售额及增长率

资料来源：GGII。

（二）中国工业机器人销量国产、外资占比

2019 年，外资工业机器人销量约 9.4 万台，占比 61.37%，较 2018 年，销量减少 0.56 万台，占比同比下降 2.32%。其中，四大家族①总销量约 5.05 万台，占整体工业机器人销量的 32.98%，销量同比减少 0.3 万台，占比同比下降 1.21%。

---

①　四大家族指的是库卡、ABB、发那科、安川。

2019年，国产工业机器人销量约5.91万台，占比38.63%；较2018年，销量增加0.23万台，占比同比上涨2.32%（见图8）。

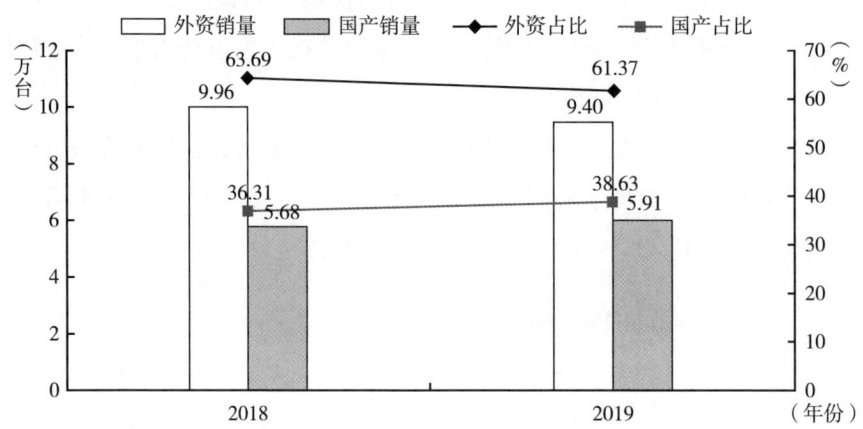

图8　2018～2019年中国工业机器人国产、外资销量及占比

资料来源：GGII。

从中国工业机器人整体销量来看，外资品牌仍占据国内市场的主导地位。伴随国产品牌的技术、性价比等要素提升，国产工业机器人的销量增速高于外资品牌。

（三）中国工业机器人进口量及出口量

2019年，中国工业机器人进口量为5.92万台，同比下降15.79%（见图9），主要原因在于一是受宏观经济因素影响，国内市场需求缩紧，进口需求量降低，尤其是以汽车、3C电子为代表的下游应用行业投资减少，进而影响工业机器人进口量；二是受中美贸易摩擦影响，部分进口工业机器人关税税率有所增长，影响机器人进口量；三是国内投资条件较好，吸引越来越多的外资厂商在华投资生产，间接减少机器人进口数量，如发那科将在上海建设机器人工厂三期项目。

2019年，中国工业机器人出口量为1.45万台，同比下降20.33%（见图9），主要原因在于一是全球宏观经济、产业经济下滑；二是国内厂商适

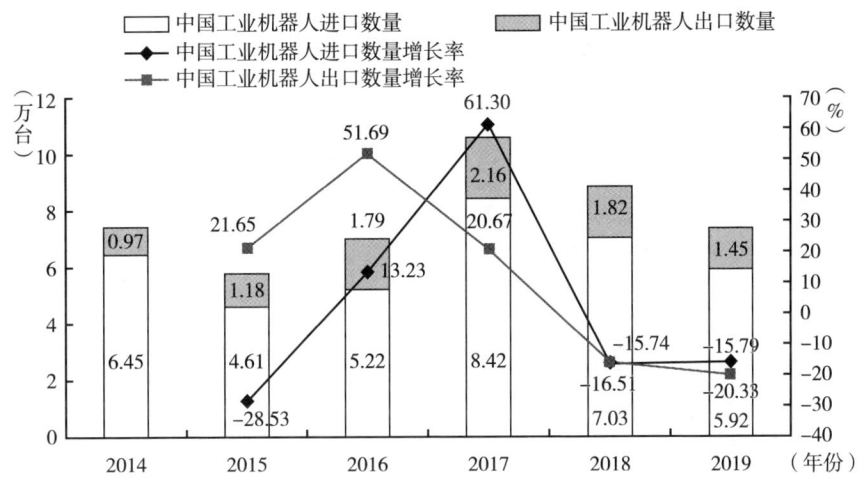

图9　2014～2019 中国工业机器人进出口数量及增长率

说明：因数据四舍五入的问题，增长率与原图中数据不一致，本图中的增长率均根据图中进出口数量计算得出。

资料来源：GGII。

应机器人产业全球化生态发展趋势，更多地在海外建立工厂，直接与国外市场需求对接，减少了出口量。

据 GGII 数据，2019 年国内工业机器人出口的国产厂商有 49 家，出口量占比 12.37%，可见外资厂商占据工业机器人出口的主导地位。

（四）国内工业机器人销售各类型、行业应用分布及国产化情况

从工业机器人产品类型分类来看，2019 年中国市场中多关节机器人销量居首位，销售 9.33 万台，相较 2018 年下降 4.01%；平面关节机器人（SCARA）销售 2.91 万台，相较 2018 年下降 1.02%；物流机器人销售 3.34 万台，同比增长 12.84%；并联机器人、协作机器人销售不足万台，同比分别增长 20.78% 和 21.57%（见图10）。

随着工业机器人产业不断发展，工业机器人的应用领域不断增多，但在新的应用领域发展进程较为缓慢。中国工业机器人应用领域依然集中在汽车、3C 电子、金属加工、塑料化工制品及食品饮料烟草等行业，上述行业

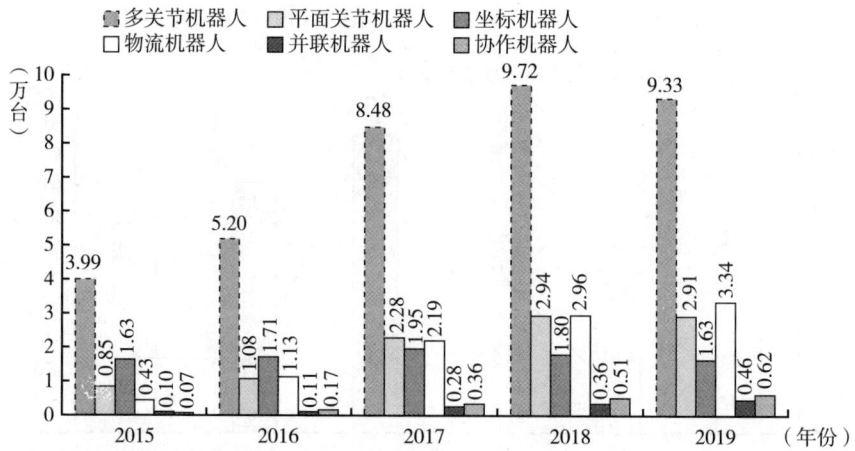

图 10 2015～2019 年中国市场工业机器人销量（按产品类型分类）

资料来源：作者根据 GGII 资料自主绘制。

在 2019 年市场占比合计为 77.48%，其中，汽车和 3C 电子行业市场占比分别为 31.21%、24.15%（见图 11）。

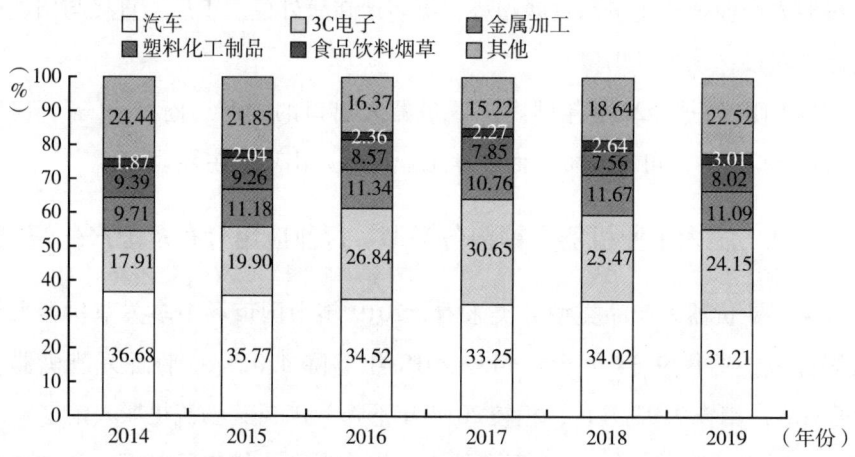

图 11 2014～2019 年中国市场工业机器人销量（按行业分类）

资料来源：GGII。

从工业机器人的国产化情况来看，食品饮料烟草行业国产化率提升较为明显，3C 电子行业略有提升，汽车、金属加工、塑料化工制品行业国产化率均呈不同程度的下滑趋势（见图12）。此外，在市场价值驱动下，2019年国产工业机器人应用行业领域持续拓展，在鞋服、日化等新兴行业需求日益显现。

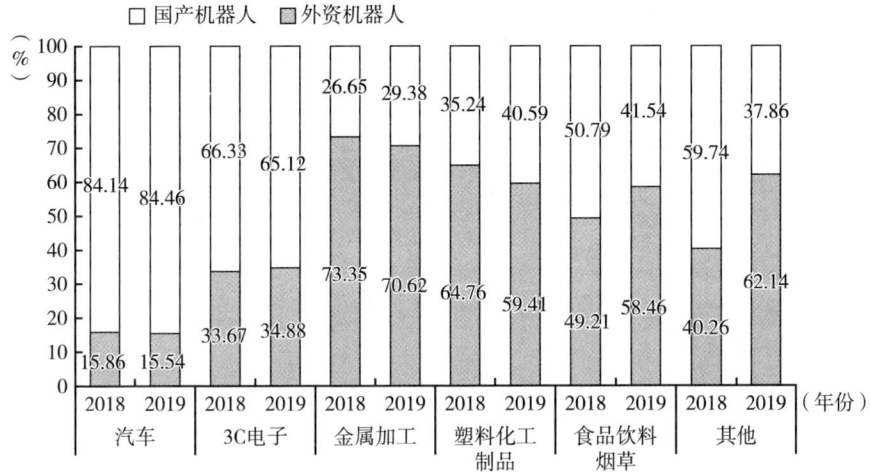

图 12　2018～2019 年中国市场工业机器人国产化情况（按行业分类）

资料来源：作者根据 GGII 资料自主绘制。

1. 受汽车行业下行影响，多关节机器人销量、销售额均下滑，产品主要应用在汽车、3C 电子行业

2019 年中国多关节机器人市场销量为 9.33 万台，同比下降 4.0%（见图 13）；其销售额为 141.57 亿元，同比下降 16.00%。多关节机器人销量下降主要受汽车行业下行影响，预计到 2023 年，多关节机器人销量有望达到 15.5 万台，销售额接近 210 亿元（见图 14）。

GGII 数据显示，2019 年国产多关节机器人销量为 2.65 万台，占比 28.4%，市场依然是外资厂商占主导。2019 年中国多关节机器人销量前三的企业分别是发那科、ABB、安川。从多关节机器人整体竞争市场来看，一线外资机器人品牌排名相对稳定，国产机器人企业与外资二线品牌之间的竞争愈加激烈，排名变化明显，从侧面反映出，在长尾市场中机器人企业之间的竞争格局依然存在较大的不确定性，国产机器人厂商逐渐开始分层。

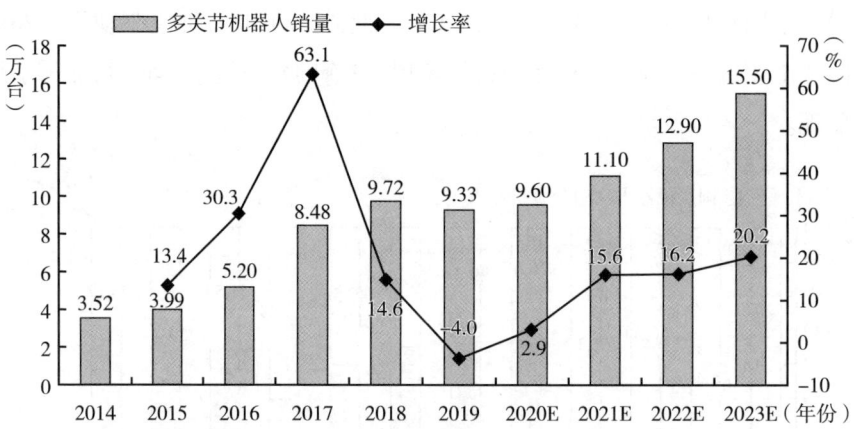

图13　2014～2023年中国市场多关节机器人销量及增长率

资料来源：GGII。

图14　2014～2023年中国市场多关节机器人销售额及增长率

资料来源：GGII。

多关节机器人应用领域有装货、卸货、喷漆等，在各行业中均有使用，其中以汽车、3C电子等行业应用较多。

2. 受下游需求低迷影响，平面关节机器人销量、销售额均下滑，产品主要应用于3C电子行业

2019年，中国市场平面关节机器人销售量为2.91万台，同比下降

1.02%；销售额为 11.78 亿元，同比下降 9.66%。平面关节机器人销量下滑，主要受下游需求低迷影响。平面关节机器人新兴增量市场（3C 电子、锂电等）需求增速有所下滑，预计到 2023 年销量 5.2 万台（见图 15），销售额 18.6 亿元（见图 16）。

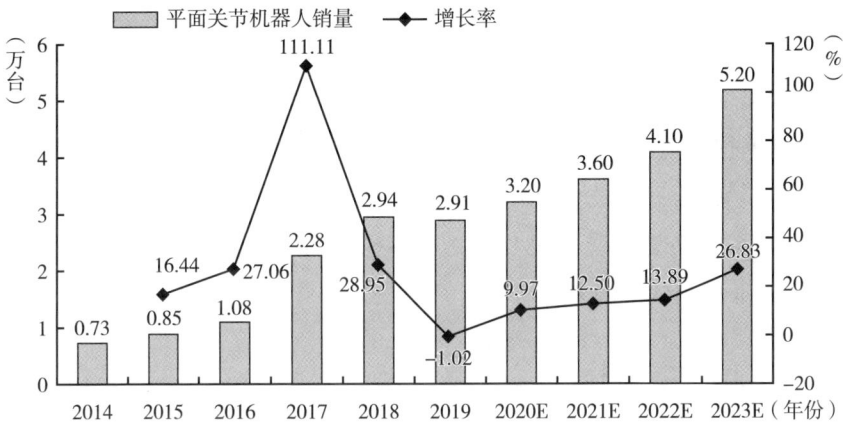

图 15 2014~2023 年中国市场平面关节机器人销量及增长率

资料来源：GGII。

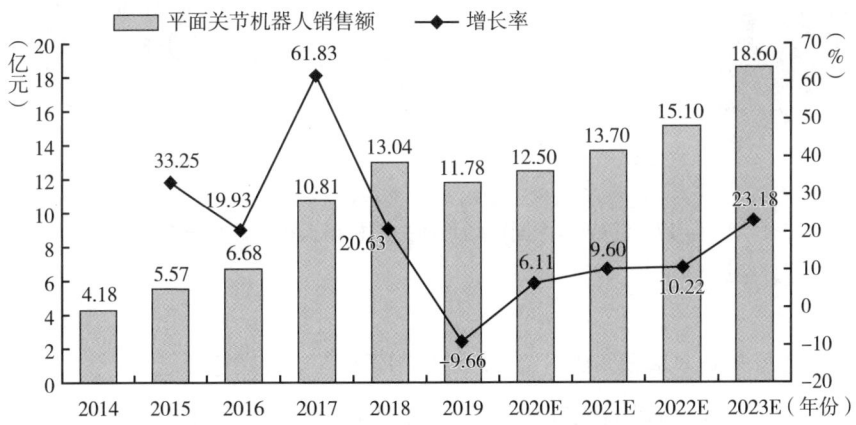

图 16 2014~2023 年中国市场平面关节机器人销售额及增长率

资料来源：GGII。

2019年平面关节机器人市场销量份额中，外资占60.89%，国产平面关节机器人企业依然处于弱势地位，尤其在中高端应用领域。爱普生、雅马哈虽然销量有所下滑，但继续领跑该细分市场，销售量分别为7889台、4782台。国产厂商台达、众为兴、汇川分别居第三、第四、第五位，销售量分别为2000台、1750台、1750台。随后为东芝和图灵，销售量分别为1348台、1000台。

2019年，中国平面关节机器人最大的应用行业是3C电子行业，在3C电子行业的销量占比超过一半；其次是半导体、食品和医药行业。在3C电子行业中，装配/拆卸是平面关节机器人第一大应用领域，在整个行业的占比为24.28%；分拣包装次之，占比15.26%；锡焊点胶及抛光打磨分别占比7.89%和1.53%（见图17）。

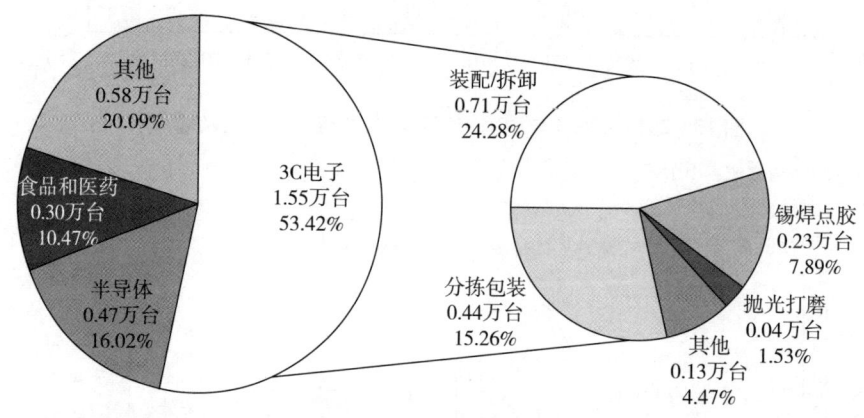

图17　2019年中国市场平面关节机器人行业应用分布

资料来源：GGII。

3. 坐标机器人销量同比下降，广泛应用于点胶、注塑等领域

2019年，坐标机器人在中国市场实现1.63万台的销量，较2018年下降9.4%；其市场规模1.55亿元，同比下降11.43%，预计到2023年销量达到1.94万台（见图18），市场规模达到1.49亿元（见图19）。

坐标机器人应用场景包括点胶、注塑、喷涂等，具有结构简单、成本低

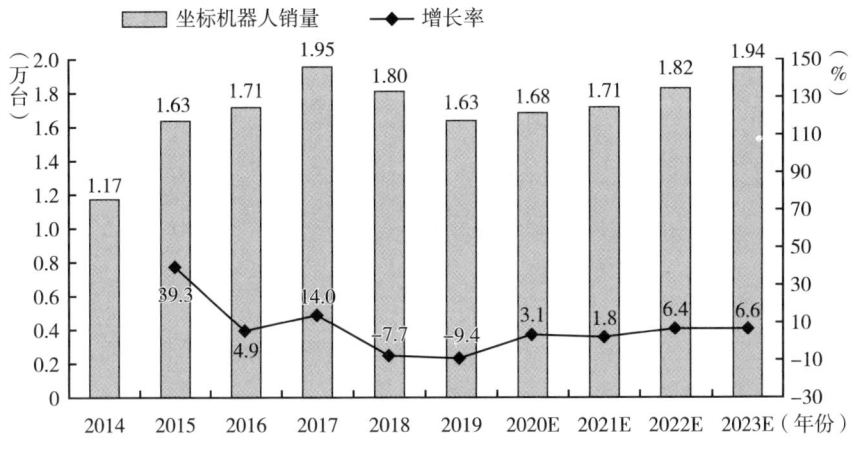

图18　2014～2023年中国市场坐标机器人销量及增长率

资料来源：GGII。

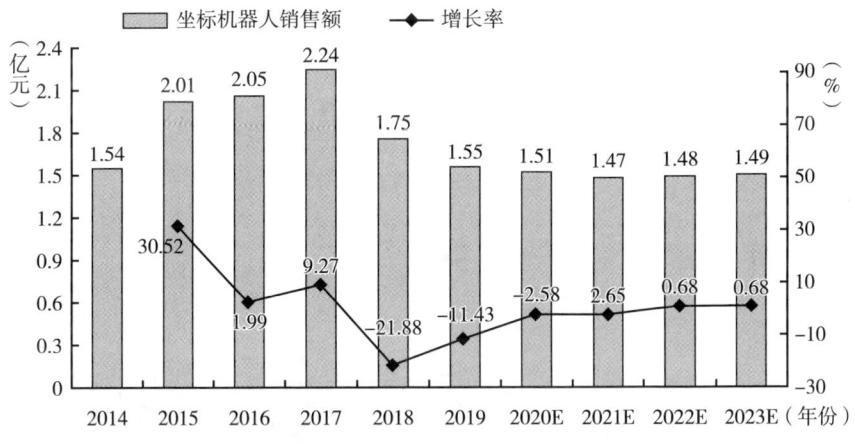

图19　2014～2023年中国市场坐标机器人销售额及增长率

资料来源：GGII。

廉、组装灵活的特点，被广泛应用于各种常见的工业领域。坐标机器人可以灵活组装成单轴到多轴的机械手，或者作为专业自动化机械中的直线定位系统，因而被广泛用于码垛、搬运、上下料等。

在中国，坐标机器人的发展已经有20余年，产品目前已实现自主研发，典型厂商有广东拓斯达、深圳威洛博、深圳银光等。

4. 物流机器人销售额同比增长45.29%，在军工制造、3C电子、医疗器械等行业实现应用上的突破

2019年，中国市场物流机器人销售量3.34万台，同比增长12.8%（见图20）；市场销售额为61.75亿元，同比增长45.29%（见图21）。

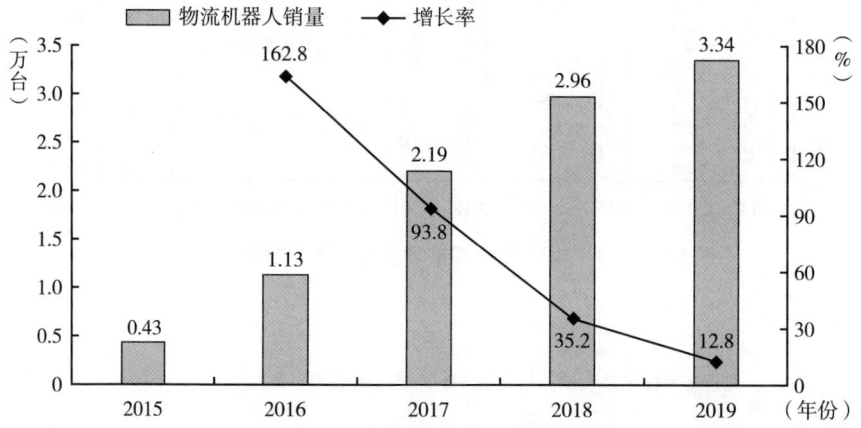

图20 2015～2019年中国市场物流机器人销售量及增长率

资料来源：CMR。

图21 2015～2019年中国市场物流机器人销售额及增长率

资料来源：CMR。

2019 年，物流机器人在汽车汽配行业的应用占比较 2018 年有所下降；在物流电商行业的应用增速放缓；在军工制造、3C 电子、医疗器械等行业实现了应用上的突破（见图 22）。

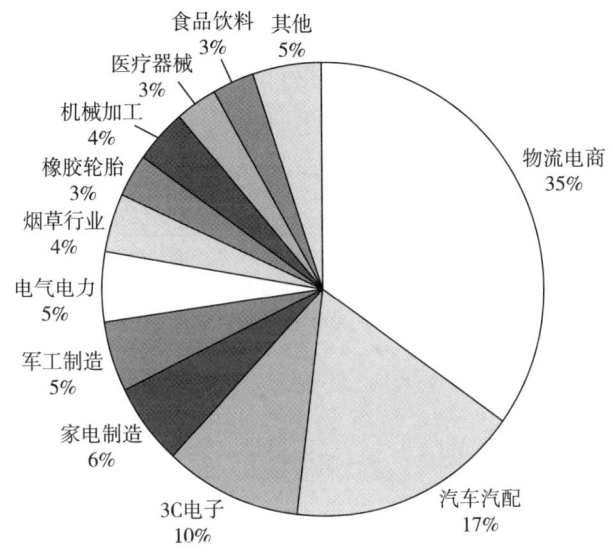

图 22　2019 年中国市场物流机器人在各行业应用情况

资料来源：CMR。

5. 并联机器人销量同比上升，下游以食品包装行业应用为主

并联机器人具备精度较高、运动速度快等特点，可以满足食品包装、医疗制药、3C 电子等行业的产品数量多、体积小、高效率作业的要求。2019年，国内并联机器人销量约 4620 台，较 2018 年增长 30.14%（见图 23）；销售额约 5.94 亿元，较 2018 年增长 12.50%（见图 24）。在工业机器人市场整体环境低迷的背景下，并联机器人市场表现较好的原因在于，并联机器人在食品包装、医疗制药、3C 电子等行业的使用基数低，在产品不断提高技术、性价比的刺激下，下游制造企业具有采购动力。

受国内并联机器人产品单价较低、产品性价比较高等因素影响，外资品牌并未处于市场垄断地位，阿童木、华盛控、勃肯特等本土厂商销量排名靠前。

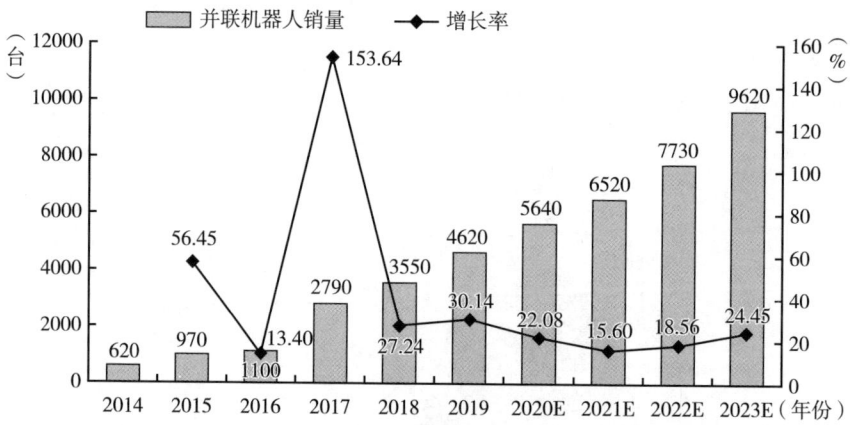

图23　2014～2023年中国市场并联机器人销量及增长率

资料来源：GGII。

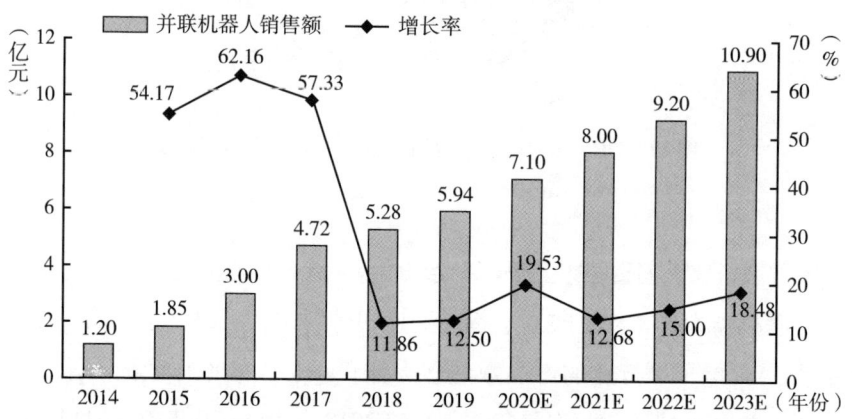

图24　2014～2023年中国市场并联机器人销售额及增长率

资料来源：GGII。

从并联机器人的下游应用行业来看，2019年食品包装行业销量1859台，同比增加459台，行业占比40.24%，同比上涨0.80%；医疗制药行业销量766台，同比增加166台，行业占比16.57%，同比下降0.32%（见图25）。

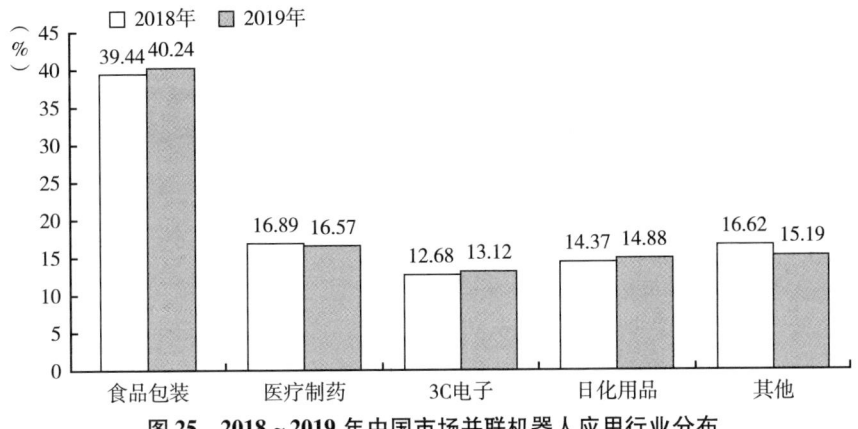

图25　2018~2019年中国市场并联机器人应用行业分布

资料来源：GGII。

6. 协作机器人销量超6000台，下游应用行业较为分散

协作机器人相较于传统工业机器人，具备部署灵活、综合成本较低、人机协作等优势，可以满足中小型企业或个人以相对低的成本实现自动化转型升级或研究的需求。2019年，国内协作机器人销量6169台，同比增长21.37%（见图26）。国内协作机器人市场虽在整体经济形势等因素影响下增速变缓，但销量仍有所增加，原因在于产品既满足制造业企业对柔性生产的需求，又可应用于除工业外的教育、医疗等服务行业，应用延展性较好。

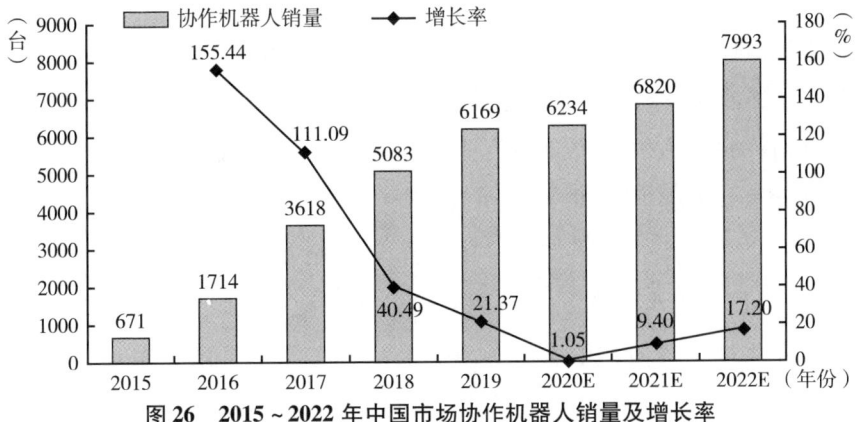

图26　2015~2022年中国市场协作机器人销量及增长率

资料来源：MIR。

2019 年，国内协作机器人销售额约 8.05 亿元，同比增长 7.62%（见图 27），预计于 2020 年、2021 年将有所下降，原因在于受整体经济形势影响，这两年的协作机器人销量较 2019 年增长不高，但产品在国内外厂商市场竞争激烈、技术创新、营销模式创新等因素推动下，协作机器人价格将持续下降，导致整体销售额有可能将低于 2019 年。

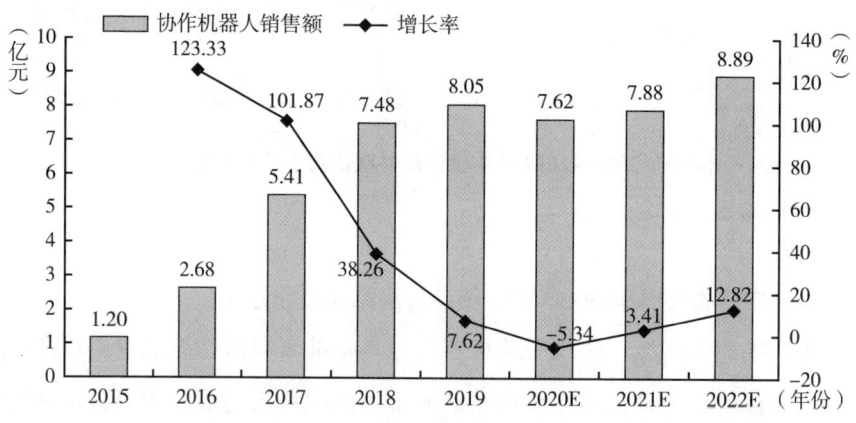

图 27　2015～2022 年中国市场协作机器人销售额及增长率

说明：因数据四舍五入的问题，增长率与原图中数据不一致，本图中的增长率均根据销售额计算得出。

资料来源：作者根据内部资料整理。

目前多数协作机器人企业处于初创阶段，整体竞争格局仍未确定。优傲机器人凭借技术积累，销量蝉联榜首，本土厂商遨博、达明、节卡等企业表现较好，不断在技术和产品上进行优化，拓展协作应用场景。

从协作机器人的下游应用行业来看，细分行业较为分散。2019 年电子行业销量 2050 台，同比增长 167 台，行业占比 33.23%，同比下降 3.81%；金属制品行业销量 1100 台，同比增长 264 台，行业占比 17.83%，同比上涨 1.38%（见图 28）。协作机器人应用行业尚未形成稳定的分布格局，目前在电子、金属制品、汽车零部件等行业应用份额较高，在医疗用品、仓储物流、食品饮料等行业销量保持上升趋势，但尚未形成大规模应用。

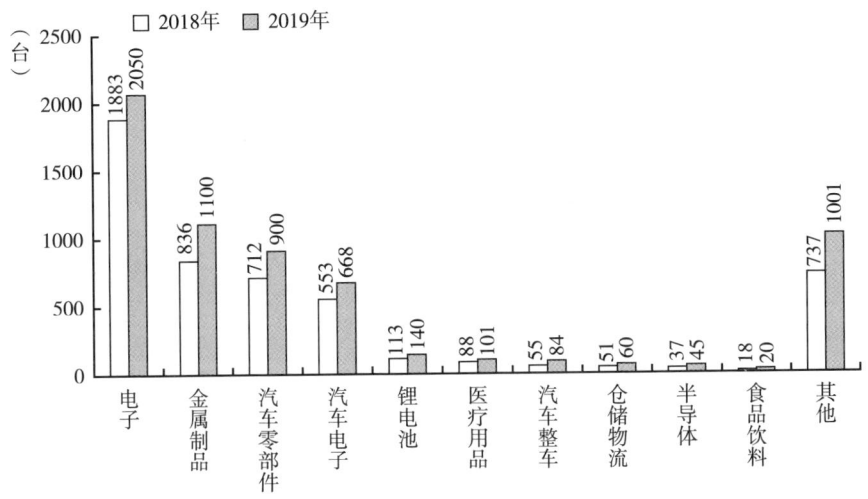

图 28　2018～2019 年中国市场协作机器人应用行业分布

资料来源：MIR。

三　工业机器人应用现状

在工业升级、降本增效、下游应用行业相关政策（如环保政策）趋于严格等因素的驱动下，工业机器人持续发展。从应用领域来看，工业机器人主要应用场景包括搬运作业/上下料、焊接、装配/拆卸、喷涂、抛光打磨等。随着人工智能等新兴技术与机器人技术的不断融合，工业机器人的产品性能及应用技术不断提升，伴随着工业互联网、5G 等基础设施的加速落地，工业机器人应用场景将得到进一步拓展。工业机器人产业发展相对成熟，竞争激烈，下游应用行业的市场发展现状对工业机器人市场的影响较大，例如汽车行业销量的下滑，将直接影响焊接和喷涂等应用领域工业机器人的销量。区别于传统工业机器人，物流机器人及协作机器人在更广泛的应用场景帮助企业实现了自动化，推动其商业落地进程加速。工业机器人在不同的细分领域商业落地进程不同，实现差异化发展。

GGII 数据显示，2019 年中国工业机器人应用场景集中在搬运作业/上下料、焊接、喷涂、装配/拆卸及抛光打磨等领域，合计占比 93.82% （见图29）。受汽车及3C电子行业影响，装配/拆卸、焊接及喷涂领域工业机器人销量下滑，搬运作业/上下料与抛光打磨领域的销量有小幅增长。

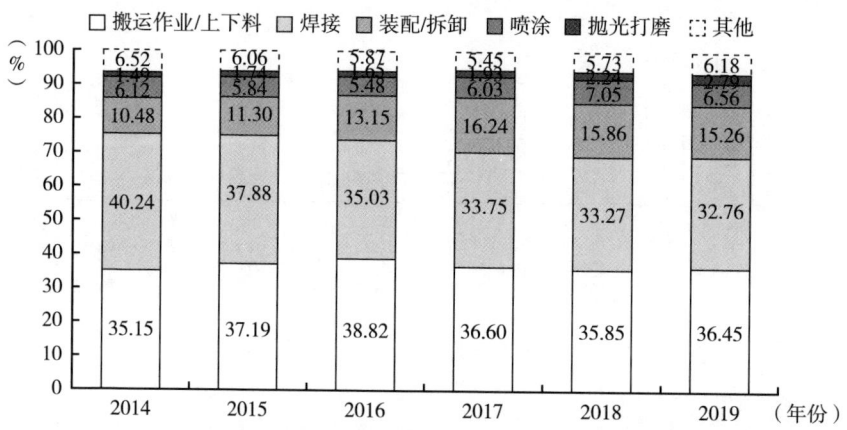

图29　2014～2019年中国市场工业机器人销量（按应用领域分类）

资料来源：GGII。

从国产化情况来看，搬运作业/上下料仍是目前国产化最高的工艺应用领域，而焊接、装配/拆卸、抛光打磨等领域国产化程度仍偏低。GGII数据显示，2019年，搬运/上下料、抛光打磨工艺应用的国产机器人销量提升，国产占比亦取得提升，装配/拆卸领域国产化率下滑2.71个百分点（见图30）。

（一）喷涂机器人在汽车市场仍有上升空间，国内企业与国外企业依然存在差距

喷涂机器人是可进行自动喷漆的工业机器人，主要包括机器人和喷涂设备两部分，主要用于汽车、3C电子、金属制品、塑料化工等领域。与人工相比，使用喷涂机器人可提升60%的喷涂效率。伴随喷涂工艺的发展完善，同时在安全生产、环保生产等原则的贯彻下，喷涂行业对喷涂机器人的需求持续加强。

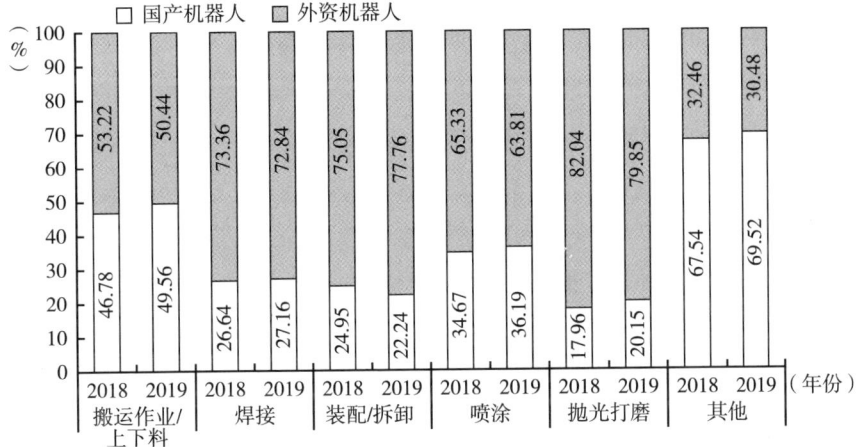

图30　2018～2019年中国市场工业机器人国产化情况（按应用领域分类）

资料来源：作者根据GGII资料自主绘制。

目前，喷涂机器人在汽车市场仍有较大上升空间，在金属制品、3C电子、飞机等新兴行业的需求逐渐被释放。在环保政策趋严、价格下降等因素的驱动下，下游应用企业将陆续引进自动化设备。综合以上因素，从长远来看，喷涂机器人具有较好的市场发展前景。

目前，中国喷涂机器人市场基本被国外企业垄断，代表企业包括ABB、DURR等。国内代表企业有希美埃（见图31）、平原智能等。一直以来本土厂商市场份额占比20%的格局变化较小，国内企业大规模自动化涂装系统的设计集成能力有待提升，关键核心部件相关技术有待突破。国内机器人企业需持续在喷涂领域沉淀技术，打磨产品，积累应用经验。

（二）搬运码垛机器人融入传感器技术以提升智能水平和安全性，满足更多行业需求

随着技术的进步及自动化需求的增加，对物品搬运效率的要求逐步提升，传统的人工码垛更多地出现在搬运量低、物品轻便的场景。搬运码垛机器人的出现改变了传统的搬运形式，也把劳动力从简单、重复的搬运工作中解放出来。

伴随着MEMS加速度传感器、压力传感器等零部件技术的改进与升级，

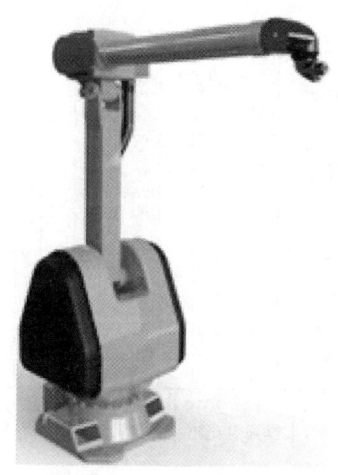

图31 埃夫特旗下公司希美埃（CMA）喷涂机器人

资料来源：埃夫特官网。

搬运码垛机器人更加智能化和高效，可代替人工在极端恶劣的条件下工作，提高搬运效率。

以新时达码垛机器人（见图32）为例，它采用2D和3D视觉系统，自动识别物体位置，降低码垛难度，减少输送带定位设备等支出，同时可适应各种不同形状的包装成品，满足化工、饮料、食品、啤酒等行业的需求。

（三）焊接机器人厂商不断发展技术，打磨焊接解决方案

焊接机器人是在机器人的末轴法兰装接焊钳或焊（割）枪，可应用于汽车、3C电子、金属制品、船舶、机械等领域。其在汽车领域应用最早，技术也相对成熟。

焊接机器人主要可分为点焊、弧焊。点焊需掌握点位，对焊钳的移动路径没有严格技术要求，具有工作空间大、有效载荷大等特点；弧焊需实现连续轨迹控制，对焊接的参数、工具中心点的运动路径有着一定技术要求。2019年，点焊机器人受汽车行业下行影响，销量有所下滑；弧焊机器人受新基建政策影响，在基建、五金加工等行业销量有所增加，配天、卡诺普、钱江相应推出弧焊机器人新品。

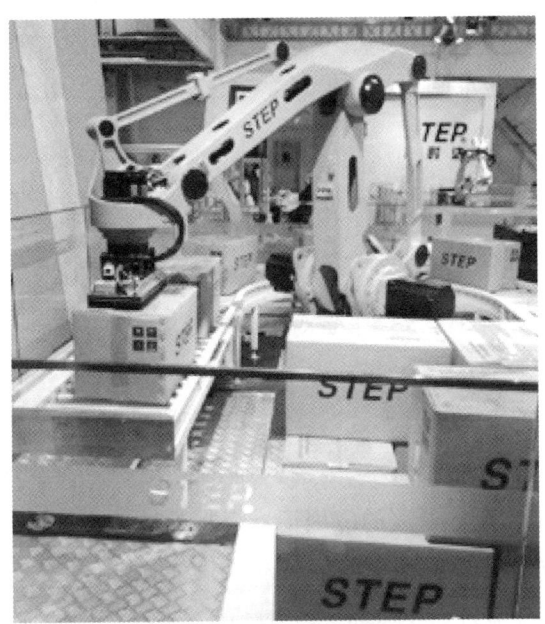

图32 新时达码垛机器人

资料来源：新时达官网。

国产机器人厂商技术不断发展，打磨焊接解决方案。例如，埃夫特 ER6B－C60焊接机器人（见图33）的全面焊接解决方案，采用独特的小臂结构

图33 埃夫特 ER6B－C60 焊接机器人

资料来源：埃夫特官网。

设计，方便焊接应用；同时，提供丰富的焊接工艺包和灵活的传感器接口，具有运动迅速、定位准确、性能稳定等特点，可应用于钢结构等工作环境恶劣的场景。

（四）物流机器人发展速度较快，在电商快递及汽车汽配等行业成熟应用

物流机器人是近几年全球市场尤其是中国市场发展相对较快、关注度较高的机器人之一。

随着机器视觉等人工智能技术的发展，物流机器人智能化不断提升，目前，已在生产制造、汽车汽配、电商快递、3C 电子等行业成熟应用。随着 5G 技术的发展，物流机器人的应用场景将得到进一步拓展。在国内，物流机器人最大的应用领域为电商快递行业，2019 年应用占比为 35%，现阶段，电商快递行业对物流自动化还处于摸索阶段。全球汽车行业对物流机器人的应用占比约 57%，排名第一；在国内排名第二，应用占比 17%，产品主要包括物料配送系统、底盘合装系统。

新松 AGV 机器人保有量超过 9000 台，其中汽车行业的市场保有量超过 5000 台，2019 年实现约 5 亿元的销售额。新松 AGV 于 2007 年出口通用墨西哥工厂，走向国际。

从运营模式来看，极智嘉的"机器人即服务（RaaS）"模式可帮助客户减少使用成本，降低物流自动化门槛。该模式下，客户可选择购买或短期租赁，也可选择让极智嘉系统代运营或提供一站式智能仓储服务。

（五）协作机器人领域新晋厂商仍在增加，产品应用延展性不断提高

协作机器人具备碰撞检测和拖动示教等功能，凭借轻量化、低使用成本、安全性高等特点，持续受到行业、市场的关注。

从资本市场来看，协作机器人领域投融资热度不减，艾利特、节卡均在 2019 年完成企业的亿元 B 轮融资。

从市场玩家来看，协作机器人领域新晋厂商仍在增加，配天机器人于

2019 年推出协作机器人 ACR5 MoKi，目标市场包括小型配件组装、包装、注塑等，该款产品的发布说明配天机器人正式进军协作机器人市场，协作机器人市场竞争将进一步加剧。

从企业产品来看，厂商纷纷在协作机器人上推出新品，完善产品体系结构，节卡推出 JAKAZu3、JAKAZu72.0 新品（见图 34），融合智能控制算法，提升碰撞检测等功能；珞石推出 xMate 新品，采用 7 自由度设计，提升产品灵活度及扩大机器人的有效工作范围。

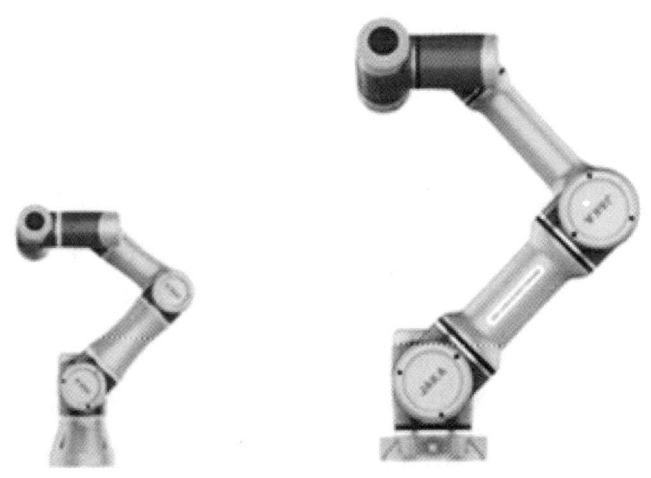

图 34 节卡 JAKAZu3、JAKAZu72.0 协作机器人

资料来源：节卡官网。

从应用场景来看，协作机器人应用延展性不断提高。除应用 3C 电子、汽车、教育、医疗、商业服务等行业外，企业还不断探索在建筑、农业等新场景拓展人机协作，例如新松尝试将协作机器人应用于家装领域，完成贴瓷砖等工作。此外，协作机器人企业仍注重产品在特定应用场景中的使用，例如节卡的 JAKAZu3 协作机器人可在教育领域搭载算法平台，便于老师进行二次开发。

从运营模式来看，市场玩家进行行业资源整合、创新，建设协作机器人生态圈，促进企业快速成长。节卡打造"JAKA＋"平台，聚集近百家合作伙伴，主要为末端执行器、应用软件等领域的企业，如雄克、康耐视等。

（六）装配机器人主要应用于3C电子、汽车领域，厂商注重深耕细分行业

装配机器人是自动化装配系统的主要设备之一，具有工作范围小、柔顺性好等特点，应用于3C电子、汽车领域。装配机器人技术难度较喷涂、搬运码垛机器人更高，且对装配环境、工作精度要求较高。

装配机器人主要由装配机器人系统集成商依据下游应用需求及深刻的工艺理解完成产品应用。广州数控利用工业机器人和数控系统领域的积累，依据广州某电子公司装配自动化生产线中机器人替代人工组装电路板需求，采用GSK RB03机器人、视觉识别等技术，实现机器人精准定位，顺利抓取电路板，并保证电路板与托盘间柔性压装装配到位，提高生产效率。

装配机器人厂商及系统集成商注重深耕细分行业，定制开发机器人装配设计，降低客户使用成本。铂电科技针对3C电子和汽车零部件需要的螺钉拧紧装备，提供将"机器人 + 螺钉拧紧工艺装备"高度整合的螺钉拧紧装配专用SCARA机器人（见图35），可覆盖M0.8～M8的螺钉的自动化装配，用户或系统集成商只需配备一些工装夹具等周边装置即可，部分标准化装配工作站甚至可以即插即用。

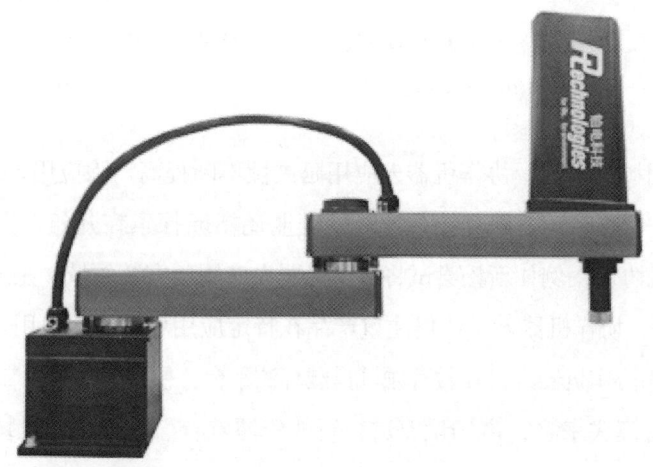

图35　铂电科技第6代螺钉拧紧装配专用SCARA机器人

资料来源：https：//www. gg - robot. com/art - 63121. html。

（七）抛光打磨机器人技术水平提升，厂商拓展下游应用细分领域

抛光打磨机器人可完成打磨、去毛刺等工作，主要应用于 3C 电子、汽车、金属加工、卫浴、家具等领域。

抛光打磨机器人企业通过改进技术、打磨产品、提升品质等途径，提高生产效率、保证稳定均匀的打磨效果。在抛光打磨中，工件打磨表面的粗糙度与所选择的运动轨迹存在直接联系，会直接影响加工质量的一致性。配天机器人通过开发螺旋线插补功能，使机器人工具中心点沿螺旋线路径从起始点运动到目标点，平移运动和旋转运动同步，最终的工件可获得较高的平面度和较小的表面粗糙度。

机器人企业拓展下游应用细分领域，挖掘市场潜力。目前，仍有很多传统产业（如五金刀剪制造、服装制造等行业），由于工艺复杂、产品种类多等因素，难以延续传统手工技艺传承模式。珞石利用自身机器人产品技术及 AutoGen 智能视觉规划系统，实现自动规划机器人打磨路径及力度，确保开刃后刀口成形的一致性，并兼容多种型号的刀具打磨开刃，助力企业实现刀具生产的智能化（见图 36）。

图 36　珞石机器人进行刀具开刃

资料来源：珞石官网。

四　工业机器人现存问题及对策建议

（一）工业机器人下游应用行业集中，汽车等行业发展情况对工业机器人业绩影响较大

工业机器人在中国汽车、3C 电子行业中应用最为成熟。截至 2019 年，汽车及 3C 电子行业中应用机器人占比均超过 50%，市场逐渐趋于饱和，汽车行业下行、3C 电子行业需求释放速度放缓，对工业机器人销量拉低作用较大。2019 年，汽车行业业绩的下滑直接影响了焊接、装配、喷涂等领域机器人的销售业绩。受 3C 电子行业需求释放速度放缓影响，装配领域工业机器人销量同比下滑，大部分涉及汽车及 3C 电子领域的自动化上市公司业绩同比下降。

针对汽车及 3C 电子行业下行拉低工业机器人相关企业业绩的问题，提出以下建议。

1. 通过产品升级、健全服务、商业模式创新等形式维护老客户

对于业务涉及汽车及 3C 电子行业的自动化企业，针对以往的大客户，应结合应用场景历史经验的积累，基于业务的变化及调整，不断优化产品，为不同规模客户提供差异化服务，加快相关业务各个环节服务的响应速度；进行商业模式创新，优化售后服务等形式，保持竞争力；满足老客户新的需求，实现收益的增加。

2. 深入业务场景，在"老"场景中发掘新的场景需求

从全球来看，中国是工业机器人最大的应用市场，除了可以直接为工业机器人带来销量外，还可以积累大量的应用数据。自动化企业深入了解下游应用工艺时，结合自身产品技术的积累与发展，有望发现新的自动化应用场景，这将在一定程度上给自动化企业带来市场增量。如果自动化企业与下游企业互动较为频繁、深入，当下游应用行业进行业务调整时，企业可快速体察到新的自动化需求。

3. 立足产品优势，开拓新兴应用领域

针对市场规模、产品应用增速较大的领域，例如几年前的 3C 电子行业，以及当前的协作及物流机器人相关应用领域，企业应立足自身产品技术优势，加大对相关领域的研发及营销资源投入，在市场没有大规模爆发之前，赢得先发竞争优势及行业地位。除此之外，企业还可立足自身产品技术的积累及其他资源优势，进行产品应用创新，不断开拓新的应用场景。

（二）工业机器人属资金技术密集型产业，企业研发投入压力大

目前，国内工业机器人产业取得了一定的发展与进步，但关键核心技术、精密制造工艺开发仍存在不足。其属于资金技术密集型产业，需要持续投入大量资源，以追赶已有数十年积累的外资品牌。

近几年，中国工业机器人企业越来越注重自主创新，但由于发展时间较短，且以中小型企业为主，常常面临资金瓶颈，难以支撑长期巨大的研发投入（见表 2）。

表 2　2017～2019 年中国工业机器人部分企业研发费用及研发费用率

单位：万元，%

企业名称	2019 年		2018 年		2017 年	
	研发费用	研发费用率	研发费用	研发费用率	研发费用	研发费用率
埃斯顿	12930.52	9.10	11339.36	7.76	8098.96	7.52
埃夫特	7537.04	5.94	7148.16	5.44	4982.40	6.37
新时达	20289.60	5.74	17828.93	5.07	16232.76	4.77
新松	15520.84	5.65	14595.01	4.72	11212.18	4.57

资料来源：埃夫特招股说明书。

针对工业机器人研发投入存在的问题，提出以下建议。

1. 企业可积极申报国家重点研发计划，推动基础研究成果发挥应用价值

根据现实情况，研发大致可分为基础研究和应用研究。在基础研究方面，企业可结合业务方向，积极申报国家重点研发计划"智能机器人"重

点专项，促进产业基础理论及技术应用发展；在应用研究方面，企业可建立有效的市场机会发掘机制，让更多的基础研究成果能及时转化为实际生产力，发挥其应用价值。

2. 企业与高校、科研机构共建研发机构和联合实验室

机器人技术具备交叉性，企业为提升综合竞争力，可探索与高校、科研机构等研究单位合作，利用各自优势资源共建研发机构和联合实验室，促进理论研究与产业应用的对接融通，既可提升企业研发效率，又可缓解资金压力。

（三）国内工业机器人销量、出口量以外资品牌为主导，国产品牌仍存在一定差距

2019 年，国内工业机器人外资品牌销量占比超过 60%，外资品牌出口量占比超过 80%，ABB、爱普生等外企名列前茅，即国内工业机器人销量、出口量中，占据市场竞争主导地位的均为外资企业。造成这一现象的原因在于，外资企业技术积累深厚，产能与质量优于大部分本土企业，且牢牢把控高端市场供给。

针对国产工业机器人的技术、产品稳定性与国外相比仍存在一定差距的问题，提出以下建议。

1. 促进产学研深度融合，提升机器人产业整体水平

产学研深度融合是科技体制改革的发展趋势，可促进经济增长方式由要素驱动转变为创新驱动，促进企业等产业主体形成创新合力。为提升产学研融合水平，政府需做好引导者、服务者，遵循产业发展规律，构建配套协同创新机制；企业需紧跟市场需求变化，灵活提供相匹配的产品和服务；高校及科研院所需提高研发成果产业化效率，促进机器人产业整体水平的提升。

2. 企业加快自主创新能力建设，提升市场竞争能力

企业作为产业主体，需打破传统应用思维，依据市场及终端客户需求，探索、打磨更多新技术、新应用；提升企业研发投入，提高产品质量与性

能，避免扎堆低端化竞争，以切实的关键技术、高质量产品、全周期服务来构筑市场竞争门槛；加强行业上下游企业协同，打造集群生态链，营造互利、和谐的市场环境；关注行业新兴技术，及时与企业产品、服务融合，加快业务更新速度。

（四）工业机器人本体企业生产成本较高，经营、生存压力大

受国家政策支持、国内投资环境向好等因素影响，大型制造业企业进行智能制造业务拓展，纷纷布局机器人领域，机器人产业玩家逐步增多；外资工业机器人品牌受市场潜力大、良好投资环境驱动，加大在中国业务布局，进一步扩大产能，导致机器人产业市场竞争压力较大。同时，国产机器人尚未完全解决核心零部件依赖进口的问题，且产品未能量产，生产成本较高，压低了本体企业的毛利空间（工业机器人毛利率均在20%左右），企业面临较大生产经营压力。

针对工业机器人本体厂商盈利水平较低的问题，提出以下建议。

1. 企业按照细分领域对产品进行打磨，避开同质化竞争

机器人市场空间有限，又有大量企业涌入这个产业，整体竞争激烈。本体企业需形成核心产品与技术，建立错位竞争业务战略，注重向细分领域倾斜资源投入，从产业低端同质化竞争中解脱，实现良性发展。

2. 企业利用多种融资手段，减轻经营资金压力

机器人属于资本密集型产业，如出现资金短缺，将直接影响企业的业务开展及战略实施，诸多企业（尤其是中小型企业）面临困难。在此背景下，机器人企业需紧跟国家产业政策方向，如科创板的设立、创业板注册制的改革，都为企业上市放宽条件限制，帮助企业解决资金短缺问题；还需主动学习资本相关知识，了解资本、善用资本，借助外部专业投资机构的力量改善资金压力。

（五）物流机器人普及率低，分行业差异化发展

目前，中国的仓储自动化普及率为20%，相比发达国家普及率较低，

中国仓储自动化市场依然有很大的提升空间。在中国，物流机器人仅在汽车汽配、3C电子、电商快递等几个代表性的领域实现了商业落地，在其他领域（例如工业领域）还有很多应用空白。物流机器人在不同行业的发展成熟度不一。

物流机器人很难从汽车汽配、电商快递等行业复制到其他应用领域，主要有两大方面的原因。一方面，机器人是技术密集型产业，成本较高，企业引入机器人需要考虑经济性。当应用行业达到一定规模/盈利水平或劳动力成本太高，才有可能考虑引入机器人。例如，当电商快递行业发展到一定的规模及盈利水平，物流成本成为制约电商快递行业利润增长的关键因素时，电商企业才有动力引进物流机器人来节约成本，然而并不是所有行业都能达到可以和电商快递行业匹敌的规模及盈利水平。另一方面，机器人顺利进入一个行业并实现应用，需要考虑相关行业的运作环境及特点，以医疗器械领域为例，其对于设备有着严格的合规审查，进入门槛较高。因此，物流机器人每次应用于一个新的领域都面临着产品的重新定制，为物流机器人的应用普及带来了难度。

针对物流机器人普及率低、分行业差异化发展的问题，提出以下建议。

1. 通过借鉴物流机器人成熟应用领域的市场驱动因素，选择应用场景

在汽车汽配、电商快递、3C电子行业，物流机器人企业加速布局，资本活跃度高，进而不断推动物流机器人在相关领域的发展，目前已出现细分领域物流机器人领军企业。物流机器人企业寻求新的市场机会，需要充分考虑物流机器人在相应领域快速发展的几大因素，即行业规模、盈利水平、物流成本等因素。从中国自动化普及率与发达国家的差距来看，未来物流机器人还将会有广阔的发展空间。

2. 物流机器人企业应结合自身优势，深耕细分领域，不断推动物流机器人标准化

由于各个行业的运作环境不同、对物流机器人的功能要求也不同，物流机器人呈现差异化发展，这也是物流机器人市场扩大增量必须要经历的过程。物流机器人初创企业，应结合自身优势，立足于细分领域进行深耕，以

形成产品及市场优势，获取相应的市场份额。具有一定规模的物流机器人企业，可立足已实现业务突破的行业，提升产品及解决方案在当前行业的标准化程度，在降低客户成本的同时，进一步在该行业内实现放量，再探索跨行业产品及解决方案，不断积累产品经验并拓展应用领域。

五　工业机器人发展趋势及市场机会

（一）主流协作机器人厂商逐渐往高负载应用领域发展

从目前国内协作机器人厂商既有机型的负载范围来看，5 千克级别仍是竞争热点。从新老玩家推出的协作机器人新机型情况来看，2019 年更多厂商推出 10 千克以上新机型。外资厂商优傲、发那科以及国内厂商遨博、新松、节卡等均推出一款或者几款 10 千克以上的新机型。主流协作机器人厂商逐渐往高负载应用领域发展。

汽车、家电、物流、建筑等行业都会出现 10~15 千克级的装配、加工、码垛等需求，10 千克及以下的协作机器人无法满足大零件的加工要求，传统的工业机器人无法达到柔性生产的灵活性。2019 年 9 月，遨博在 i3、i5、i5s、i7、i10 等产品基础上，新增了 15 千克、20 千克两款高负载产品。2019 年 12 月，节卡发布了一款负载 18 千克的协作机器人。更高负载的协作机器人在相同的运行节拍下，可单次抓取更多的物料，大幅提升了搬运作业的效率。

（二）工业机器人通过融入工业互联网等新兴技术，服务能力及智能水平显著提升

近年来，中国机器人市场出现拐点，增长逐渐放缓，产业即将进入深度调整阶段。工业互联网、云技术等新兴技术不断与机器人产业融合，提升机器人应用潜力。

工业互联网将提升设备、系统、生产线等单位的互联互通效率，降低机

器人维护成本，为机器人定制化生产提供基础条件，促进制造企业实现智能化转型升级。

云技术持续发展，通过与机器人技术的融合，大幅提升了工业机器人信息处理、交互作业能力。此外，利用边缘计算技术，将机器人智能模块部署在边缘和云端，可以实现支持实时的多机协作，提升系统智能性。

在工业机器人智能水平不断提升的同时，生产系统将积累大量工艺过程、状态分析等数据，从而形成基于机器人的全生命周期管理服务，也将成为工业机器人的重要发展方向。

（三）工业机器人工艺软件等非标产品继核心零部件后成为厂商关注重点

目前，在机器人核心技术领域，部分老牌外资企业仍占据主导地位，国产工业机器人厂商在短时间内很难全面突破核心零部件等标准硬件技术难题。为占据市场竞争主动权，本土厂商开始在业务积累过程中，在细分领域探索自主研发应用工艺包软件、非标硬件工作站、非标软硬件结合等产品。这类产品具有三大特点：可针对特定场景应用，并进行广泛复制，解决使用场景多样化、项目落地周期长的问题；可让用户缩短工艺软件应用调试时间，便于客户使用，降低改进成本，增强企业在具体细分市场的竞争力；同时，由于是非标定制开发产品，产品整体毛利水平较高，企业可在较短时间内占据细分市场的主导地位，竞争话语权增强。

在其他竞争对手还需消耗大量人力、物力进行机器人现场定制化应用工艺开发之时，埃斯顿较早就针对折弯领域推出软件包，以缩短解决方案供应周期，取得竞争优势。哈工易科推出的港机部件机器人焊接工作站作为典型的非标案例，工艺难度高、定制化强，受到行业认可。

未来，将有越来越多的工业机器人企业针对特殊的应用场景开发相应的配套工艺软件、非标硬件工作站等非标产品，不断进行积累、迭代，便于在相同业务场景中快速复制，以高性价比及更容易接受的产品形式满足客户需求，扩大企业市场优势。

（四）企业避开下游竞争红海市场，注重长尾市场特定需求的满足

工业机器人在汽车、3C电子行业应用占比相对较高，国际头部厂商凭借技术优势及项目经验，建立较高竞争门槛，占据市场主导地位，国内厂商在中短期内难以与其直接竞争。除汽车、3C电子头部集聚的行业外，更多存在一般工业行业，即长尾市场[①]。同时，长尾市场的独特性对本体厂商提出相应的产品要求，在特定的应用场景中需具备易于部署、产品高性价比及易用性好等特性。

新松通过研制生产线技术及成套装备，集成工业机器人、控制系统等应用环节，在烟花行业实现了工厂无人自动化生产，解决了产品生产高危的问题。珞石针对刀具行业，通过XB系列机器人搭配恒力控软件工艺包，实现轨迹自动生成，完成开刃、去毛刺、抛光等工艺过程，生产效率提升50%。

机器人在下游各行业的应用范围仍在逐年提升，伴随细分领域市场的开拓与相应工艺的积累，工业机器人本体厂商可凭借本土优势，将重点业务方向聚焦于长尾市场特定需求的挖掘，既避开红海竞争市场，提升盈利水平，还可通过差异化业务布局，构筑具体场景解决方案技术门槛，获得更大的成长空间。

（五）轻负载工业机器人市场份额不断提升

根据工业机器人各机型的主要负载范围划分，20千克以上的六轴多关节机器人为重负载机器人，20千克以下的六轴多关节机器人、平面机器人、协作机器人、并联机器人为轻负载机器人。2019年，20千克以上六轴多关节机器人销量同比下滑较快，拉低了整体工业机器人销量增速。轻负载机器人中，除了平面机器人同比下滑速度和整体下滑速度接近，20千克以下的六轴多关节机器人、协作机器人、并联机器人销量均同比上升。

重负载机器人开发早、开发程度高，应用相对成熟，市场逐渐趋于饱

---

① 长尾市场是指客户相对分散、智能装备应用水平较低、对价格敏感的工业机器人下游行业。

和。轻负载机器人市场可替换空间大，还有许多应用场景尚未开发，此外轻负载机器人市场份额不断提升（见图37）。2019年，得益于低端弧焊、冲压、机床上下料等领域需求出现较大增长，20千克以下的六轴多关节机器人销量增长。协作机器人除了应用在传统的3C电子、汽车行业以外，也开始逐渐应用于金属制品、锂电、医疗用品、新零售、教育、物流等新场景，2019年协作机器人销量增速仍明显高于平均增速。相对于传统的串联机器人，并联机器人整体仍处于市场前期需求扩张阶段。

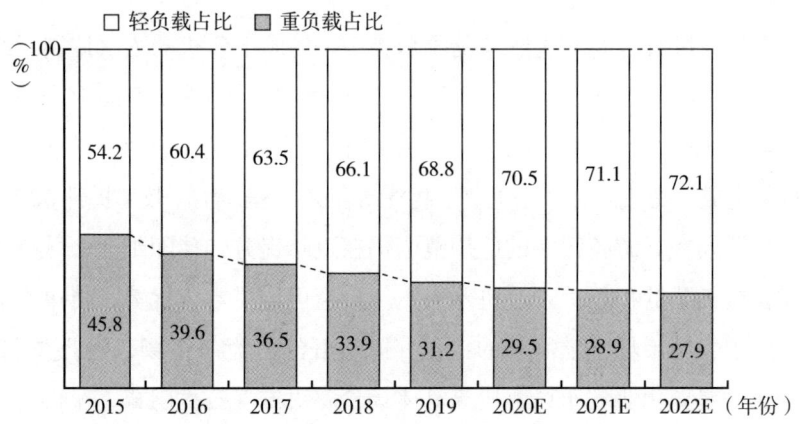

图37　2015～2022年国内轻重负载工业机器人市场份额

资料来源：MIR。

相对外资厂商，国产机器人在重负载领域不具备优势。在轻负载机器人领域，国产机器人占据了更多的市场份额，国产化率相对较高。2019年，协作机器人、并联机器人国产化率提升相对明显。

（六）工业机器人价格呈现下降趋势，或将加速零部件国产化进程

GGII数据显示，2014～2019年工业机器人本体销售额同比增速一直低于销售量同比增速，可以看出，工业机器人价格呈现下降趋势。预计2020～2023年，工业机器人价格仍会持续下降。例如，2019年，面对市场增速放缓，外资厂商对10千克、20千克地面型六轴机器人以及部分弧焊机型采取

降价措施，此外一些 4 千克、7 千克桌面型六轴机器人价格也出现下降趋势。外资品牌降价势必导致内资品牌跟随，未来价格战将持续上演。

价格战将促使机器人企业降低产品成本，而国产零部件价格相对较低，进而机器人企业更倾向于选择国产零部件。内资零部件品牌可能会对外资品牌造成一定挤压，外资和内资零部件厂商的竞争格局或将有所变化，在一定程度上将加速机器人零部件国产化进程。

面对机遇，国产零部件厂商需加快技术攻坚，进行产品优化升级及产能提升，加快对外资品牌的追赶速度。

六　工业机器人典型企业分析

（一）新松机器人自动化股份有限公司（简称"新松"）

1. 企业简介

新松主营业务聚焦机器人及智能制造领域，于 2009 年上市。2019 年，新松营业收入 27.45 亿元，同比下降 11.29%。

2. 企业优势分析

（1）在工业机器人领域，通过提高产品技术水平、开拓工业机器人新增长点等方式应对下游行业下行对业绩的影响

研发层面，新松在边缘控制器、三维视觉识别系统等相关技术及产品取得了一定研发成果；产品层面，新松多款协作机器人产品实现了量产；应用层面，新松针对工业机器人开拓了船舶、铸管、工程建设、高铁隧道等领域；自动化领域，新松完成国内先进的卡车消音器生产线整线的全自动化流程，使人工减少 80%，其新能源汽车电驱动自动化生产线、全球首套新能源汽车高压 PTC 智能生产线均实现应用。

（2）探索物流行业自动化应用方案，持续拓展新兴市场

2019 年，新松移动机器人完成国内首个使用 AGV 装配重型卡车的项目，在该项目中 AGV 采用双车联动进行装配，完全取代人工推料车的装配

模式。新松保持与宝马、奔驰、通用等汽车厂商的市场跟踪与战略合作，强化在锂电、半导体、医药、食品等新兴市场的竞争优势，持续扩大新客户群体规模。

（二）上海新时达电气股份有限公司（简称"新时达"）

1. 企业简介

新时达主营业务涉及机器人、电梯、工控及运控领域，于 2010 年上市。

2. 企业优势分析

（1）全产业链布局，打造企业核心竞争力

新时达通过组建团队、投入研发、收并购等方式，全产业链布局机器人产业，产业链各环节实现协同发展。

新时达注重技术创新，在上海、深圳、北京、德国、日本设立研发中心，拥有博士后科研工作站。同时，新时达拥有一支由软件、硬件、工艺、结构、质量和供应链管理等不同人才构成的研发队伍，打造国内国外营销网络。

（2）加强主要应用市场高端客户的开拓，拓展新兴市场，应对下游行业投资固有资产减缓对业绩的影响

2019 年，机器人和智能制造面向的主要市场——汽车行业、3C 电子行业投资固有资产有所减缓，新时达机器人及运控业务板块的主要下游行业面临下行压力。新时达应对方案包括加大对高端客户和优质客户的开拓：在汽车行业，继续提高对通用汽车、吉利汽车、日产、宇通汽车等国内外高端客户的服务与销售占比；同时，积极拓展新兴市场，在白电、卫浴、金属加工、工程车辆、农用机械、医疗器械等行业进行市场布局。

（三）南京埃斯顿自动化股份有限公司（简称"埃斯顿"）

1. 企业简介

埃斯顿的主营业务涉及自动化、运动控制、工业机器人及智能制造领域，并提供相关产品及服务。

2019 年，埃斯顿营业收入达 14.21 亿元，同比降低 2.71%，其中，工

业机器人及智能制造系统营收 7 亿元，同比降低 4.69%；通过业务调整、费用管控等手段，埃斯顿毛利率达 36.01%，同比增长 0.02%，其中，工业机器人及智能制造系统营收毛利率达 31.07%，同比增长 0.68%。

2. 企业优势分析

（1）打造"ALL Made By ESTUN"业务战略，形成全产业链竞争力

埃斯顿业务覆盖自动化核心部件及运动控制系统、工业机器人到机器人集成应用智能制造系统的全产业链，可形成规模效应，大幅降低制造和维护成本，构建从技术、质量、成本、服务和品牌的全方位竞争优势。[①]

（2）探索"国际化"发展战略，收购德国百年焊接机器人企业

埃斯顿积极探索"国际化"发展战略，先后收购 Trio、Cloos 公司，控股 M. A. i. 公司，整合目标企业的优势资源，实现其技术和市场的国际化布局。

（3）注重技术突破与创新，聚焦细分领域提供全面智能制造系统工程解决方案

埃斯顿构建核心业务研发团队，建立欧洲研发中心，推动技术自主创新发展。同时，埃斯顿聚焦优势行业，提供压铸、冲压等智能制造系统工程解决方案。

（四）埃夫特智能装备股份有限公司（简称"埃夫特"）

1. 企业简介

埃夫特主营业务领域为工业机器人及智能制造，其产品主要应用于汽车等行业，于 2020 年 7 月登录科创板。2019 年，埃夫特营业收入 12.68 亿元，同比降低 3.5%，毛利率 17.03%，同比增长 4.25%。

2. 企业优势分析

（1）持续研发创新，提升产品性能

埃夫特形成核心研发团队，注重对运动控制器、核心零部件、本体优化

---

① 埃斯顿官网，http：//www.estun.com/。

等技术的正向设计及研发，所研发的 QH165 重载点焊机器人成为国内为数不多的、在可靠性要求极高的汽车整体行业中得以应用的国产机器人。同时，QH165 重载点焊机器人对于线性轨迹精度、线性轨迹重复性两大核心性能指标，经国家机器人检测与评定中心的性能测试，与国际巨头同类产品技术指标接近。

（2）通过收购国外系统集成商，提升细分领域业务智能性

埃夫特通过收购 CMA、EVOLUT、WFC 等系统集成商，将多种技术融合应用，提升智能化，其中，吸收喷涂系统供应商 CMA 技术再创新，形成智能喷涂机器人系统解决方案；整合抛光和打磨系统集成商 EVOLUT 相关工艺经验和硬件设计方案，打破国内缺少金属表面处理智能技术的现状；消化白车身焊装生产线提供商 WFC 核心技术，首次提出基于多 AGV 调度和CUBO 主拼的超柔性焊装技术，可完成不限车型种类的柔性混线生产。

（五）北京极智嘉科技有限公司（简称"极智嘉"）

1. 企业简介

极智嘉专注于仓储物流领域，在全球 AMR 市场占有率达 10%，主营业务为机器人和人工智能技术，为企业打造物流解决方案，应用领域包括电商、零售、制造和汽车等行业。

2. 企业优势分析

在技术方面，极智嘉的智能物流机器人产品可实现自主路径规划。在操作方面，极智嘉智能物流体系可同时运行几十台甚至上百台物流机器人，在智能分拣时做到整体规划调度，避免机器人之间的碰撞与摩擦，实现了企业物流效率最大化。在业务模式方面，除产品销售模式外，极智嘉还提供代运营和仓储服务两种模式。代运营可以理解为租赁，该模式下，极智嘉可以随时根据客户的不同需求来增加或减少机器人的供给，以合理的方式减少客户多余的成本投入。在仓储服务模式下，极智嘉的身份转换为仓储服务提供商，通过开放智能仓储使用权为小微客户服务，进一步降低客户的使用成本。

（六）遨博（北京）智能科技有限公司（简称"遨博"）

1. 企业简介

遨博主营协作机器人领域，主持制定相关国家标准，部分产品通过ISO、NRTL等国内外认证。遨博集合众多机器人配件厂商，为客户提供一站式解决方案。2019年，遨博协作机器人销量超1100台，成为本土出货量最大的协作机器人厂商。

2. 企业优势分析

（1）注重零部件国产化，降低产品成本

遨博通过自研、与国内企业合作等方式研发核心零部件，实现协作机器人全产业链的国产化，使产品批量生产成本不受外国制约，将产品价格做到国外同类协作机器人的1/2。

（2）进行技术创新，推动产品应用与推广

伴随5G的到来，基于边缘计算、云平台的应用越来越广泛，遨博进行技术尝试，依据5G推出移动机器臂的整体解决方案，目前已在电力、巡检领域应用；同时，遨博尝试完成整个柔性生产线的智能工厂解决方案，客户可在短时间内完成换线，满足柔性制造需求。

（3）利用协作机器人进行生态合作，提升解决方案先进性

遨博以协作机器人为中心，紧密联系协作机器人外围功能部件提供商，如机器视觉、传感器、末端执行器等，将其纳入遨博生态圈之中，提前进入嵌入式开发，与生态合作伙伴一同打造多样的产品解决方案，降低客户现场应用的整体成本，提升方案先进性。

B.3
中国服务机器人发展报告（2020~2021）

——应用领域不断拓展，产品商业化落地加快

沙 鑫 葛姗姗*

摘 要： 近年来，伴随着国家产业政策强力推动、人工智能及信息技术的深度融合、多传感及导航技术的不断突破、标准体系的日益完善，服务机器人向家务、教育、娱乐、酒店、党建、安防、消防、煤矿、医院等领域渗透，其产业规模呈持续增长态势且潜在发展空间巨大。但标准交叉重复缺失滞后、部分产品无应用刚需、隐私泄露隐患、部分品类定制化程度高等问题制约了中国服务机器人产业的进一步发展。未来，伴随着边缘计算、物联网、脑机接口、语音识别、新型传感等技术的发展，服务机器人工作效率将得到提升，产品成本有望降低，人机交互更加智能，控制和操作也将更加便捷。此外，室外配送机器人、商用清洁机器人及建筑机器人等品类随着关键技术成熟和市场认知提升，有望在未来进一步加速落地。

关键词： 服务机器人 多传感器融合 市场刚需 商业落地

---

* 沙鑫，工学学士，哈工大机器人集团高级市场分析师，主要研究方向为机器人、自动化等；葛姗姗，中国人民大学管理学硕士，北京大学－伦敦大学学院（PKU-UCL）国际 MBA，哈工大机器人集团市场总监，拥有 13 年大中型高端制造企业管理、市场品牌和人才培养经验。

一 服务机器人发展概况

（一）服务机器人定义及产业链

1. 服务机器人定义

IFR 对于服务机器人的定义为：服务机器人是一种半自主或全自主工作的机器人，它能完成有益于人类健康的服务工作，但不包括从事生产的设备。根据《机器人与机器人装备词汇》（标准号：GB/T 12643 – 2013）定义，服务机器人是指除工业自动化应用外，能为人类或设备完成有用任务的机器人。

在服务机器人分类上，IFR 等国际机构按应用领域将服务机器人划分为专业服务机器人和个人/家用服务机器人两类；而《机器人分类（征求意见稿）》（标准号：GB/T 39405 – 2020）根据机器人的应用领域，将机器人分为工业机器人、个人/家用服务机器人、公共服务机器人、特种机器人和其他应用领域机器人。综合考虑上述两种分类，本报告将服务机器人分为个人/家用服务机器人、公共服务机器人及特种机器人三大类（见图 1）。

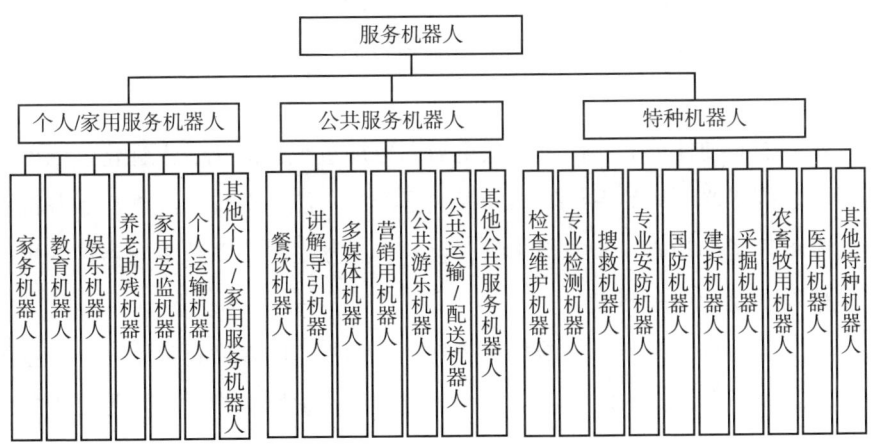

图1 服务机器人的分类

资料来源：作者根据公开资料整理。

个人/家用服务机器人：在家居环境或类似环境下使用的，以满足使用者生活需求为目的服务机器人，根据其用途主要分为家务机器人、教育机器人、娱乐机器人、养老助残机器人、家用安监机器人、个人运输机器人和其他个人/家用服务机器人。

公共服务机器人：在公共交通、旅游、餐饮住宿、商业金融、文化娱乐、体育、教育等的公共场所能为人类提供一般服务的服务机器人，根据其用途主要分为餐饮机器人、讲解导引机器人、多媒体机器人、营销用机器人、公共游乐机器人、公共运输/配送机器人和其他公共服务机器人。

特种机器人：应用于专业领域，一般由经过专门培训的人员操作或使用的，辅助和/或替代人员执行任务的机器人，根据其用途主要分为检查维护机器人、专业检测机器人、搜救机器人、专业安防机器人、国防机器人、建拆机器人、采掘机器人、农畜牧用机器人、医用机器人和其他特种机器人。

2. 服务机器人产业链

服务机器人产业链如图2所示。

从产业链角度出发，服务机器人产业可分为上游的核心零部件和软件系统开发，中游的服务机器人本体制造，下游的销售及售后服务。服务机器人产业链涉及的技术横跨通信、人工智能等多个高新技术领域，各环节技术壁垒均较高。

在上游的硬件部分，由于服务机器人更加重视智能化、人性化，因此专用芯片、传感器、采集系统等感知模块是产品功能的关键。此外，服务机器人的应用环境是开放、非结构化的，会对传感器、采集系统等元器件的灵敏度、精确度提出更高要求。

在上游的软件部分，数据和算法是服务机器人的核心竞争壁垒。得益于对人工智能等先进技术的高度重视，中国在语音识别、视觉识别等技术的发展水平已处于全球领先地位。

在产业链中游，本体制造企业已经逐渐意识到需求和场景的重要性，在产品研发上针对客户刚性需求，深耕切实应用场景，沉淀出一系列产品和解

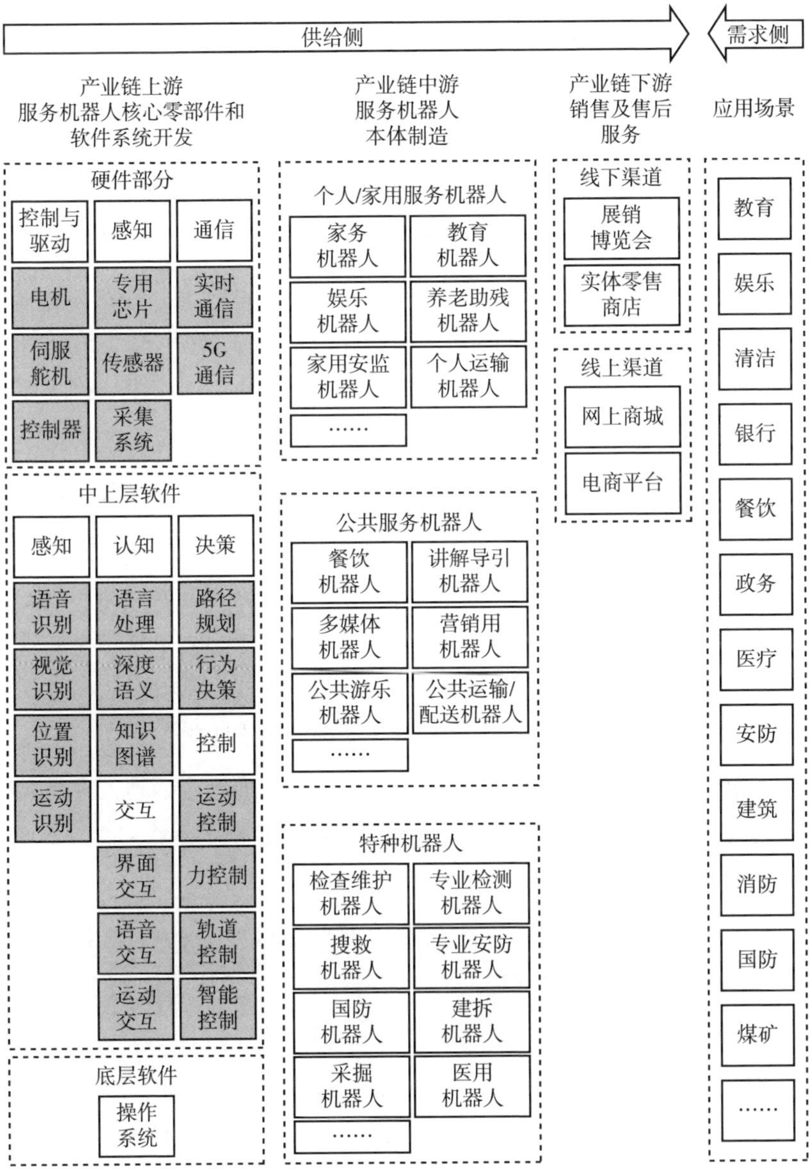

供给侧 → 需求侧

| 产业链上游
服务机器人核心零部件和
软件系统开发 | 产业链中游
服务机器人
本体制造 | 产业链下游
销售及售后
服务 | 应用场景 |

产业链上游 服务机器人核心零部件和软件系统开发

硬件部分
- 控制与驱动
- 感知
- 通信
- 电机
- 专用芯片
- 实时通信
- 伺服舵机
- 传感器
- 5G通信
- 控制器
- 采集系统

中上层软件
- 感知
- 认知
- 决策
- 语音识别
- 语言处理
- 路径规划
- 视觉识别
- 深度语义
- 行为决策
- 位置识别
- 知识图谱
- 控制
- 运动识别
- 交互
- 运动控制
- 界面交互
- 力控制
- 语音交互
- 轨道控制
- 运动交互
- 智能控制

底层软件
- 操作系统

产业链中游 服务机器人本体制造

个人/家用服务机器人
- 家务机器人
- 教育机器人
- 娱乐机器人
- 养老助残机器人
- 家用安监机器人
- 个人运输机器人
- ……

公共服务机器人
- 餐饮机器人
- 讲解导引机器人
- 多媒体机器人
- 营销用机器人
- 公共游乐机器人
- 公共运输/配送机器人
- ……

特种机器人
- 检查维护机器人
- 专业检测机器人
- 搜救机器人
- 专业安防机器人
- 国防机器人
- 建拆机器人
- 采掘机器人
- 医用机器人
- ……

产业链下游 销售及售后服务

线下渠道
- 展销博览会
- 实体零售商店

线上渠道
- 网上商城
- 电商平台

应用场景
- 教育
- 娱乐
- 清洁
- 银行
- 餐饮
- 政务
- 医疗
- 安防
- 建筑
- 消防
- 国防
- 煤矿
- ……

图2　服务机器人产业链

资料来源：作者根据内部资料整理。

决方案。目前，国产服务机器人已经能够满足大部分场景的应用需求，且在清洁、教育、娱乐等领域放量明显。

（二）服务机器人政策现状

1. 国家出台战略规划和行动方案，积极推动服务机器人产业发展

服务机器人相较工业机器人拥有更为广阔的应用领域，中国颁布《服务机器人科技发展"十二五"专项规划》等政策推动产业发展。政策内容包括在全国范围内打造服务机器人应用示范项目、建立试点示范，加强人工智能、大数据、5G等前沿科技在服务机器人产品上的应用，推进服务机器人产品技术研发、产业化，针对家居、医疗康复等领域重点扶持，有序推动面向企业及个人的服务机器人产品实现应用落地。服务机器人产业的政策类型可分为产业规划、技术攻关、标准建设，其中以产业规划为主。

在服务机器人产业发展初期，通过政策的扶持以及产业规划引导，产业得以快速发展。随着产业发展的不断成熟，国家政策引导将逐渐从产业规划转向标准建设、技术攻关，进而转向应用创新、模式创新等。

2. 地方发布多项政策，促进服务机器人实现区域产业化

为了推动服务机器人的快速发展，全国各地政府结合当地产业现状，发布多项政策以促进服务机器人在本地实现应用落地。

以北京、上海等地为例，在发布的相关政策中提出要大力开展服务机器人应用示范基地的建立。在全国大部分地区发布的政策中，均提出要加快服务机器人产品多领域应用，并针对本地区特定的服务机器人类型制定了销售目标，例如，广东省发布《广东省机器人产业发展专项行动计划（2015～2017年）》，针对特种机器人制定200亿元的区域销售额目标。部分地区针对服务机器人类型及应用领域给出了明确的范围，例如，浙江省发布《浙江省"机器人+"行动计划》，提出要加快服务机器人在制造等领域的应用；山东省发布《加快发展康复辅助器具产业的实施意见》，提出要加快发展医疗康复机器人等产品的技术攻关及商业落地。

（三）服务机器人技术现状

1. 人工智能技术提升服务机器人智能化水平，进一步拓宽产品功能及应用场景

人工智能可分为感知智能和认知智能。其中，感知智能包括语音识别、自然语音处理等，认知智能包括机器学习等。

语音识别是把语音信号转变数字信号的过程，利用识别等功能，让机器人理解人类语音，需解决语速快慢、声音高低、语言多样、噪声等问题。目前，国际通常采用语音识别词错误率（WER）来衡量自动语音水平，人类语音 WER 为 4%，商用语音 WER 为 15%，而科大讯飞凭借语音技术领域的积累，在部分应用场合中的语音识别准确率可达 98%。

自然语音处理是让机器对自然语言进行语义理解，主要包括词法、句法、语义分析。目前，自然语音处理技术仍处于浅层处理阶段，深层次理解、语义消歧等难题尚未完全解决，还需深度学习等技术应用实现突破。2019 年，百度基于其所搭建的语义计算整体框架，在语义计算、阅读理解等方向取得了一定进展，并进行了产业化应用。

图像识别是让机器读懂图像、文字等信息，需输入大量的模板信息与识别信息匹配，解决识别失真等困难。腾讯优图以视觉技术为核心，将重点研发聚焦在人脸、人体等视觉领域的产品，提供多个技术解决方案。

机器学习的核心是"使用算法解析数据，从中学习，然后对新数据做出决定或预测"，改变机器人无法理解环境、行动等情况，使机器人可以"更聪明"，不仅可以"模仿"人，还可以"有思考""有判断"。2019 年，旷视科技推出人工智能算法平台 Brain++，通过机器学习将过程自动化推动工作效率的提升。

人工智能水平的提升，从产品角度，使得服务机器人的产品形态更丰富、产品功能更细分、产品体验更优质；从市场角度，使得服务机器人的感知、交互能力提升，可较好满足家庭、公共、特殊环境下的娱乐、教育、生活、工作等需求，进一步拓宽应用领域。

2. 多传感器信息融合技术提高服务机器人环境适应力

服务机器人应用场景多样，为了保证其在复杂条件下感知到周边环境，能够适时调整自身行为，传感器成为机器人自主适应的关键设备。传感器可分为内部传感器和外部传感器，内部传感器用于检测内部状态，外部传感器用于探测工作环境。

由于单个传感器功能的局限性及不完备性，就需要具备互补性、冗余性特征的多传感器信息融合技术引入。多传感器信息融合技术是对各类传感器及其收集信息的综合处理与使用，以更完善、准确地反映检测信息，消除不确定性，提高服务机器人感知的准确性及系统的可靠性，进一步提升产品在复杂环境下的适应力。

目前，多传感器信息融合技术在服务机器人领域的主要研究方法有加权平均法等，需依据具体的应用场景需求选择合适的融合方法。多传感器信息融合技术已成为机器人厂商开发重点，米家扫地机器人搭载 12 类传感器，实时感知内外部信息，提高清扫效率。

3. 导航技术促进服务机器人快速发展、商业化落地

服务机器人相较工业机器人会产生更多空间位置的变化，需要相关导航技术的介入，为服务机器人在未知环境下规划出一条最优行动路径。导航技术主要包括定位、路径规划。

机器人定位技术可分为相对定位和绝对定位。相对定位采用传统航位推算法，利用传感器获取移动信息，从而完成机器人定位，误差伴随路程的增加而积累；绝对定位主要采用地图匹配等方式，容易受到外部因素，如信号等的干扰。

机器人路径规划技术包括构建地图、寻找最优路径、避障等，以扫地机器人为例，即构建家庭工作环境地图、障碍物大小及位置，寻找最优工作路径，减少路径重复率，提高清扫区域覆盖率；同时，在清扫过程中利用避障算法以合适的角度躲避障碍物，当出于避障等原因偏离预定路径后，还可根据需求回归到原本路径上。

目前，扫地机器人导航技术经过升级，由随机碰撞、局部规划进入全

局规划时代。随机碰撞的核心在于程序算法，程序算法指机器人在清理过程中采用一定的移动算法覆盖作业区域，如遇到障碍相应执行转向函数，以防频繁出现磕碰、作业区域重复或遗漏等问题；机器人局部规划开始搭载传感器，机器人可沿路线有规则的清扫；而全局规划是指机器人除了可沿路线有规则地清扫，还可规划建图、建立清扫路径，再按照规划的路径实施清扫。目前，全局规划主要有视觉导航、激光导航。视觉导航依赖视觉传感器，成本相对较低，但易受光照环境等因素影响；激光导航依赖激光雷达传感器，获取信息更精确，但成本相对较高。科沃斯推出的地宝（DEEBOT）T8 机器人，首创 TrueMapping 全局规划技术，搭载航天级 dTOF 导航，毫米级精准建图，拥有 TrueDetect 3D 功能，可识别家中多种障碍物并有效避让。

4. 仿生技术发展提升服务机器人人机互动性

仿生技术是关于模仿生物建造技术的科学，可分为功能仿生、结构仿生、控制仿生。功能仿生是指具备高级动物功能，如感知、思维等；结构仿生是指机械装置参照生物构造，如仿生手、仿生蝙蝠等；控制仿生是指神经系统仿真、进化机制仿真等。

仿生机器人是仿生技术与机器人领域应用需求的结合产物，目前，伴随生物基础理论研究及相关技术的发展，仿生机器人已开始具备生物感知、控制、运动等特性，并依据外部环境变化做出自身调整，完成更多复杂、拟人化、高智能化动作。

从仿生结构来看，国内仿生机器人可分为仿人机器人、仿生物机器人等，逐步在教育、娱乐等场景落地。HRG 文旅机器人事业部（HRG 哈工文旅）为日本乃村工艺社制作完成 SHELL BIRD burney 高仿真小鸟机模（见图 3），做到高度仿真，满足机械运动，又符合真实肌肉运动规律；新松推出蛇形臂机器人，用于核电站反应堆的检修及地震搜救；博雅工道推出工业级水下鱼型机器人 RoboShark 1.0，可完成水下巡检、科考和追踪等任务；麻省理工学院仿生机器人实验室推出 9 千克四足仿生猎豹机器人，其速度可超过 2.45 米/秒，进行独立平移、旋转、跳跃、方向和平衡控制。

图3 HRG 哈工文旅高仿真小鸟机模

资料来源：哈工大机器人（扬州）科创中心官网。

从仿生材料来看，仿生皮肤、人造肌肉成为研究热点，即通过提升机器人的构成、材料与人体的相似度，进一步提高应用环境适应能力。

5. 医用机器人涉及多技术领域，技术门槛高

医用机器人技术从产业角度可分为上游核心技术、中游系统集成技术、下游应用领域技术。

医用机器人上游核心技术主要包括核心硬件技术和核心软件技术两部分。就核心硬件技术而言，除控制器已发展成熟，基本可实现进口替代，其余硬件由于技术壁垒高，目前国内市场被外资垄断，制约中游企业采购需求，例如，伺服电机制造主要被日本和欧美企业占据。精密减速器和传感器方面，国内技术不成熟，发展较缓慢，70%以上依赖进口。另外，人工智能芯片也是支撑医用机器人复杂运算的基础，虽国内芯片设计已有不错表现，

但其产业布局、研发能力与国外芯片公司相比仍有不足。核心硬件技术的发展不足，一定程度上阻碍了国内医用机器人产业的发展。

就核心软件技术而言，主要包括人工智能、操作系统等技术。软件技术可促进影像智能诊断等领域发展。例如，万物语联研发出具备自我认知学习能力、能够像人脑一样思考的生物元引擎，是基于云计算、IOE 和 Web 3.0 语义等技术，可理解复杂数据并形成结构化知识的认知技术，是一套领先并完整的人工智能医用机器人系统。目前，万物语联利用该系统已完成多个项目落地，如循证医学智慧服务平台项目等。

医用机器人中游系统集成技术本质是优化的综合统筹设计，包括核心软硬件、操作系统等的集成设计能力，而医用手术机器人是系统集成技术壁垒最高、研发难度最大的。以美国达芬奇机器人为例，拥有振动消除和动作定标、灵活机械手腕等累计 4000 多项核心专利技术，是其成为目前世界最成功商用手术机器人的重要原因之一。截至 2019 年，在全球范围内，达芬奇机器人的安装量已达 5582 台，参与手术累计 720 万台。相比之下，国内大部分产品仍处于研发和临床实验阶段，仅有大智航、安翰医疗等企业通过 NMPA 审批，距离大规模商用还有很大差距。

医用机器人下游应用领域技术是指以诊疗技术为主导发展的医用机器人技术。如介入治疗技术，通过医学影像引导，利用精密器械引入人体，进行疾病诊断和局部治疗。介入治疗技术利用机器人定位准确等优势，降低治疗缺陷率，提升治疗安全性，避免过度依赖医生经验。因此，以机器人辅助系统发展介入治疗技术是解决传统问题的重要途径之一。

（四）服务机器人标准现状

技术发展、产品上市都需要依据标准建立的准则，机器人产业在发展过程中，同样需要完善的标准以助力其健康有序地发展。

1. 服务机器人受高度重视，多个项目组推进标准制定

在国家层面上，机器人标准制定工作主要由国家标准化管理委员会负责统筹；国家机器人标准化总体组和专家咨询组负责机器人基础通用、关键共

性等相关国家标准制定工作；中国机器人产业联盟、中国电子学会等单位也开展机器人联盟标准和团体标准研究。中国机器人标准化组织架构如图4所示。

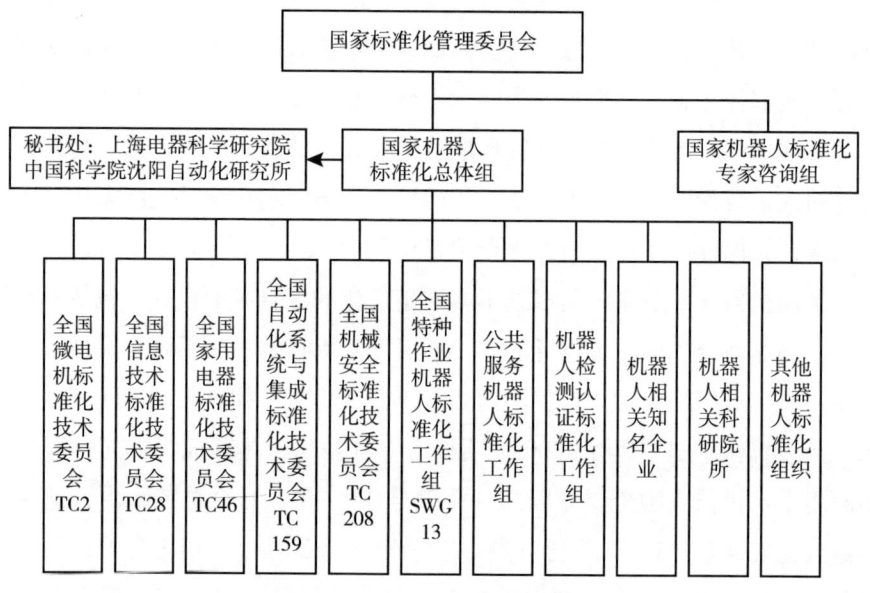

图4　中国机器人标准化组织架构

资料来源：作者根据公开资料整理。

随着科技的进步，服务机器人得到越来越广泛的应用，其标准化工作受到了中国机器人产业界的高度重视，专门设立了"公共服务机器人标准工作组""全国特种作业机器人标准化工作组"等项目组推动服务机器人产品的标准化工作。

2. 服务机器人现行国标占比60%，标准计划覆盖康复机器人、电力机器人等领域

据统计，截至2019年底，国家标准目录中包含机器人领域及与机器人强相关的现行国家标准共计119项，其中服务机器人相关标准超过70项，占比约60%。按具体类别划分，其中占比最大的是基础标准及检测评定方法标准，标准数量均为24项；其次是相关零部件标准，标准数量为16项。

据统计，截至2019年底，机器人领域国家标准计划共55项，其中服务

机器人相关标准计划数量占比31%，标准计划数量17项，覆盖康复机器人、电力机器人等领域。

二　服务机器人市场规模分析

（一）全球服务机器人市场规模分析

服务机器人产业发展时间晚于工业机器人，但随着人工智能等技术的发展，服务机器人应用场景不断拓展，可在家庭及商业等领域为人类服务。

1. 2019年全球服务机器人市场销量和销售额均保持30%以上增长

据不完全统计，截至目前，全球约有超过25个国家入局服务机器人领域，进行相关技术研发及产品开发。在日本、美国和欧洲，部分服务机器人已实现商业化落地。例如，日本期望通过服务机器人应用的拓展实现机器人整体规模的增长；美国大力发展应用于国防的仿生机器人，应用于军队伤员的外骨骼机器人等军事机器人；欧盟着力发展家用、医疗护理等民用机器人。

据IFR数据，2019年全球服务机器人市场销售额为169亿美元，同比增长31%（见图5）；销量约为2337万台，同比增长34%。

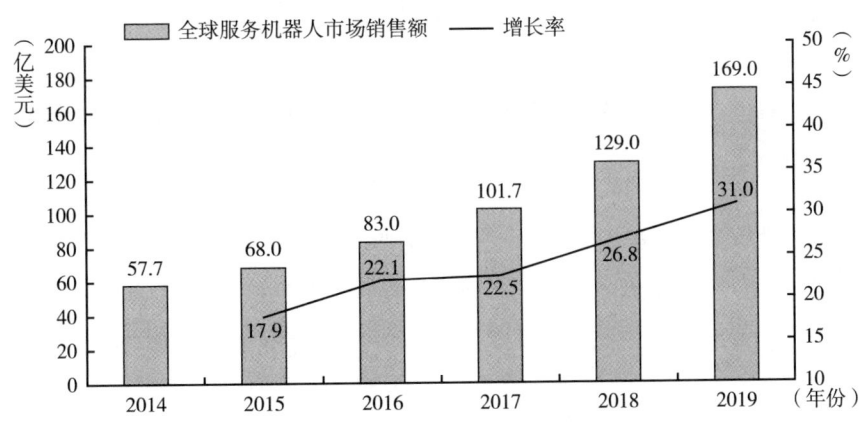

图5　2014～2019年全球服务机器人市场销售额及增长率

资料来源：IFR。

2. 全球个人/家用服务机器人市场规模持续增长

IFR 将服务机器人划分为个人/家用服务机器人和专业服务机器人，其定义的个人/家用服务机器人主要包括家用服务机器人和娱乐机器人。

当前，个人/家用服务机器人市场规模不断提升。IFR《2020 年全球服务机器人报告》显示，2019 年全球个人/家用服务机器人市场销售额为 56 亿美元，同比增长 21.7%；销量为 2320 万台，同比增长 30.3%。扫地机器人、擦窗机器人、玩具机器人已进入越来越多的家庭之中（见图 6、图 7）。同时，据 IFR 预测，2020 年个人/家用服务机器人销量将达 2670 万台（见图 7）。

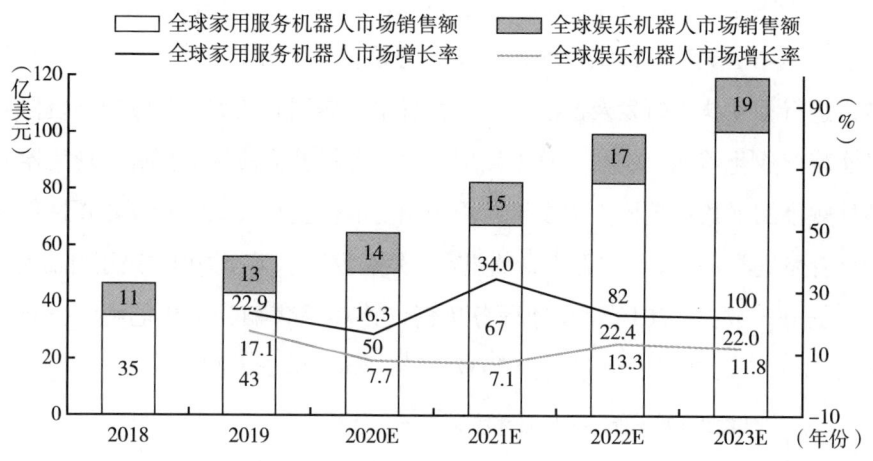

图 6　2018～2023 年全球个人/家用服务机器人市场销售额及增长率

资料来源：IFR。

3. 物流、医用等专业服务机器人实现批量入市

IFR 定义的专业服务机器人主要包括医用机器人、户外作业机器人、国防机器人、外骨骼机器人、营销用机器人、物流机器人及专业清洁机器人等。

相比于个人/家用服务机器人，专业服务机器人一般为面向特定群体设计，工作环境更为复杂，对功能和技术要求更为严格，因此产品单价更高，

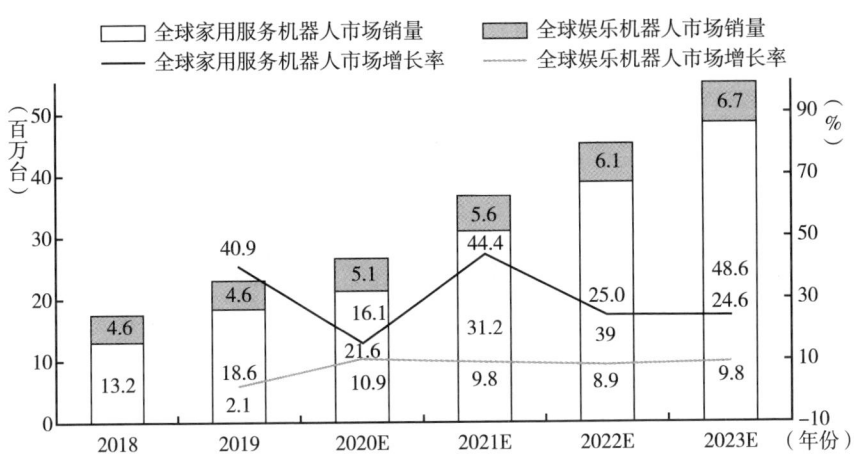

图7　2018～2023年全球个人/家用服务机器人市场销量及增长率

资料来源：IFR。

虽出货量远不及个人/家用服务机器人，但整体市场销售额更高。IFR 《2020年全球服务机器人报告》显示，2019年全球专业服务机器人市场销售额为112亿美元，同比增长32%；销量为17.3万台，同比增长32%（见图8、图9）。

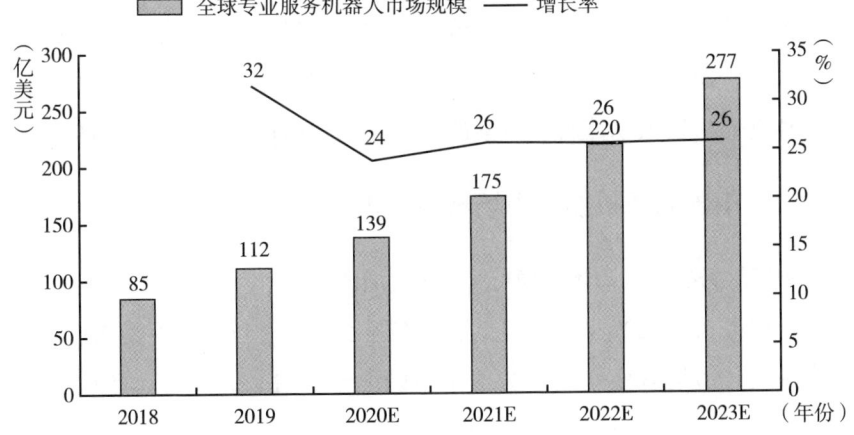

图8　2018～2023年全球专业服务机器人市场销售额及增长率

资料来源：IFR。

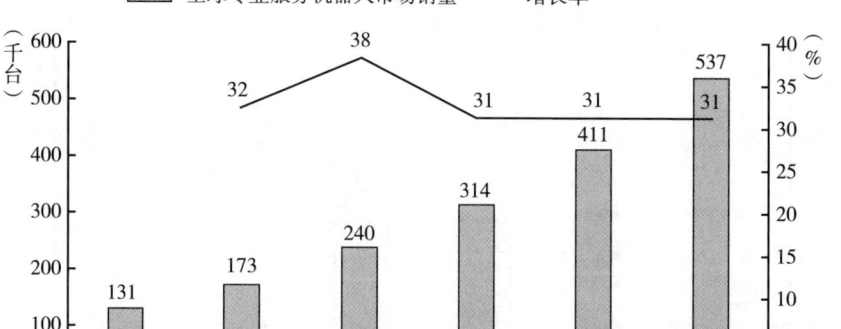

图9　2018～2023年全球专业服务机器人市场销量及增长率

资料来源：IFR。

从细分产品类别来看，物流机器人、医用机器人、户外作业机器人、国防机器人等专业服务机器人的技术日益成熟，功能逐渐完善，已开始批量进入市场。2019年全球医用机器人销售额达到53亿美元，同比增长29%，其中，机器人外科手术系统贡献最大，因为这类服务机器人售价最高；全球物流机器人销售额为19亿美元，同比增长111%（见图10），智能仓储解决方案强烈推动了在非制造业中使用物流机器人的趋势。据IFR预测，新冠肺炎疫情将进一步激发服务机器人市场。目前对医用机器人消毒解决方案、护理机器人和仓储机器人物流解决方案的市场需求猛增也印证了这一趋势。

（二）中国服务机器人市场规模分析

1. 中国服务机器人市场规模持续扩大，增速放缓

中国服务机器人产业发展起步较日本等国家相对较晚，但受人口老龄化等因素影响，市场规模不断扩大。据中国电子学会数据统计，2019年中国服务机器人市场规模为29.5亿美元，同比增长29.4%（见图11）。

从图11可以看出，2019年中国服务机器人市场增速有所放缓，原因在于国内服务机器人产业尚不成熟，大部分企业未实现量产。中国服务机器人

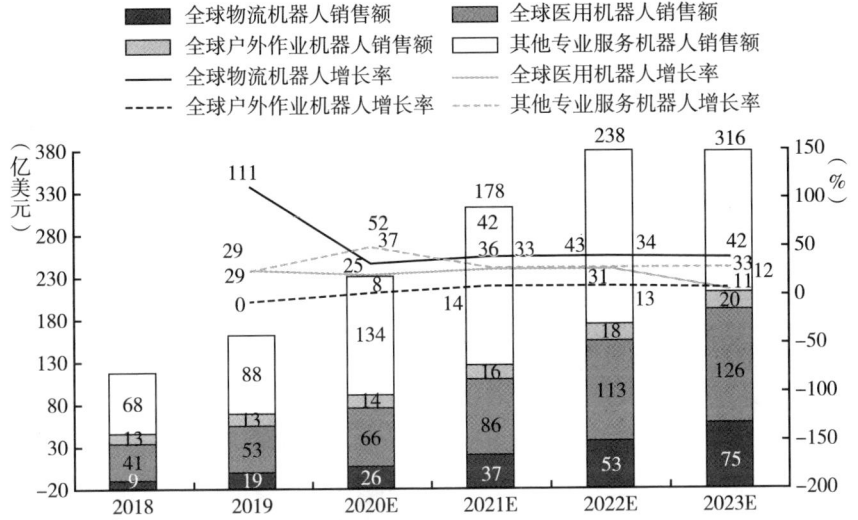

图10　2018~2023年全球专业服务机器人各细分产品市场销售额及增长率

资料来源：IFR。

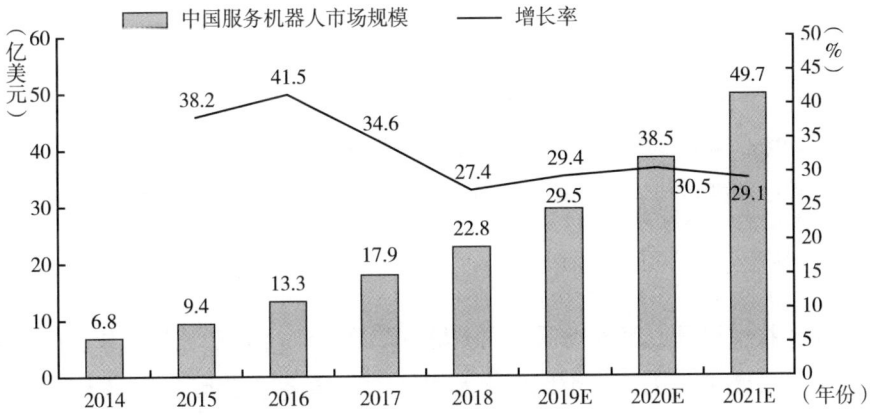

图11　2014~2021年中国服务机器人市场规模及增长率

资料来源：中国电子学会。

产业在经过探索期热潮（2015~2016年）之后，逐步开始培育市场（2017~2019年）。随着技术的提升以及产品的迭代，未来个人/家用服务机器人和公共服务机器人向商品化方向发展，特种机器人向系列化方向发展，产业模

式将逐步清晰，即将进入市场启动期。

2. 个人/家用和公共服务机器人市场潜力大

根据中国电子学会数据，2019 年中国个人/家用和公共服务机器人（包含医用机器人）市场规模为 22 亿美元，同比增长 33.3%，其中个人/家用服务机器人、公共服务机器人和医用机器人市场规模分别为 10.5 亿美元、5.3 亿美元和 6.2 亿美元（见图 12）。

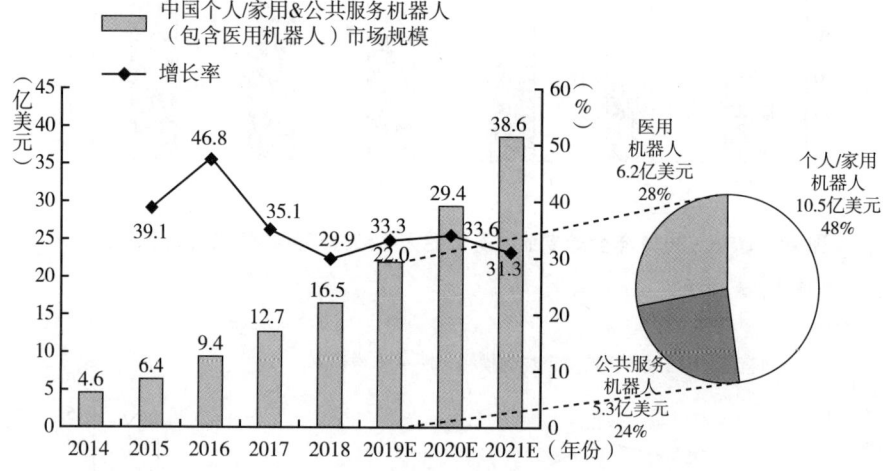

图 12 2014～2021 年中国个人/家用和公共服务机器人市场规模及增长率

说明：因数据四合五入的问题，增长率与原图中的数据不一致，本图中的增长率均根据图中市场规模数据计算得出。

资料来源：中国电子学会。

伴随技术提升，服务机器人成本呈下降趋势，社会劳动力成本上升带动机器人换人需求，未来，中国服务机器人（尤其是公共服务机器人）市场有很大潜力。据中国电子学会预测，到 2021 年，随着室内配送等新兴市场需求发展，国内个人/家用和公共服务机器人市场规模有望接近 40 亿美元。

3. 中国个人/家用服务机器人及医用机器人增速高于全球整体水平

2019 年，中国个人/家用服务机器人市场销售额较 2018 年增长 31.6%，达到 10.5 亿美元，高于全球个人/家用服务机器人 27.8% 的市场增速，这主要得益于人工智能领域技术创新不断加快，服务机器人智能性提升，改进用户体验，加快提高了家庭应用渗透率（见图 13）。

中国医用机器人已进入自主研发创新阶段，2019 年，国内医用机器人市场销售额为 6.2 亿美元，同比增长 34.8%，高于全球医用机器人 32% 的市场增速。中国社会人口老龄化、医疗资源短缺、高质量医疗需求等因素推动医用机器人产业的快速发展。

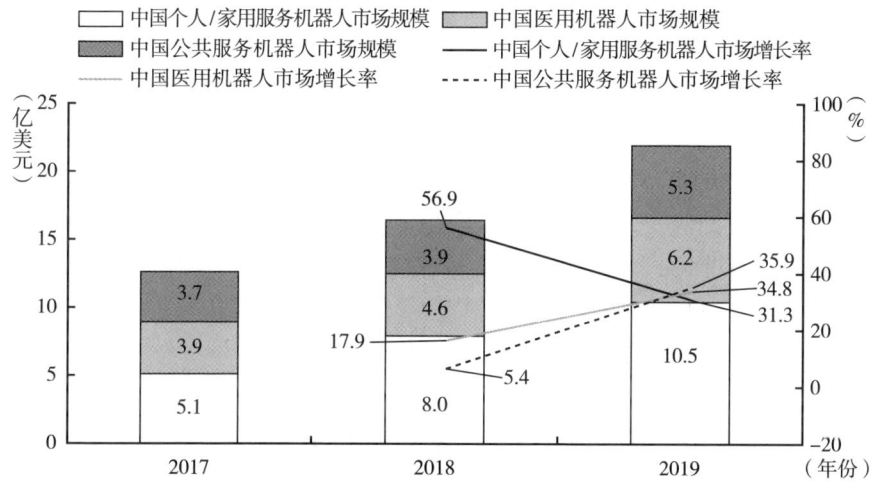

图 13　2017～2019 年中国服务机器人细分市场规模及增长率

说明：因数据四舍五入的问题，增长率与原图中数据不一致，本图中的增长率均根据图中市场规模计算得出。

资料来源：中国电子学会。

4. 特种机器人应用场景广阔，市场保持较快发展

当前，中国特种机器人整机性能持续提升，各种类型产品持续出现，带动市场较快发展。据中国电子学会数据，2019 年中国特种机器人市场规模增长 19.0%，达到 7.5 亿美元。其中，军事应用机器人、极限作业机器人和应急救援机器人市场规模预计分别为 5.2 亿美元、1.7 亿美元和 0.6 亿美元（见图 14）。

特种机器人受到技术驱动，智能性及工作环境适应性不断提升，有望在军事、消防、安监等应用场景快速落地。据中国电子学会预测，到 2021 年，国内特种机器人市场规模有望达到 11.1 亿美元（见图 14）。

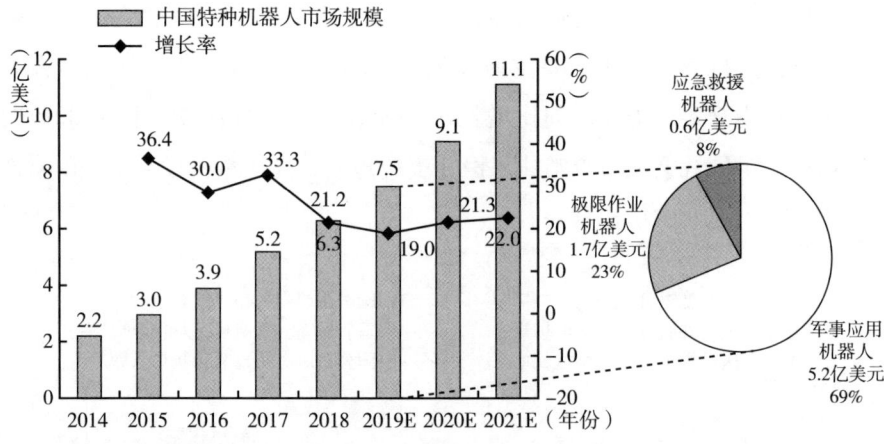

图14 2014～2021年中国特种机器人市场规模及增长率

说明：因数据四舍五入的问题，增长率与原图中数据不一致，本图中的增长率均根据图中市场规模计算得出。
资料来源：中国电子学会。

三 服务机器人应用现状分析

（一）服务机器人产业受具体场景需求牵引而快速发展

服务机器人产品的市场前景主要由应用场景的刚需程度和使用频次所决定，需求越强、使用频次越高的服务机器人场景市场前景越广阔。目前，场景高频需求带动最成熟的是家务机器人和教育机器人；刚性需求推动发展迅速的是医用机器人和养老助残机器人；而其他机器人由于频次和需求均表现不是很强烈，所以在产业化中需求不明确（见图15）。

（二）资本趋于理性，同时满足市场规模大且拥有刚需应用场景的细分领域更受资本青睐

随着细分赛道龙头企业的出现，以及非刚需机器人领域泡沫的破灭，服务机器人产业投融资事件活跃度有所下降，单个事件的投融资金额有所提高。另外，随着创新创业热潮的退却，机器人产业回归均值状态，种子/天

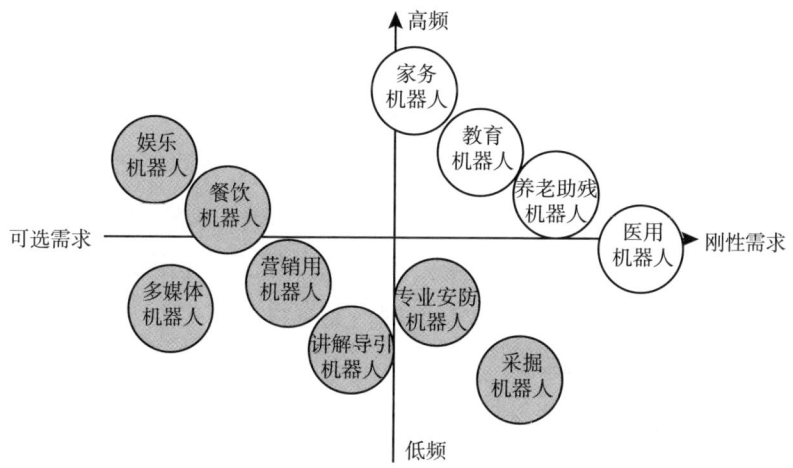

图15　服务机器人需求与频次

资料来源：作者根据公开资料整理。

使轮等早期阶段的投融资事件数量占比逐年减少，B轮及战略投资投融资事件数占比逐年增加。

服务机器人产业上游融资活跃度相对较高，集中在技术相对成熟的机器视觉、语音语义等领域。市场规模大且拥有刚需应用场景的细分领域（如医疗、教育娱乐领域）热度不减，持续受到资本的青睐。市场规模较大且技术相对成熟的细分领域（如物流、教育娱乐、机器视觉等领域）已产生独角兽企业。在中、下游更为广阔的细分赛道上，产生了较多千里马企业（估值超过10亿元）。

（三）个人/家用服务机器人中家务机器人、教育机器人逐步在市场放量，娱乐机器人、养老助残机器人产业化存在一定瓶颈

伴随国内经济及技术的不断发展，催生社会对科技生活方式的向往，同时，城镇人均收入水平持续提升，居民具备产品消费能力，使得个人/家用服务机器人市场渗透率不断提高。家务机器人、教育机器人凭借高需求和使用频次受到企业、资本方关注，产品经过一定的发展期，技术相对成熟，逐步在市场放量；娱乐机器人、养老助残机器人由于技术复杂性、产品功能实

现存在挑战，产品普及仍面临一定瓶颈。

家务机器人可帮助人们完成家务劳动，主要有扫地机器人、擦窗机器人、空气净化机器人等。从发展地域来看，市场集中于一、二线及沿海经济发达城市；从目标客户来看，多是自身由于工作繁忙无暇处理家务劳动的城市白领人员；从产业发展水平来看，由于需求明确、场景清晰、功能单一，家务机器人较早进入消费市场领域，且技术相对成熟，国内外已有数十个品牌抢占市场，整体产业化水平较高。国内家务机器人代表企业有：科沃斯（见图 16）、海尔、美的等。

图 16　科沃斯空气净化机器人 AIRBOT AVA

资料来源：科沃斯官网。

教育机器人是教育消费升级、教育观念转变等多因素推动的产物，可辅助教师教学、提升学生学习动力，包括 STEAM 教具、助教机器人、编程机器人等。从应用场景来看，教育机器人主要集中在家庭、学校、培训机构等；从产业发展水平来看，由于教育机器人面临产品功能实用性、技术智能性等考验，市场经过洗牌，部分缺乏核心技术、产品同质化严重的企业已进入市场淘汰阶段；而头部玩家和大型厂商利用自身技术和营销竞争优势，不断探索建立产品生态、促进产品落地。国内教育机器人代表企业有：大疆（见图17）、优必选、康力优蓝等。

图17 大疆教育机器人机甲大师 RoboMaster S1

资料来源：大疆官网。

娱乐机器人的产品功能是家庭娱乐，有聊天机器人、玩具机器人等，产品功能主要围绕"娱乐""益智"等。从目标客户群体来看，大多将儿童与青少年作为最终用户；从产品价格来看，多数产品价格在几百至几千元；从产业发展现状来看，多数娱乐机器人企业已拥有相应核心产品，为实现差异化竞争，逐步打磨机器人内容，期望通过优质内容增强产品黏性，占据更多市场份额。国内娱乐机器人代表企业有：优必选（见图18）、康力优蓝等。

养老助残机器人主要针对老龄人陪伴及失能人群身体康复，包括康复机器人、护理机器人等。从技术角度来看，国内养老助残机器人注重产品技术及功能创新，但受制于核心技术尚未完全成熟、市场需求复杂，仍存在发展空间；从产业发展水平来看，可量产企业数量少，市场应用案例有限，未能形成完整产品研发、应用、反馈环节，仍需一段时间取得市场接受。国内养老助残机器人代表企业有：傅利叶（见图19）、中瑞福宁等。

图 18　优必选娱乐机器人 Qrobot Alpha

资料来源：优必选官网。

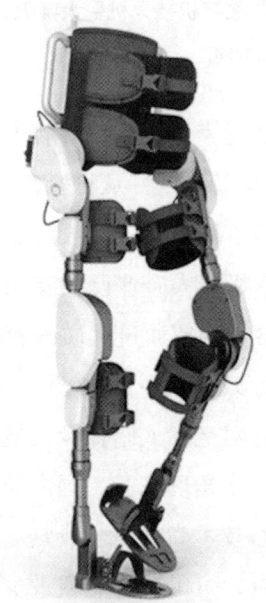

图 19　傅利叶下肢外骨骼机器人 ExoMotus™

资料来源：傅利叶官网。

此外，家用安监机器人、个人运输机器人及其他个人/家用服务机器人虽产业化程度相对较低，但也在部分领域产生代表型企业，如个人代步机器人产品——Ninebot 的路萌代步机器人搭载视觉等传感器，可实现超长代步、自主跟随。

（四）个人/家用服务机器人价格呈下降趋势，易用性成为产品打开市场的重要条件

个人/家用服务机器人应用场景广泛，但产品本身如同家电产业，具有明显的大众消费属性，即为 C 端产品。影响终端客户购买行为的两大主要因素是产品的价格及易用性。

个人/家用服务机器人需要直接面对个人或家庭消费者，该类群体范围广泛，市场需求复杂而多样，需要企业不断通过技术或功能改进，满足多种应用需求；且对产品价格较为敏感，需要较低的价格来满足客户的经济承受能力，直接导致产品交易频次高，单次交易量相对较小，单价相对较低。虽然国内外个人/家用服务机器人产业正在快速发展阶段，但受自身 C 端产品属性影响，整体价格呈下降趋势。2019 年 IFR 数据披露，从全球个人/家用服务机器人销售额及销量变化来看，产品均价呈下行趋势。2018 年全球个人/家用服务机器人的销量为 1780 万台，销售额为 299 亿元人民币，而 2023 年预计销量为 5530 万台，销售额约为 773.6 亿元人民币，产品平均单价由 1680 元降至 1399 元（见图 20）。

个人/家用服务机器人作为智能化产品，集成多个技术模块，无形中增加了使用难度。但 C 端客户本身不具备专业的操作能力，尤其是老年人及儿童，这就要求产品设计具备易用性，来满足用户的使用方便、学习简单、容易理解的需求。因此，易用性成为个人/家用服务机器人打开 C 端市场的重要条件。

服务机器人作为新兴产业，产业链配套处于完善阶段，关键技术需大量资金投入，间接提升了产品成本。但个人/家用服务机器人以 C 端市场为主，客户更关注产品价格及易用性，将直接考验企业技术、市场追求及成本

图20　2018～2023年全球个人/家用服务机器人平均单价变化趋势

资料来源：IFR。

控制的平衡，已有部分企业通过高性价比、打造品牌等手段，突破市场重围，实现规模化生产及销售。

（五）个人/家用服务机器人以线上销售渠道为主，线下渠道便于产品展示及体验

个人/家用服务机器人常用的销售渠道可分为线上及线下。线上渠道主要指电商平台，如淘宝、京东等，产品销量依赖于平台的访客流量，其面对的消费者具有一定品牌黏性，且平均售价比线下渠道更有优势；线上渠道需要厂商具备一定的品牌价值及技术优势，以吸引消费者关注，厂商也需要通过向平台交纳营销推广费用来实现产品销售。线下渠道主要是卖场与家电连锁商超等实体店，产品销量依赖于销售位置的优劣，通常厂商会选择少数知名度较高的实体店进行合作。线下渠道便于产品展示和体验，有利于厂商品牌形象的建设，厂商需要向合作方交纳终端销售费用。由于实体店优势位置资源相对稀缺，整体线下投入成本较高。

目前，扫地机器人产业化程度最高。据中怡康咨询数据，2017年国内扫地机器人线上销售额占总销售额的89.29%，较2013年的55.56%上涨32.73%（见图21）。这从侧面反映出，个人/家用服务机器人以线上销售渠道为主，线下销售渠道为辅。

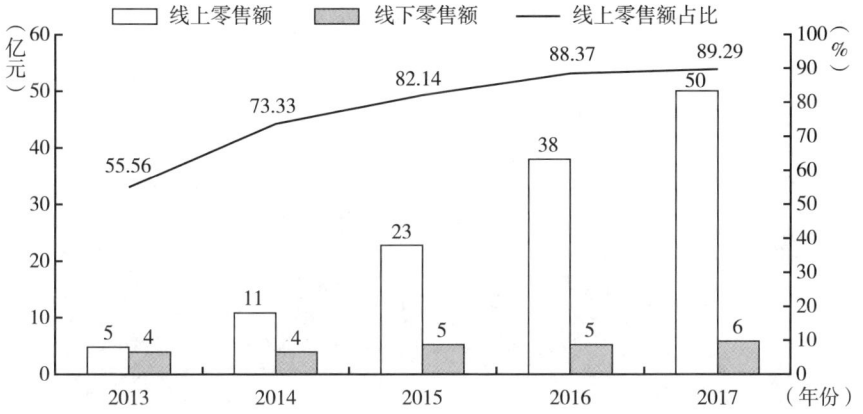

图21 2013~2017年国内扫地机器人线上、线下零售额及占比情况

资料来源：中怡康咨询。

由于个人/家用服务机器人的个人及家庭应用场景以线上销售渠道为主，影响产品销量的主要因素有节假日消费习惯、平台促销等。国内主要节假日如春节、中秋、国庆等，国民具有意愿购买相关产品；而平台电商活动节日如"双十一""双十二"等，产品折扣力度较大，最大限度刺激国民购买欲望，会对销量产生较大拉动作用。

（六）室内配送机器人迈过市场教育阶段，在酒店、餐饮、零售等行业渐渐获得业界认可

2019年，室内配送机器人在酒店行业全年的出货量有所提升，逐渐被运用到餐厅、KTV等场景。随着服务机器人的普及，社会逐渐意识到服务机器人可以降低人力成本甚至带来收入。例如，房客通过手机扫码下单后，酒店配送机器人可将货物送到房客房间。迈过市场教育阶段，室内配送机器人在酒店、餐饮等行业渐渐获得了业界的认可。

2019年12月，华住创始人表示1台配送机器人平均可为酒店节约0.75人，公开了机器人的实际效益。云迹科技与华住进行了深度合作，例如酒店服务机器人"润RUN"（见图22）可自主搭乘电梯，拥有送物、远程召唤等功能。房客可得到机器人送物到房间的服务，过程不需要人工辅助，解决

了酒店劳动力短缺的问题，创造了酒店的房外收入，还可利用采集的房客行为数据，分析出酒店的各运营环节如何提升运营效率。2019 年，云迹科技获得 B 轮融资，投资者为猎豹移动旗下公司——猎户星空。

图 22　云迹科技酒店服务机器人"润 RUN"
资料来源：云迹科技官网。

早期的餐饮机器人，追求产品能互动、会卖萌、会说话、外形好看等，本身成本及维护成本高。由于追求"人形"，造成餐饮机器人效率比普通员工还差。餐饮机器人在 2015 年经历了一阵热潮之后迅速冷却，也让餐饮从业者认为餐饮机器人华而不实。伴随着餐饮机器人相关技术的不断提升，其定位精度大幅提高，拥有了更强的减震性能，环境适应性越来越高。据统计，餐饮机器人可成倍提升餐厅的服务效率，实现降本提效的作用，如花生传菜机器人（见图23）。随着效率及稳定性大幅提升，餐饮机器人重新受到了业界的认可。

室内配送机器人除了应用于酒店、餐饮行业，还可应用于 KTV、医院大厅、商场、机场等场景。

图23　海底捞花生传菜机器人

资料来源：搜狐科技，https://it.sohu.com/20181024/n553224202.shtml。

（七）移动导览机器人应用场景逐渐拓展，在党建、政务等领域实现落地

受技术驱动，移动导览机器人拓宽应用场景，产品在酒店、餐饮等领域实现商业落地之后，开始向党建、政务等更多领域拓展。

党建机器人拥有拟人化的外形，可提供党建课程、党务咨询、党的精神宣讲等多种功能。政务机器人具有人形设计，能说话、自主移动、躲避障碍等，主要应用于政务、医院、银行等。目前，80%的党建、政务机器人是起到引导作用的。

优必选的克鲁泽机器人（见图24）已投放市场，主要应用于党建、政务等领域，可充当客服角色，回答常见问题和指引流程、云端存储相关信息以便后期进行查询记录和识别来访人员，也可进行预约服务、数据采集等。

图 24 优必选克鲁泽机器人

资料来源：优必选官网。

科沃斯银行服务机器人（见图 25）赋能银行智慧化转型，不仅实现了迎宾接待、业务咨询等功能，还可进行二次营销，为银行带来业绩。

猎户星空智能服务机器人"豹小秘"（见图 26）已实现量产，在银行等场景实现了应用。2019 年，猎户星空母公司猎豹移动整合智能问答领域行业资源，投资云问科技。

（八）安防机器人融入人工智能技术，具备初步自主能力

传统的安防机器人由于程序固定、响应时间长等问题，难以在环境快速改变时做出有效的应对。随着人工智能技术不断进步，特种机器人能力不断增强：AI 芯片技术的发展使安防机器人拥有更高算力；AI 视觉技术帮助安防机器人采集信息、识别环境；AI 深度学习算法提升机器人自主决策、环境反应能力。

图25 科沃斯银行服务机器人"旺宝"

资料来源：科沃斯官网。

图26 猎户星空智能服务机器人"豹小秘"

资料来源：猎户星空官网。

目前，安防机器人在部分应用场合中可实现"感知—决策—行为—反馈"的工作闭环。例如，优必选利用图像识别、大数据挖掘等技术，推出智能巡检机器人ATRIS（见图27），面向专业安防领域，满足警务、公安、银行等不同应用场景下的日常巡检需求。

图 27　优必选为派出所定制的智能巡检机器人 ATRIS

资料来源：优必选官网。

（九）特种机器人在水下、水上、管道、消防等领域面向特定场景实现应用突破

通过技术攻关，中国特种机器人在水下、水上、消防、防爆、管道检测等领域实现了应用突破，制造出掌握自主知识产权的新型产品，技术水平比肩国际领先水平。

在水下机器人领域，中国已有上百家企业从事水下机器人的研究和开发，头部玩家包括博雅工道、深之蓝、山东未来机器人、深圳鳍源等，开拓了海洋探索、水下检测维修等多个应用领域。例如，山东未来机器人自主研发水下悬浮机器人、深海机器人等产品，先后参与南水北调枢纽、葛洲坝大坝监测等项目，同时与俄罗斯等国家建立合作，辅助俄罗斯海底采矿等（见图 28）。

在水上机器人领域，中国在产品及技术层面取得了大量研发成果。例如，珠海云洲智能科技研发了全自动无人船、无人艇等多款水上机器人产品（见图 29），可执行海事搜救、环境测绘等多种任务；上海大学

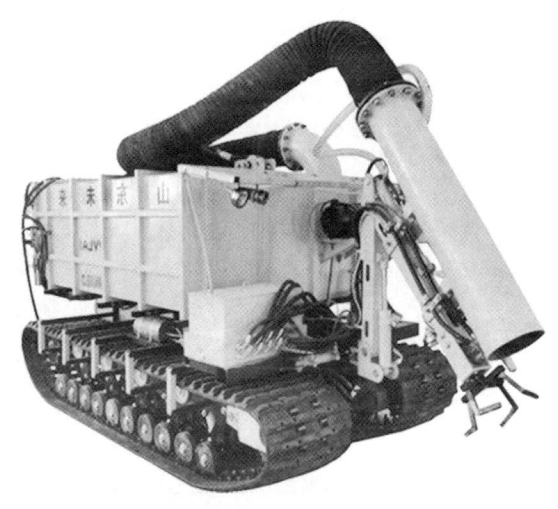

图28　山东未来机器人为俄罗斯定制的深海探矿采矿机器人

资料来源：山东未来机器人官网。

研制的无人水面艇，拥有强大的定位、跟踪及远程航迹线动态设定等功能，可胜任海底地形地貌勘测、海底管道探测及海洋常规"体检"等工作。除此之外，涉足水上机器人领域的科研院所有国家海洋局第一海洋研究所等。

图29　珠海云洲智能科技水上机器人

资料来源：珠海云洲智能科技官网。

在石油石化、市政等领域，排水管道内部的管道需要快速检测诊断并实现维修，管道机器人可满足该场景需求。管道机器人是近年来发展最迅速的特种机器人产品之一，典型参与者包括北京隆科兴、武汉中仪股份等上市企业，以及深圳施罗德（见图30）、北京铭尼科等初创企业。

图30 施罗德管道修复盾构机器人

资料来源：施罗德官网。

目前，国产消防机器人已实现了广泛的应用，可在火灾、地震、塌方等灾害事故中替代消防员深入险境，完成灭火、救援、隐患排查等工作，在保障消防员安全的同时，提高应对危机能力。中信重工开诚智能、HRG（见图31）等相关机构持续对消防机器人投入研发，在技术及产品方面实现了突破，促进了消防机器人的全面应用。

受到市场驱动，中国消防机器人供应链日益完善，关键零部件的规格趋于标准化，进而推动消防机器人产业的规范健康发展。

（十）煤矿成为特种机器人热点场景，技术、资质及渠道等壁垒较高

据统计，在煤矿行业中，从事采煤、安控等危险繁重工作的人员数目超过了180万。矿工在井下作业面临的安全风险情况多、范围广，相关风险又很难预防控制。在此背景下，通过煤矿机器人来替代人类进行相关工作成为未来趋势，煤矿机器人受到了国家煤监局、国家发改委等政府机构在研发层

图31　HRG 消防机器人奔赴川煤集团杉木树煤矿救援现场

说明：从左到右依次为小型智能消防机器人、防爆无线遥控器、矿用侦测
灭火机器人、防爆无线遥控器、防爆消防灭火机器人。

资料来源：HRG 官网。

面的大力支持，政府机构陆续出台重点研发、投资计划等政策加大对煤矿采掘机器人、煤矿巡检机器人的研发支持力度。

煤炭工业智能化将成为趋势，煤矿机器人的应用是煤矿开采技术的一次革命。煤矿机器人的广泛应用，降低了生产成本，提升了开采效率，也解决了煤矿行业人力不足的问题。中信重工开诚智能是煤矿机器人领域的代表性企业，推出了矿用隔爆兼本安型轨道式巡检机器人（见图32）等10余款针对煤矿行业不同作业场景需求的煤矿机器人，在井下巡检、洗选、救援等岗位实现了"机器人换人"。

但不可忽视的是，机器人企业进入煤矿机器人领域需要面临三大壁垒。

第一，技术壁垒。煤矿机器人产品除了要拥有自主路径规划、自动避障等控制功能以适应井下复杂多变、苛刻的作业环境，还要针对井下恶劣的环境，满足防尘、防潮、抗腐蚀等特殊要求。

第二，资质壁垒。由于煤矿场景特殊，对煤矿机器人厂商及产品的生产资质、安全认证等要求颇高。此外，一般企业很难在产品研制阶段进入煤矿

矿用隔爆兼本安型轨道式巡检机器人　　矿用隔爆兼本安型轮式巡检机器人

图32　中信重工开诚智能煤矿机器人

说明：图中只列举两种。
资料来源：中信重工开诚智能官网。

进行测试、研究算法，因此不利于产品快速开发。

第三，渠道壁垒。煤矿企业多为大型央企、国企，在煤矿机器人招投标时更倾向于选择熟悉的传统煤矿机械厂商，往往不太会考虑特种机器人厂商，渠道拓展门槛较高。

（十一）医用机器人产业受供需与技术因素影响

医用机器人产业受供需因素与技术因素影响，其中，从供需情况来看，目前国内现代医疗体系发展不均衡，供需矛盾紧张。

据统计，2019年国内医疗机构总诊疗人次达87.2亿人次，同比增长4.9%，年住院率由上年度的18.2%增加到19%。医护人员匮乏。2019年每千人口执业（助理）医生数仅为2.77人，医生日均担负诊疗7.1人次和住院2.5床日，医疗资源供需严重不对称。据统计，截至2019年底，国内34354家医院中仅有2749家三甲医院，占国内医院总数的8%，而2019年全国三甲医院就诊人次为20.6亿，占全国医院就诊人次的23.62%。

医用机器人可缓解国内医疗供需矛盾，主要表现在以下几个方面。

对供应端而言，医用机器人通过深入各医疗环节，帮助医护人员完成耗时而重复的工作，提升医疗服务效率。例如，配药机器人平均每次完成配药仅需1分钟左右，速度是人工配药的10倍。同时可通过医疗大数据分析，利用深度学习能力，提升各医院医疗服务的统一性，平衡医院之间、医生之间的治疗水平差距，提高患者对基层医疗机构的信心，解决三甲医院人满为患的问题，有效缓解医疗供应的矛盾。

对需求端而言，不同类型的医用机器人可为患者提供针对性的诊疗服务。如医疗辅助机器人不仅能帮助患者进行自查、自诊和自我健康管理，而且能提供远程诊疗、推荐用药等应用服务，从而减少患者非必须到医院就医的次数。

随着 AI 等技术的不断发展，国内医用机器人相关的专利数量呈爆发式增长，各类医用机器人功能更新迭代，产品应用场景增加，促进产业多元化发展，也为医用机器人企业提供新的发展思路。

医用机器人的技术创新拓宽了产品应用领域，也提升了诊疗的专业度。例如，早期的胶囊内镜机器人进入体内后不可控制，而近年来，随着磁场精准控制及光电成像等一系列创新技术的研发与突破，胶囊内镜机器人实现了革命性的可控性与精准定位功能。如安翰医疗的磁控胶囊内镜机器人，对胃部局灶性病变的诊断准确度可达93.4%，已在国内广泛推广使用。

医疗数据技术是医用机器人 AI 算法的核心，数据的积累驱动机器人快速发展。据国际数据公司（IDC）预测，2020 年全球医疗数据总量是 2010 年的 30 倍，其中90%为医学影像诊断数据。随着医疗大数据的积累和结构完善、图像识别的检测率和精度提高，同时 AI 算法的不断优化，将促进医用机器人诊断技术的发展。如科大讯飞研发的影像诊断机器人系统通过学习诊断图数据，辅助医生进行诊断，准确率在94%以上。

四　服务机器人现存问题及对策建议

（一）中国服务机器人标准不能满足产业发展需求

标准化建设对服务机器人产业发展具有重要意义，是技术发展及应用推广的重要依据。近年来，中国服务机器人标准化工作取得了一些成果，对中国服务机器人从研发到应用起到了一定的规范作用。但是，随着中国服务机器

人的快速发展，对标准产生了更加深入及全面的需求，中国现行标准体系和标准化管理体制尚不能完全满足产业发展的需要，存在以下几个方面的问题。

一是标准制定的口径不一致，缺乏统一性。标准作为企业执行准则，需要具有统一性、权威性才可以指导行业进行日常经营。标准重复交叉现象主要体现在以下几个方面。首先，不同的标准化委员会工作内容存在交叉现象，造成了标准的重复。其次，国家、行业、地方标准在制定过程中存在重复，例如存在各自设定的技术指标不一致甚至冲突的情况。如国家标准《机器人分类（征求意见稿）》（标准号：GB/T 39405－2020）与现行行业标准《机器人分类及型号编制方法》（标准号：JB/T 8430－2014），两者对于机器人的分类有差异：前者将物流机器人划归于工业机器人范畴，但是没有针对物流机器人在非制造业领域的应用进行说明，与行业分类口径不一致；此外，前者将医用机器人纳入特种机器人，在业内存在一定争议。

二是标准制定周期长，不能及时满足产业需求。服务机器人产业标准涉及的技术面广、产业链长，针对不同环节制定标准的部门较多，关联各方权益。由于各标准之间需要保持一致，制定过程对沟通协调工作要求较高。目前标准制定的相关主体缺乏统一部署，标准制定过程缺乏统筹，各部门制定标准的立场不一致，协调难度大，造成标准制定周期长，越重要的标准实施所需时间跨度越长。中国服务机器人国家标准制定周期平均为3年，远远不能满足产业需求，例如，针对前文提到的《机器人分类》，2017年有关部门已提出并归口，但直到2020年仍未正式实施。目前，高效推动标准实施的工作格局亟待形成，制定标准的工作效率亟待提升，需要更加完善的标准制定推进机制，才能满足服务机器人产业相关需求。

三是标准缺失滞后，难以满足产业快速发展需求，国际话语权弱。目前，针对特种机器人整机的标准较少，针对个人/家用服务机器人和公共服务机器人整机的标准亟待补充，部分服务机器人的安全性、可靠性、协作性等尚无系统性、通用性的国家检测评定方法标准。特别是当前灾难救援机器人、养老助残机器人、室外配送机器人等领域标准供给仍不能满足产业需求。此外，中国主导制定的服务机器人国际标准占比较少，"中国服务机器人标准"在国际上认可度不高。

针对上述服务机器人标准存在的问题，建议加大服务机器人相关标准化工作的进程，并从以下几个方面加大推进力度。

第一，从组织机构建设、流程机制设立等层面着手，明晰标准化工作边界，统一布局，避免服务机器人标准化工作出现重复交叉现象。同时，可以通过信息化技术加强国家、行业、地方标准制定部门之间的信息交流，进一步避免标准重复制定的情况。

第二，通过建立统筹协调机制提升标准制定效率。为了保障服务机器人标准化工作的高效开展，需要从战略制定、资源配置、制度保障等层面综合部署，全面推进。

第三，通过完善顶层设计，以全球化视角提升中国服务机器人标准的科学性、适应性与有效性。通过与业界保持高效的交流，全面深入地了解机器人产业发展现状及标准需求，有序高效制定标准，为产业高速发展提供更好的服务。同时，抓住服务机器人新兴领域国际标准的缺口，积极参与国际标准制定工作，努力提升中国服务机器人标准的话语权。

（二）部分教育娱乐机器人无市场应用刚需

服务机器人具有消费属性，需求刚性程度将会直接影响消费者的付费意愿，如扫地机器人可帮助完成家庭清洁工作，正是由于存在应用场景刚性需求，所以产品的产业化程度最高。但目前，国内外服务机器人企业及产品都面临"刚需"的市场考验，未切换到用户视角的价值本位设计已逐步走入生存困境。

2019年，北京快乐智慧科技有限公司（简称快乐智慧）倒闭，产品为人工智能平台、教育产品和机器人，分别在2015年、2017年获得天使轮及A轮融资。快乐智慧曾推出智能机器人"智小乐"，可以通过语音交互、大数据分析等技术，为不同的孩子推送个性化学习内容，并将孩子成长的细节向家长端进行实时全面的反馈；但产品同质化竞争严重，使得消费者及投资者无法为之买单，最终企业走向倒闭。

针对部分教育娱乐机器人产品存在的无刚需问题，提出以下建议。

第一，服务机器人企业需明确市场痛点是否存在，以及是否已有产品可以较好满足需求，以明确该品类服务机器人在此领域存在价值的高低，产品是否可以放量。目前，机器人竞赛已从竞赛衍生出包括教育、服务、技术研究等模块的整个产业，其帮助参与者激发创造能力、提升机器人技术水平，与历届世界机器人大会同步进行的世界机器人大赛吸引了众多青少年的参与。正是看到了竞赛机器人的市场机遇，大疆研发了 RoboMaster S1 竞技模式，以满足使用者编程、技术学习等需求。

第二，服务机器人企业还应明确产品是否切中了市场痛点。有部分企业已经找到了市场高频刚需点，却切不中需求的痛点，如部分早教机器人仅拥有讲故事等初级功能，并未完全建立儿童作业辅导等实用功能，导致市场评价较低，仅是价格更贵的"故事机"。

（三）技术、政策等因素造成酒店机器人商业化进程缓慢

随着智能化程度的提升，越来越多的酒店引进了服务机器人，但是酒店机器人商业化进程依然很慢。保守估计中国酒店数量达到千万间，酒店机器人的渗透率却非常低。酒店机器人依然处于市场培育期，未迎来市场的全面爆发。

酒店机器人在环境适应性、与房客的交互能力等方面，从硬件和软件技术层面来看，都暂未完全攻克。例如，面对酒店较多的楼层，酒店机器人满足房客的配送需求需要搭乘电梯，再前往房间，这对机器人的环境感知能力提出了更高的要求。酒店机器人无法像员工那样对突发情况做出灵活的应对，无法解决房客复杂化、多样化的需求，还有可能会带来很多不必要的麻烦。

除了技术层面的因素，酒店机器人还面临政策方面的因素。酒店机器人在酒店的各个楼层配送物品，实现自主上下电梯需要在电梯里安装控制模块；电梯属于特种设备，安检非常严格，必须要有相应资质的企业才可对电梯进行改装，但电梯企业的资质门槛非常高。当酒店机器人为房客办理入住

和退房时，虽然从技术上识别客户身份已不是问题，但是由于酒店系统需要与公安系统联网，酒店后台按规定依然需要人工审核。从硬件上讲，每一台酒店机器人都需要连接到公安系统进行认证，不然就没有相应权限。

价格因素也是制约酒店机器人被更加广泛应用的一个原因。目前，酒店机器人单价在几万元到十几万元，成本回收周期较长。酒店机器人在市场中未得到大规模使用，也会导致机器人企业前期研发成本得不到分摊，酒店机器人成本居高不下。

针对上述制约酒店机器人实现商业化落地的因素，提出以下建议。首先，企业需要从全球化视角，顺应商业化发展趋势，持续研发攻关，提高机器人的环境适应性、智能交互水平、安全性及易用性。其次，机器人企业要加强与第三方合作，如与电梯企业签订相互开放协议，以顺利实现酒店应用升级改造。未来，酒店机器人胜任酒店客服工作，形成品牌实力的机器人企业更容易在与公安系统联网等资质方面获得批准。最后，针对机器人价格昂贵的问题，需要机器人企业在产品未实现量产的情况下，创新商业模式，如以租赁、拼团等形式推广酒店机器人的广泛应用。

（四）服务机器人隐私泄露问题一直存在

随着人工智能技术的发展，服务机器人逐渐深入人们的生活及商业场景中，节省了人力、提高了效率。但是，由此所产生的服务机器人泄露隐私问题，也备受产品使用者忧心。

针对服务机器人窥探用户隐私的事件早有报道。以最早实现商业化落地的扫地机器人为例，早在2017年，就有新闻报道知名扫地机器人企业计划将收集的户型、装修布局等用户资料转让给亚马逊、苹果和谷歌，以交换商业利益。

隐私问题在服务机器人领域无法避免，如果想让机器人提供服务，就需要将信息传输给它。目前，机器人了解人类信息的方式是利用信息完成特定指令，并不会去执行其他任务，机器人本身不会泄露信息；而设计或者掌握机器人的主体，则有可能泄露相关信息。

针对服务机器人存在的信息泄露等问题，建议如下。

首先，需要健全用户在使用机器人产品时，和厂商所签订的隐私协议。在隐私协议中，加强对用户隐私的保护条款以及针对厂商泄露用户隐私行为进行约束与追责。同时，国家相关主管部门也要健全相关制度、法律等同步配合约束。

其次，在服务机器人发展进程中，机器人企业除了不断推动相关技术发展外，还需完善服务机器人信息安全标准，确保数据在保存、传输、使用过程中不被外界获取，这将是服务机器人企业面临的巨大挑战。

（五）部分特种机器人定制化程度高，限制产业快速发展

自"863 计划"实施以来，国内特种机器人技术快速发展。但由于产品的应用环境复杂且危险，市场需求端定制化程度高，产品标准化难度大，项目实施更费时费力，所以大部分特种机器人企业很难获得资本的关注，经营资金压力大，业绩增长速度缓慢。

以高压带电作业机器人为例，其市场需求者主要是国家电网、南方电网以及所属的各级电力公司，主要利用招标形式采购。由于是招标采购，各地区电力公司对带电作业机器人的具体参数要求各不相同，需要厂商进行定制化开发，这不可避免地限制了产品的标准化、规模化发展速度。此外，由于高压带电作业机器人尚未普及应用，需求方往往只定制一台样机。机器人厂商投入大量资金和精力进行研制，但产品不一定可以量产，而且往往迫于成本压力，机器人厂商只能将样机连同知识产权一并销售给需求方，没有积累下技术优势，后续发展将更加困难。

针对上述特种机器人产业存在的问题，提出以下三个建议。

第一，特种机器人产业的发展需要市场端的配合，从需求方角度出发，对以高压带电作业机器人等为代表的特种机器人进行产品功能的统一规范。

第二，特种机器人厂商可通过 3D 打印、柔性化生产线、数字化技术等先进制造技术，结合产品标准模块化组合等手段，实现研发的规范化和高效化，积累可复用技术能力。

第三，从行业角度出发，特种机器人厂商可考虑进行转型探索，尝试从"卖产品"扩展到"卖服务"，围绕产品的整个生命周期提供设备状态监测、预测性维护保养、生产数据分析等更多增值服务，为客户创造更高的价值。

（六）医用机器人受价格、技术等因素制约，无法全面推广应用

目前，医用机器人受价格、技术、人才等因素制约，尚未全面推广应用。

1. 支付意愿不足，制约产品推广

从医疗机构的角度看，鉴于严格的医疗标准，医用机器人价格昂贵且技术尚未完全成熟，降低了医疗机构的采购意愿。如配药机器人主要以三甲医院为目标客户，运营收费政策和标准尚未出台；加上一台机器平均售价在300万元左右，投资回报周期无法预测，导致三甲医院引进机器的意愿不足。

从患者角度看，医用机器人的收费较高，且多数不在医保报销范围内，加上患者对其认可度不足，导致终端使用率不高。以胶囊内镜机器人为例，在三甲医院的普通内镜检查费与无痛胃镜服务费用均在医保报销范围，而安翰科技的磁控胶囊内镜机器人的费用一般在4000元左右，且大部分城市未将其纳入医保范围，会让患者更倾向选择传统的胃镜检查。

因此，从短期来看，医用机器人产业仍需医疗政策支持来改变患者支付意愿，以促进医用机器人的推广；从长期来看，通过提升市场对产品的认知度和完善产品的配套管理机制，患者的支付意愿将会不断增加。

2. 全面推广应用还需时间的检验

从技术层面来讲，国内在人工智能理论基础、核心算法与发达国家存在较大差距，部分底层技术还处于研发测试阶段，特别是医用机器人需要融合医疗大数据、人工智能技术和医疗专业知识，如何成熟地将各类技术与产品结合仍有很大挑战。例如，筛查诊断机器人常用于诊断部分常见疾病、慢性疾病和少数癌症病种，仍需时间积累才可能拥有更全面的疾病诊断能力。

从应用层面来讲，新技术的应用快速推进对现有医疗机构的制度体系、工作环境、业务流程等带来不同程度的变化与挑战。例如，利用配药机器人替代传统人工配药，在提升配药准确率与效率的同时，原配药人员的工作职

责和配药流程也需要重新规划。此外，医用机器人的普及推广中，不可避免地会引起用户的不信任和质疑，主要包括对于机器人稳定性不完善、医疗信息泄露风险等方面的担忧，这些都需要通过实际应用的积累来解决。

因此，在医疗资源紧张的环境下，通过技术升级与应用积累的双轮驱动，医用机器人有望加速融入各类医疗业务场景。

3. 产业复合型人才稀缺

医用机器人产业以高科技、智能化为基础，需要融合大量人工智能技术、图像识别技术以及专业的医疗知识。据 2017 年《全球人工智能领域人才报告》统计，在国内医疗人工智能企业的 47 名首席科学家或 CTO 中，与医学专业相关的仅有 7 人。目前，大部分医用机器人团队都是算法工程师或人工智能专家在主导，由于缺乏必要的医学领域知识和临床经验，导致产品研制周期变长，也使得医用机器人产品缺乏创新力且普遍同质化。

2018 年，中华人民共和国教育部发布的《高等学校人工智能创新行动计划》中提到，要推进"新工科"建设，形成"人工智能 + X"复合型人才培养新模式，到 2020 年将设立 100 个以上"人工智能 + X"复合特色专业，推动相关课程建设，有助于弥补人才供应与市场需求的缺口。目前，国内人工智能学科建设还在起步阶段，通过建设融合医疗专业的培养机制，形成稳定的人工智能复合型人才供应体系还有待时日。

五　服务机器人发展趋势及市场机会

（一）中小型扫地机器人企业注重与大渠道厂商建立战略合作

扫地机器人受到明确的家庭清洁需求、人机交互要求不高、运控和算法相对成熟等因素影响，成为最先产业化放量的个人/家用服务机器人产品。2020 年 2 月，石头科技登录上交所科创板，专注于家用清洁机器人等产品研发生产，初期通过 ODM 模式为小米提供定制扫地机器人，并利用小米渠道进行销售，迅速打开市场。2018 年，石头科技自有品牌产品在国内扫地机器人产品线上市场占有率排名第三，科沃斯、小米分别位列第一、第二。

石头科技首款产品在米家等官方渠道进行宣传、销售，2017 年，其首款自有品牌扫地机器人在米家开启众筹，当年产品销量超 5.5 万台。石头科技发展至今，已开始独立经营自身线上、线下销售渠道，但在部分关键的渠道支撑上，石头科技仍会借助小米的优势渠道资源，如米家在中国台湾的销售渠道。扫地机器人为 C 端消费品，企业需要具备成熟稳定的网络营销渠道进行产品分销，石头科技的快速成功离不开小米强大渠道的支持。

国内扫地机器人企业可分为以下几类：以 iRobot 等为代表的国外巨头，技术实力优势明显；以科沃斯等为代表的 ODM/OEM 转型商，具备产品设计和制造基础；以小米等为代表的互联网巨头，具备成熟的供应链、品牌口碑基础；以海尔、美的等为代表的家电巨头，具有品牌效应；以扫地狗等为代表的中小企业，营收规模小，竞争压力大。从近几年市场竞争情况来看，科沃斯、小米、海尔等拥有渠道优势的厂家生存状态相对较好，而 iRobot、扫地狗等国外巨头及国内中小企业由于渠道优势较弱等问题，面临较大的业务冲击风险。2017 年国内扫地机器人市场竞争格局如图 33 所示。

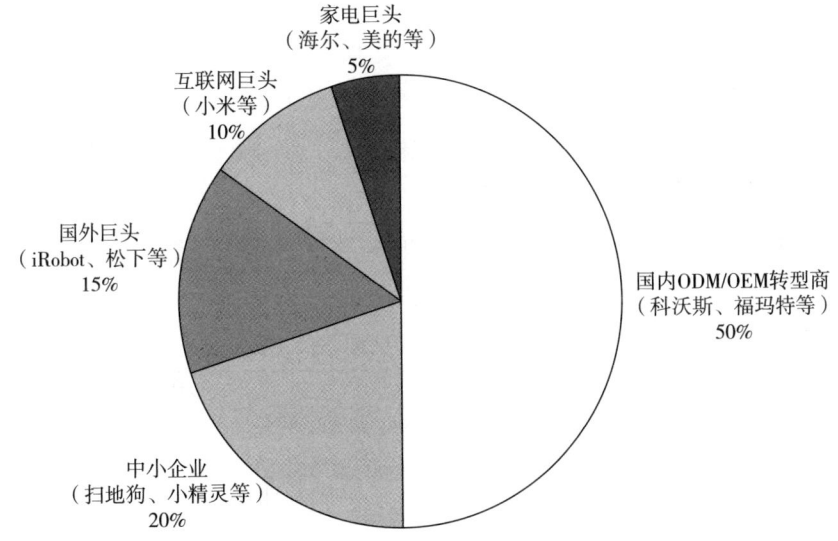

图 33　2017 年国内扫地机器人市场竞争格局

资料来源：中怡康咨询。

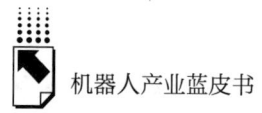

因此，对于扫地机器人领域企业而言，需注重营销渠道的建设。如果中小型企业暂无过多资本投入渠道的搭建，可选择与有成熟渠道的企业合作，短期内借助其渠道资源，将精力更多地聚焦于产品打磨，待企业后期成长后再逐步经营独立渠道。

（二）继室内配送机器人，室外封闭商区配送机器人有望下一个实现商业落地

根据配送机器人应用场景及所处行业，结合市场上主流的配送机器人类型，可以将无人配送机器人划分为室内无人配送机器人、室外封闭商区配送机器人、室外物流配送机器人。配送机器人落地顺序为室内无人配送机器人→室外封闭商区配送机器人→室外物流配送机器人。目前，室内无人配送机器人在酒店、餐饮行业实现了商业落地，室外封闭商区配送机器人产品有望继室内无人配送机器人之后，下一个实现商业落地。

据统计，中国年即时配送量达百亿件，市场空间广阔，但是配送人员存在着流动性大、管理困难等问题，导致人力成本不断上涨。同时，在100～3000米的末端配送场景内尚无服务机器人独角兽企业，预计室外封闭商区可提前实现机器人换人，以提升配送效率、降低人力成本。

面对广阔的市场空间，众多室外配送机器人企业纷纷入局，其中不乏跨界巨头、处于成长期的新型科技企业以及初创企业。其中，上市企业包括京东、阿里等，科技企业及初创企业包括优地科技、九号机器人等（见表1）。

表1 入局室外配送机器人企业案例

国家	公司	代表性产品
中国	京东	配送机器人4.0
中国	美团点评	外卖机器人
中国	阿里	菜鸟小 G Plus
中国	优地科技	优小哥
中国	九号机器人	配送机器人系列

资料来源：作者根据公开资料整理。

据麦肯锡预测，未来 10 年，配送市场空间巨大。从成本角度看，目前，一台室外封闭商区配送机器人的制造成本在 20 万～25 万元，在产业链不成熟的情况下，很难通过系统化生产降低成本。室外封闭商区配送机器人顺利实现商业落地，首先需要解决封闭环境内机器人的管理问题，其次是由谁来为室外封闭商区配送机器人买单。商业模式的创新，是室外封闭商区配送机器人顺利实现商业化落地的关键。

（三）商用扫地机器人助力传统商业清洁行业智能升级

近年来，扫地机器人在个人/家用领域成功商业落地，室内配送机器人逐渐获得了酒店、餐饮等业内人士的认可，机器人企业持续致力于机器人产品的商业化落地。商用扫地机器人结合移动机器人和清洁机器人的功能，可在商场、医院等代替工作人员进行清洁工作。商用扫地机器人具备扫地、洗地等功能，可配合指定消毒/养护剂辅助公共场所地面消洗，助力传统商业清洁行业智能升级。

商用扫地机器人除了要满足室内低速场景的移动能力，还需要引入视觉、模式识别和感知功能，以识别垃圾、地面水渍等，即实现自主移动的同时还具备清洁功能（见图 34）。由于商用扫地机器人本身体积较大，面对的环境更为复杂，相比家庭扫地机器人技术要求更高，存在一定的壁垒。高仙机器人推出的商用扫地机器人（见图 35）在新加坡、韩国等海外市场实现商用落地，例如韩国乐天玛特集团、新加坡来福士广场等。据悉，高仙机器人每年业务倍增，已实现盈亏平衡。

商用扫地机器人价格较高，顺利实现商业落地，还需要考虑产品价格是否会被客户接受。目前，日本、新加坡、韩国等国家人力成本高，需求更加强烈，因此商用扫地机器人更易落地海外。

（四）特种机器人商业化依赖关键场景及标准化产品，建筑机器人受到广泛关注

特种机器人一直是智能机器人研究的重点，中国特种机器人从无到有，

室外

——室外低速机器人
——室外高速机器人

例如：
例如：
・大中型商用清洁机器人
・自动驾驶
・物流配送机器人

——关键技术已攻克，有一定壁垒
——技术难度最高、商用化程度最低

低速　　　　　商业落地顺序　　　　　　　　　　　　　　高速

——室内低速机器人

例如：
・家用扫地机器人
・酒店配送机器人
・送餐机器人
・大中型商用清洁机器人

——技术难度低、技术成熟
室内

图34　移动机器人发展路径

资料来源：作者根据公开资料整理。

图35　高仙机器人商用扫地机器人

资料来源：高仙机器人官网。

品种不断丰富，奠定了特种机器人产业化的基础。技术的不断进步促使特种机器人智能化及环境适应能力的增强，其应用领域越来越多，如何解决商业化问题是中国特种机器人产业实现快速发展的关键。

根据新兴产业的发展规律，可将特种机器人商业化的演进分为三个阶段，第一阶段——关键场景，把握垂直应用，提高场景、任务、能力的匹配，提高特种机器人在关键应用场景的能力，扩大用户基础；第二阶段——能力增强，通过加入深度学习、场景自适应等能力，拓展服务范围，进一步提高原有用户预期，取代部分人力，逐步实现替代人；第三阶段——规模化，通过搭建标准化、可复制性强的产品架构，来降低生产成本，实现大规模商用（见图36）。

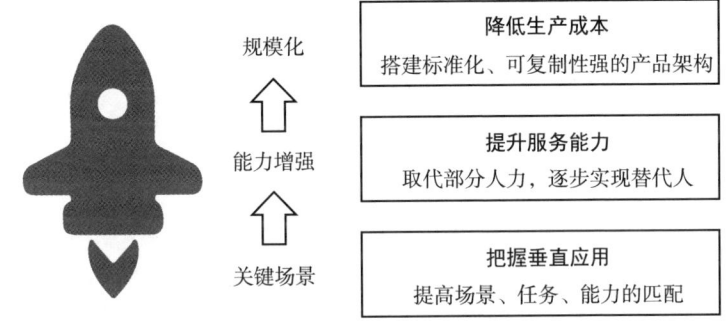

图36　特种机器人商业化演进阶段

资料来源：作者根据公开资料整理。

综上，特种机器人的商业化非常依赖于关键的应用场景，以及面向该场景能够提供高效且可复制性强的标准化产品。在消防机器人、水下机器人之后，建筑机器人有望成为特种机器人商用的新方向，受到业界广泛的关注。

随着人口红利的消失，招工难以及人力成本压力成为中国建筑行业的难题；产业升级的背景下，传统建筑行业数字化、自动化程度最低，逐渐丧失了对年青一代的吸引力；中国建筑行业还面临着安全隐患、生产效率低等一系列问题。建筑机器人的出现，有可能承担起建筑业技术革新的重任。

建筑机器人技术发展迅速，越来越多的高校、科研院所及企业参与其中。例如，由河北工业大学与河北建工集团合作研发了建筑板材安装机器人，可实现大尺寸、大质量板材的自动干挂安装；碧桂园旗下的博智林机器人公司研发了地砖铺贴、内墙板搬运和室内喷涂等对应不同工种的建筑机器人，已进入建筑工地进行测试；大界机器人联合 Transforma 成立国际建筑机器人产业联盟（CiBER），旨在加速推出具有软件、硬件普遍适用性的建筑

机器人产品；筑石科技自主研发的激光地面整平机器人（见图37）应用于混凝土浇筑，对地面进行高精度整平施工，具备多项优势。

图37　筑石科技激光地面整平机器人

资料来源：筑石科技官网。

头部房地产企业发力装配式建筑，新型建造方式使建筑机器人产品标准化成为可能。目前，中国建筑业存在劳动密集、建造工艺落后且质量不过关等问题。据了解，住建部一直在推进建筑业改革，通过政策鼓励智能和装配式建筑的应用落地，包括万科、碧桂园等众多头部房地产企业都在发力装配式建筑，而建筑机器人也将融入新型建造方式中，提升建筑质量，有望催生出一批不同类型的标准化建筑机器人产品，实现商业化落地。

（五）医用机器人助力提升医疗服务质量，打造产品应用生态

1. 提升基层医疗服务质量，布局基层医疗机构

目前，国内基层医疗机构的医生水平参差不齐，易出现常见疾病诊断不

准确或治疗方案效果不佳等问题，造成患者对基层医疗服务缺乏信心，患者因此形成了遇到任何健康问题都会优先选择三甲医院的习惯，进而加深国内医疗资源供需的结构性矛盾。

根据《"健康中国2030"规划纲要》等要求，基层医疗机构将利用信息化等手段提高优质医疗资源普及度和医疗服务整体效率。医用机器人高效化等特性，恰好能在加强基层医疗服务质量上发挥重要作用。因此，通过政策正确引导，加速推广医用机器人，并使其逐步覆盖基层医疗机构。可以预期，基于国内庞大的基层医疗机构基数，医用机器人将会得到迅速普及应用并产生良好的产业规模效应。

2. 建立新型产学研平台，打造产品应用生态

医用机器人是一个跨学科、研发方向复杂且高投入的产品，并且大部分产品需要通过临床试验以及检测备案，从产品研发到落地应用周期长，增加了医用机器人成功落地应用的风险。目前，医用机器人产业更多采用多机构合作模式，通过建立一个政、产、学、研、医、资融合的新型多元协作生态闭环，促进医用机器人产业的加速创新发展和产业化落地应用。

政、产、学、研、医、资融合的多元协作的模式，是指以政府为政策主导，构建医用机器人研发共享平台，引进高端院所、人工智能与医疗人才和优秀项目入驻。政府负责项目孵化，引进优质资本，利用人工智能专家、医疗机构与医疗专家的优势，提供医用机器人应用功能建议、制定检测标准以及完成临床测试和备案，实现产品产业化成功落地的目标。通过建立多元协作平台，响应产业内循环发展要求，助力医用机器人突破国外技术垄断，引导产业落地医用领域，同时强化复合型人才的培养与输送，推动医用机器人产业的全面成熟化。

3. 突破技术与学科壁垒，融合医学与科技体系

目前，国内病理医生缺乏且病理诊断智能化水平低，不利于临床医生为患者快速制订匹配的诊疗方案。受到人工智能等技术的影响，医用机器人将向病理学和临床医学应用领域深度拓展。通过人工智能图片识别技术，将传统的图像信息的病理诊断转换为数字化诊断，可协助医生快速排除阴性样

本，提升诊断效率。

以病理辅助机器人为例，医疗数据资源是病理辅助机器人研发的首要要素，但因应用场景、疾病种类和疾病发展过程复杂，且病理数据资源的获取与分类难度大，导致病理辅助机器人研发难度加大。所以，更关键的是需要有大量医疗数据资源的医疗机构或研究机构与拥有人工智能算法的企业深度合作。2019 年，金域医学与华为合作，成功研发辅助宫颈癌筛选的人工智能系统，该系统阴性诊断准确率可达到 99%，诊断速度是人工诊断的 10 倍。所以，在未来，病理辅助机器人的落地应用将有效地解决病理医生供不应求、医疗资源不平衡等问题。

（六）公共服务机器人注重垂直应用场景人工智能技术积累，促进产品应用落地

随着服务机器人智能化程度和功能性的不断提升，企业及个人开始通过机器人来替代人力工作，服务机器人逐渐成为家庭、公共环境中的一分子，其人机交互功能直接影响产品应用落地，尤其是公共服务机器人，需要在不同复杂的环境中完成业务咨询、业务办理等任务，这对服务机器人的语音识别、语义识别等技术提出了更高要求。

通俗地讲，语义识别相当于机器人的大脑，可对机器人获取的语音信息进行判定识别。由于一个词语在不同场景、不同表达逻辑中出现，会有不同的含义，因此，服务机器人企业将会越来越注重特定垂直领域的语音、语义识别技术积累，尤其是在语义识别方面，需要建立匹配具体应用场景的语料库，才能满足实用需求。

针对政务场景，服务机器人需要替代工作人员为客户进行咨询业务办理，实现高效的政务办理。因此，服务机器人在接待访客时，需聚焦政务场景，将访客从宽泛、不具针对性的对话内容引导至符合场景业务的对话内容中来，从而真正了解客户需求，帮助客户解决问题，完成政务工作，提高政务效率，符合各地机关和事业单位集中办理业务、简化政务流程的需求。

针对司法场景，客户需要专业的法律咨询，需要服务机器人储备专业的司法知识，能够通过与客户的对话了解客户诉求，对客户案例进行分析，以帮助客户完成初步的法律咨询。

针对零售场景，服务机器人需为顾客提供商品导购、商品介绍等服务。语音、语义识别技术可与机器视觉技术结合，应用于精准兴趣营销领域，通过交互过程中对客户属性的判断，推荐相应的商品和服务。

结合不同的应用场景，公共服务机器人企业将会越来越注重垂直应用领域人工智能技术积累，提供针对性的语音、语义库内容，提升服务效率及可靠性，并通过细分领域海量数据信息的掌握，不断优化语音、语义库，正向促进产品在特定市场的推广、应用。

（七）5G、边缘计算等技术将提升服务机器人的工作效率，降低产品成本

5G 相对于 4G 具有低时延、高速率等特点，峰值数据下载速率可达 10Gbps，理论上将 4G 的峰值速率提升 100 倍；5G 时延低至 1 毫秒，较 4G 提高 20 倍左右。5G 的到来进一步满足了通信对机器人应用的需求，帮助机器人完成工作状态下的互联、远程交互等任务。

5G 提升了服务机器人的使用范围和工作效率。针对移动性要求较高的配送机器人、导览机器人、远程机器人等产品，通信能力将直接决定机器人的活动范围，5G 可拓展其工作边界；5G 可缩短接入网时间、提升带宽，通过 5G 机器人具备更高算力，实现规模化部署。特种机器人对于高速的实时通信传输要求极高，目前，已有矿用巡检机器人通过 5G 监测矿山中的烟火、设备故障、人员违规行为等，将现场声光电、视频等传感器信号传输到云端，在云端进行 AI 计算和大数据分析，对环境、设备、人员进行有效的监测和事故预警，并为决策分析提供依据。

5G 促进了服务机器人的功能落地，降低产品成本。2010 年，"机器人与云"结合的概念被首次提出，云机器人并不是指某一个或某一类机器人，是指机器人存储和获取信息的方式，机器人本身不需要存储所有资料信息或

具备超强的计算能力。① 当云机器人对云端提出需求时，云端进行相应响应并满足。云机器人具备信息和知识共享、多机器人协作等特点，此前受到互联网技术的限制，云机器人一直处于研究阶段，但5G的到来使得机器人突破了计算能力和存储的限制，且能够支持实时的多机协作。此外，边缘计算适用于实时性要求高的应用场景，可增强机器人实时响应能力。5G、云机器人、边缘计算技术将大大提升机器人的人机交互、场景自适应能力，同时减轻机器人交互、移动等对本体硬件的依赖，降低交互通信、设备成本，推动服务机器人的大规模应用。

未来，伴随5G技术的成熟，将更多地与边缘计算等技术在服务机器人产业融合，提升机器人性能，突破应用边界。

（八）脑机接口技术促进机器人控制更加人性化和高效便捷

脑机接口是指通过对神经系统电活动和特征信号的收集、识别及转化，使人脑发出的指令能够直接传递给指定的机器终端，提高人对机器人的操作效率，可应用在康复、娱乐等领域。②

脑机接口技术可分为侵入式和非侵入式，侵入式需由专业人员操作，检测脑皮层电图（ECoG）等信号，具备一定危险性；非侵入式检测脑电图（EEG）等信号，对后处理的要求较高。

国内已有研发团队在非侵入式脑机接口技术领域实现了简单的信号读取和处理，完成相应控制。如亿脑科技基于哈工大等单位的相关技术进行科技成果转化，其中一款产品为针对工人的安全帽，其上附有电极，能够实时监测工人精神状态，如果他们疲惫或者注意力不集中，安全帽会发出警示以降低事故发生的概率。

脑机接口技术为服务机器人提供了新的信息输入方式，在养老、助残等

---

① 黄纯鑫：《基于OpenStack云机器人控制中间件的设计与实现》，硕士学位论文，东北大学，2016。
② 王晓涛：《脑电波打字有了新纪录 BCI是打开人机交互的钥匙》，《中国经济导报》2019年8月。

领域发展潜力较大。未来，结合虚拟现实等技术，脑机接口机器人控制系统有望成为创新性人机交互系统。

六　服务机器人典型企业分析

（一）科沃斯机器人股份有限公司（简称"科沃斯"）

1. 企业简介

科沃斯创立于1998年，主营业务涉及扫地机器人、擦窗机器人等家庭服务机器人的研发、设计、制造和销售，于2018年5月28日上市。

2019年，科沃斯发布扫地机器人新品DG70，在2019 BrandZ中国出海品牌50强排名第18，主要参与制定的《家用清洁机器人性能要求》团体标准正式发布。

2. 企业优势分析

（1）继扫地机器人之后，擦窗机器人产品实现商业化落地

人工擦玻璃效率低，擦拭范围有限，高层住户难以擦拭外窗、高空作业存在安全问题，擦窗机器人应运而生。擦窗机器人的使用频次远小于扫地机器人，相对扫地机器人"存在感"较低，但其针对相应场景切实解决了人们的清洁需求。目前，擦窗机器人产品技术成熟，并逐渐被人们认可，实现了商业化落地。

科沃斯擦窗机器人使用难度低，操作简单，对比人工擦窗，使用擦窗机器人省时省力，且无须人爬上爬下，提升了清洁的安全性。

（2）专注清洁类小家电智能升级，研发费用增速较快，截至2019年研发费用增至2.77亿元

科沃斯服务机器人营业收入占比持续增加，从2015年的51.8%上升到2019年的68.8%。作为清洁类服务机器人的龙头企业，科沃斯重视技术的积累，不断打造产品竞争优势，近几年研发费用增长迅速，2019年，科沃斯的研发费用为2.77亿元。科沃斯采用产品研发和技术预研相结合的研发

机制，产品研发主要满足近期市场的用户诉求，技术预研是对家庭服务机器人相关领域的前瞻性研发，研发周期较一般的产品研发更长。科沃斯的产品策略及技术布局均聚焦清洁类小家电智能升级。

目前，科沃斯在机器视觉、IoT 等领域进行技术布局，不断通过技术积累，把握产品方向，保持在行业内的技术领先性。

（3）销量主要来自线上，线下持续发力

科沃斯通过多种渠道实现销售，其"Ecovacs 科沃斯"品牌家庭服务机器人和"TINECO 添可"品牌高端智能生活电器在国内通过线上渠道和线下渠道组成的多元化销售体系实现销售。

从 2014 年开始，科沃斯就连续获得天猫"双十一"机器人类目销售冠军，2019 年天猫"双十一"，科沃斯全网成交额突破 7.8 亿元。

（4）大力发展海外业务

科沃斯扫地机器人进入了美国几千家主流线下零售门店，2019 年境外收入与境内收入将近持平，占比达 47.1%。

（5）全产业链布局，保证生产、控制成本

科沃斯通过成立子公司布局产业链上游的多种业务，可在部分供应链环节自给自足，并控制产品成本。

（二）北京石头世纪科技股份有限公司（简称"石头科技"）

1. 企业简介

石头科技成立于 2014 年 7 月，主张"为用户打造极致体验的产品，用科技简化生活"，主营产品为智能清洁机器人等智能硬件。

2019 年，石头科技营业收入 42.05 亿元，同比增长 37.81%；利润总额9.25 亿元，同比增长 142.24%；销售 251.43 万台扫地机器人，实现销售收入 39.16 亿元，同比增长 30.11%。其中，自有品牌扫地机器人实现销售150.9 万台，实现销售收入 27.93 亿元，收入占比 66.42%。

2. 企业优势分析

（1）技术优势：具备激光雷达与定位算法等核心技术

石头科技拥有激光雷达与定位算法等技术，扫地机器人基于 SLAM 算法构建地图、定位、规划清扫路径。SLAM 算法提升了扫地机器人的自适应性和定位准确性；实现高效导航与路径规划，提升扫地机器人在狭窄空间的通过率和清扫覆盖率；运动控制模块可构建扫地机器人转角最优算法，提升转角清扫覆盖率和效果。

（2）经营模式优势：存货周转率及固定资产周转率较快

石头科技依据产品零部件价值高低实行三种采购模式，分别为直接采购、指定供应商代工厂采购、代工厂自行采购。公司采用以销定产、委托加工的生产模式，无自建生产基地，打造线上与线下相结合的销售模式。

石头科技产品设计由模块化零部件构成，多种采购模式可帮助企业依据市场需求灵活调整采购需求；以销定产模式，可降低高库存经营压力，委托加工生产减少固定资产投入，整体可保持较高的存货周转率和固定资产周转率。

（3）生态链优势：借助小米渠道资源

据石头科技披露，公司成立后两个月就获得了小米的投资，并成为小米生态链企业，借助小米的销售渠道、供应链等资源，在初创阶段获得较大发展助力，产品销量得以迅速打开。

（三）深圳市优必选科技股份有限公司（简称"优必选"）

1. 企业简介

优必选成立于 2012 年，集人工智能和人形机器人研发、制造、销售于一体。2019 年 4 月，优必选筹备 A 股上市，在深圳证监局进行辅导备案，并接受中金公司的上市辅导；2019 年 11 月，优必选与阿联酋战略合作伙伴签署 AI 教育项目合作协议，搭建中小学校人工智能教学实验室。

2. 企业优势分析

（1）技术优势：自主研发关键零部件，降低产品成本

优必选致力于人形机器人开发，伺服舵机是主要零部件，占产品成本的 40%~50%。日、韩等企业的伺服舵机成本约上百美元，每台机器人至少需要 16 个伺服舵机，整机成本超过 20000 元。优必选为突破产品成本问题，自主

研发伺服舵机，将成本降低至同类产品的几十分之一，提升了企业竞争力。

（2）产品优势：进行 AI 教育布局，打造生态平台

优必选注重软件和硬件结合的逻辑，推出包括 AI 课程、师资培训、空间建设、竞赛活动及科创云平台的人工智能教育体系方案。在 AI 课程方面，建设体系化、贯通式的人工智能课程；在师资培训方面，提供专业科技教育课程师资培训，并与相关国家认证机构合作，推出国家级人工智能教师资格证；在空间建设方面，依据课程建设配套人工智能教育空间；在竞赛活动方面，打造相关编程教育机器人主题赛事，提升学生兴趣；在科创云平台方面，打造教学模块、展示交流模块、服务支撑模块等，实现线上学习、教学、培训等内容共享。优必选人工智能教育生态平台的搭建，加快了其人工智能教育的落地实践，也是凭借此业务优势，陆续获得阿联酋等 AI 教育项目订单。

（3）资源优势：拥有强大的背景资源助推企业发展

优必选已于 2018 年完成了 C 轮融资，其投资方主要可分为三类：一是创投资本，如启明创投、鼎晖投资等；二是行业巨头，如腾讯等；三是潜在合作商，如民生银行、居然之家等。上述投资方可为优必选带来一定的技术支持及行业资源，加速产品的应用落地，如科大讯飞可提供语音技术支持，民生银行、居然之家可提供落地场景，打磨产品功能。

（四）深圳市大疆创新科技有限公司（简称"大疆"）

1. 企业简介

大疆成立于 2006 年，主营业务为无人机、机器人教育等，客户来自全球 100 多个国家。2019 年 6 月，大疆推出首款教育机器人机甲大师 RoboMaster S1，满足用户竞技、学习需求。据悉，大疆未来将陆续推出机器人俱乐部、城市挑战赛、知识分享沙龙等活动，进一步填充教育内容。

2. 企业优势分析

（1）技术优势：注重技术创新及专利维护

大疆在飞控等技术层面有较深积累，截至 2019 年初，25% 的企业员工

从事技术、研发等相关工作，以加强企业、产品的市场竞争力。

同时，大疆注重技术专利体系建立。近几年，大疆在进行无人机及相关机身、组件、设备等专利申请的同时，不断向农用无人机、机器人教育等技术领域拓展，以发明和实用新型专利为主，侧面展示了大疆在无人机、机器人教育领域的技术水平和创新性的研发实力。

（2）产品优势：产品定位清晰，注重社群运营以提升用户黏性

在产品定位方面，大疆拥有清晰的产品定位思路，要做"打动一流的、有品位消费者的产品"，以产生高附加值，保持企业行业竞争地位。在产品销售方面，大疆建立多维营销网络，加强销售渠道管理控制，确保价格及质量体系。在产品运营方面，大疆注重产品线上线下社群运营：建立线上社群平台，便于用户分享照片、视频作品；通过线下摄影展等活动，扩大受众群体。大疆的社群运营将会提升社群用户忠诚度，并挖掘和分析用户潜在需求，在企业、用户之间形成正向反馈循环。

（3）企业战略优势：建立开放生态系统，布局机器人教育市场

在发展路线上，大疆开放 DJI SDK（大疆软件开发套件）二次开发平台，让相关主体进入无人机生态系统，分享研发成果，共同推动产业进步。

在业务战略上，大疆丰富教育产品线，开发教育机器人，进军机器人教育市场。RoboMaster S1 展示了大疆打造 STEAM 大众消费级产品的设计思路，即从比赛出发到产品，再到教育内容，形成"课程＋教材＋赛事＋硬件"教育模式。

（五）北京云迹科技有限公司（简称"云迹科技"）

1. 企业简介

云迹科技的主营业务为研发、生产及销售商用服务机器人，行业应用范围涉及酒店、餐饮等行业。2015 年开始，云迹科技针对酒店场景中密集存在的重复性劳动过多、人效比低等痛点开发了适用于酒店场景的产品，分别是在酒店大堂为客人提供以送物为核心功能的跑腿机器人"润 RUN"，服务

于酒店餐厅的送餐机器人，以及打造酒店扫码购物全闭环的机器人服务生态系统。2019 年，云迹科技获得 B 轮融资。

2. 企业优势分析

（1）通过商业模式创新，促成服务机器人成单

在与酒店的合作模式上，云迹科技推出了包括销售、租赁以及"租赁＋分成"三种模式。租赁及"租赁＋分成"的营销模式可进一步降低用户的使用成本。

（2）产品功能做减法，保证执行任务成功率、降低产品成本

云迹科技的产品路径是从简单到复杂，从单一到丰富，主要致力于不需要太多人为干预和辅助就能独立完成相应任务的机器人。云迹科技酒店机器人是专岗专职，在研发时会考虑具体的使用场景，在放大其中一项功能的同时适当弱化其他功能，以保证任务的成功率。例如，为避免跑腿机器人"润 RUN"在嘈杂环境下进行任务时可能被路人唤起对话，工程师弱化了语音识别功能，优先完成将物品及时、准确地传递给客人的任务。在产品功能上做减法，降低了服务机器人的产品成本，提高了客户对服务机器人价格的接受度。

（3）深入应用场景，与酒店达成战略合作

2019 年携程战略投资云迹科技，通过携程，云迹科技可对酒店需求理解得更为全面深入，更清楚酒店希望在哪些方面提升运营效率。云迹科技与携程的战略合作不仅可以推广其酒店机器人，在服务数据方面也将进一步合作。

（六）上海高仙自动化科技发展有限公司（简称"高仙机器人"）

1. 企业简介

高仙机器人成立于 2013 年，主营业务涉及自主移动技术的研发与应用，并在清洁环卫场景实现商业落地。2019 年，高仙机器人获得 B 轮融资，融资金额级别为亿元。

2. 企业优势分析

（1）领先的技术优势，成为商业落地的关键

高仙机器人的技术优势在于 SLAM 构建地图面积这一指标，在行业中处于领先地位。同时，可实现适应复杂多变的应用环境，并能够识别各种交通环境信息，进而准确地采取对应的处理方式。

（2）全链路布局，提升产品研发效率

高仙机器人拥有自己的工厂，实现了全链路布局，缩短开发和生产之间的沟通周期，加速产品迭代，也形成一定的壁垒。

（3）重视售后，形成竞争优势

高仙机器人通过打造全球售后团队，保证全面快速地跟踪服务用户；并通过自研软件进行远程问题排查，提高售后问题的线上处理占比，以更加敏捷地处理售后问题。

（七）中信重工开诚智能装备有限公司（简称"中信重工开诚智能"）

1. 企业简介

中信重工开诚智能成立于 1991 年，致力于智能装备领域的技术研发、产品生产、产品销售及相关应用服务，已进入特种机器人领域近 30 年。

2. 企业优势分析

（1）技术优势：掌握市场需求，快速研发创新

中信重工开诚智能将"市场为导向，快速响应"作为研发机制，研发团队实行项目组工作制，细分领域加强应用研究，每个项目组配有机械、电气、电子、软件等不同方向的技术人才，由组长统一协调，扁平化管理，高效运转。在研发过程中，实行信息互通机制，确保技术、市场、售后等环节高效联动，信息互通，资源共享，第一时间掌握客户需求和市场动向。

（2）平台优势：发挥品牌效应，建立客户信任

中信重工具有央企品牌效应，开诚智能被中信重工收购后，将品牌优势融入生产经营、产业推广、政府合作等方面，有力助推公司业务的快速增

长。同时，基于中信集团丰富的媒体资源，利用多渠道多方式进行品牌建设，在人民日报、中央电视台等大众媒体上进行宣传，引发社会的广泛关注，在《人民公安消防周刊》《中国消防》等行业权威媒体上建立客户信任感，提高品牌影响力。

（3）经营优势：以点带面扩充产品线，尝试进军国际市场

开诚智能将消防机器人作为切入点，凭借对煤矿、石化等场景特殊工况的了解，研发出煤矿侦测机器人等新产品，在相关场景中实现了应用，获得了用户的认可。此外，母公司中信重工在白俄罗斯设立了子公司，其消防机器人等产品被应用于市场，并尝试进军国际市场。

（八）北京史河科技有限公司（简称"史河科技"）

1. 企业简介

史河科技成立于 2015 年 9 月，专注于特种机器人自主研发，已在船舶、火电等行业实现高空作业机器人的落地应用（见图 38）。

回收盘式船舶除锈机器人

化工罐体打磨机器人

火电锅炉快检机器人

化工罐体喷涂机器人

图 38 史河科技部分产品

资料来源：史河科技官网。

2. 企业优势分析

（1）产品优势：高负载、强曲面适应、半自主作业

史河科技爬壁机器人具有高负载、强曲面适应及半自主作业等特点，通过高功率密度电机驱动器等部件实现1.5∶1的负载自重比（即爬壁机器人自重50千克，负载可达到75千克）；通过力磁耦合分析与优化设计、超强钕铁硼磁吸材料等达到强曲面适应能力；利用SLAM、多传感器融合等组成智能控制系统，实现机器人半自主作业。

（2）市场优势："服务运营＋产品销售"双轮驱动

史河科技坚持"服务运营＋产品销售"双轮驱动，同步拓展国内、外市场：国内主导服务运营模式，国外主导产品销售模式，实现服务与销售双向融合发展。

（3）产业化优势：部件模块化设计，实现规模化落地应用

高空作业机器人本质上是立面空间上的移动平台。史河科技对行走模组、吸附模组等部件进行模块化设计，通过搭载检测仪等功能上装，实现移动平台与功能上装的工艺结合，满足检测等市场需求。

目前，史河科技在船舶除锈领域已实现批量化出货和规模化落地应用，其火电领域成果已在国电投集团落地，与外部单位合作的化工罐焊缝打磨机器人实现了小批量出货。

（九）深圳市卫邦科技有限公司（简称"卫邦科技"）

1. 企业简介

卫邦科技成立于2009年，主要产品是智能静脉用药调配机器人，具有10年创新研发经验、185项专利数量，研发人员占比61％，产品获得行业良好口碑及专项资金支持。

2. 企业优势分析

（1）自主研发创新能力强

卫邦科技产品拥有100％自主知识产权，2016年入围第五届中国创新创业大赛总决赛，获得"百强优秀企业"称号及中央财政支持。

（2）产品快速迭代能力

2016 年，卫邦科技静脉配药机器人"WEINAS PD – 160 系列"投入商用后；2017 年，新款"WEINAS VD – 160 系列"也在第 26 届中国医学装备协会正式面世。

（3）庞大的专业研发团队

卫邦科技的团队成员中，研发人员占比 61%，充分保证了企业具有较强的自主研发创新能力，也为产品研发、迭代和技术升级提供了重要保障。

（4）国内外技术认证

2018 年，卫邦科技获得上海市专项资金支持，通过南德意志集团（TUV SUD）认证，获得欧盟 CE 证书。同年，"WEINAS"系列在美国卫生系统药师协会 2018 年临床展览会首次亮相。卫邦科技是这次展览会唯一中国企业，也是自 1942 年该展览会创办以来第一家来自中国的药房设备参展企业。2019 年，全球首届配药机器人峰会（International IV Robotics Summit）在美国俄亥俄州克里夫兰举行，卫邦科技作为这次会议中唯一的中国企业，与来自全球的医院专家与业内同行进行积极地探讨与交流，标志着卫邦科技的产品和技术不仅得到国内机构的支持认可，也获得了国外医疗机构的肯定，在全球市场具有一定竞争能力。

B.4

中国机器人产业核心零部件
发展报告（2020~2021）

——企业注重自主创新，产品国产替代率提升

《中国机器人产业核心零部件发展报告》课题组 *

摘　要：　目前，国产机器人核心零部件在技术上不断获得突破的同时
　　　　　逐步赢得市场空间，国内外差距不断缩小，国产产品逐步替

---

* 《中国机器人产业核心零部件发展报告》课题组，课题组成员：刘鹏飞，控制理论与控制工
程硕士，哈工大机器人（合肥）国际创新研究院，智能装备所所长助理，合肥哈工图南智控
机器人有限公司总经理，主要研究方向为基于 ROS 的智能控制器、自主规划算法、机器人控
制系统开发及应用；金马，哈尔滨工业大学航空宇航制造工程博士，哈工大机器人（合肥）
国际创新研究院工程师，主要研究方向为机器人仿真系统应用及开发、机器人运动规划与控
制等；陈浣，机电工程硕士，哈工大机器人（合肥）国际创新研究院精密减速器检测项目经
理，主要研究方向为精密减速器、精密检测等；熊杨寿，合肥工业大学讲师、硕导，主要研
究方向为新型齿轮传动、齿轮系统动力学等；夏科睿，哈尔滨工业大学博士，哈工大机器人
（合肥）国际创新研究院智能装备所副所长，主要研究方向为智能机器人系统及控制；郭龙，
机械电子专业硕士，哈工大机器人（合肥）国际创新研究院工程师，主要研究方向为智能机
器人控制器产品与算法及软件架构设计与搭建；武帅，中国科学技术大学硕士，工程师中级
职称，哈工大机器人（合肥）国际创新研究院智能装备所感知组副组长，主要研究方向为机
器人视觉抓取等；黄康，合肥工业大学教授、博导，汽车技术与装备国家与地方联合工程中
心副主任、安徽省数字化设计与制造重点实验室副主任，主要研究方向为现代齿轮传动与精
密减速器、机械系统动力学与汽车主动安全、现代控制理论与智能机械设计；闫锐，东北大
学电力系统及其自动化硕士，哈工大机器人（合肥）国际创新研究院伺服驱动器算法工程
师，主要研究方向为伺服驱动器自动控制系统仿真、设计及调试等；曹院，江苏大学硕士，
哈工大机器人（合肥）国际创新研究院智能装备所机器人控制工程师，主要研究方向为上位
机 UI 软件开发等；马旭旭，工业工程硕士，哈工大机器人（合肥）国际创新研究院智能装
备所系统工程师，主要研究方向为项目管理、智能制造、工业仿真研究等；张强，哈尔滨工
业大学硕士，哈工大机器人（合肥）国际创新研究院工业互联网创新创业中心产品总监，主
要研究方向为机器人核心零部件、机器视觉、工业互联网生态体系架构等；苏纯钰，山东科
技大学硕士，哈工大机器人（合肥）国际创新研究院智能装备所视觉算法工程师，主要研究
方向为机器人视觉等；刘振，哈尔滨工业大学硕士，哈工大机器人（合肥）国际创新研究院
智能装备所副所长，主要研究方向为双臂机器人、视觉智能抓取等。

代进口产品。然而，中国核心零部件依然面临技术壁垒尚未攻破、应用依赖进口、工业化滞后等问题，制约了机器人核心零部件产业的快速发展。企业等产业主体在国家政策引导及支持下，需把握市场机会，加大研发投入，注重产学研结合，在细分产品领域实现技术壁垒突破、产品自主创新。同时，专业控制器、多传感器融合、机器人软件成为核心零部件产业关注的重点。

关键词： 核心零部件 国产替代率 新兴技术

一 核心零部件发展概况

（一）减速器：严重依赖进口，关键技术亟待攻克

1. 减速器功能

减速器作为目前国内机器人发展的关键环节，是机器人的五大核心零部件之一，其性能直接决定了机器人的质量。机器人精密减速器传动效率、传动误差、扭转刚度等技术参数和指标一直都备受关注。机器人用精密减速器成本约占机器人总成本的1/3。

2. 技术及产业发展现状

从全球来看，日本减速器企业持续在减速器结构、材料、加工制造技术、润滑、降噪和检测方面做了大量提升，取得了行业领先优势，代表企业为纳博特斯克、哈默纳科等，赢得了全球市场的话语权。2019年全球精密减速器市场企业格局（市场份额）如图1所示。

截至2020年初，日本机器人减速器企业占据了全球80%以上的市场份额，仅纳博特斯克一家企业的市场份额已经达到全球60%的市场份额。全球领先减速器企业的发展状况如表1所示。

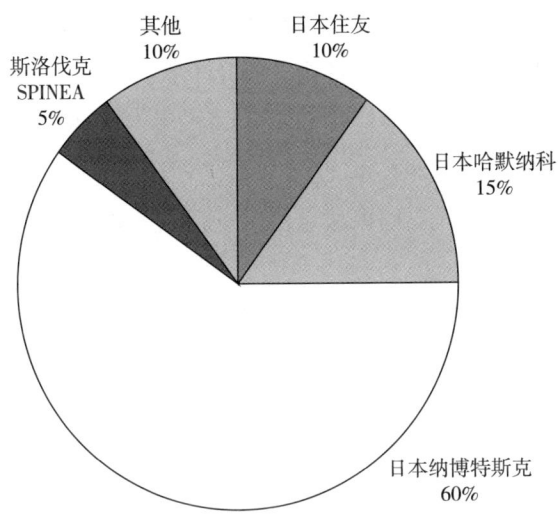

图1　2019年全球精密减速器市场企业格局（市场份额）

资料来源：作者根据公开资料整理。

表1　全球领先减速器企业发展状况

减速器类型	企业	国家	发展情况
RV减速器	纳博特斯克	日本	2018~2020年，全球产能提升幅度较大
	住友	日本	产地集中在日本和中国，产品具有传动比大、工作效率高等特点
谐波减速器	哈默纳科	日本	全球最大的谐波减速器制造商，应用领域包括机器人、精密机床
	新宝	日本	产品主要在日本生产，2015年进入中国市场
摆线减速器	SPINEA	斯洛伐克	世界上唯一一家采用摆线针轮结构实现谐波减速器尺寸的制造商，产品大规模应用于自动化设备和工业机器人

资料来源：作者根据公开资料整理。

　　由于日本机器人减速器产品具有领先于全球的技术优势，ABB、KUKA和其他世界知名的机器人制造商均选择使用日本减速器产品。中国减速器尚未完全实现自主化生产，严重依赖进口，在国内机器人企业购买相关减速器时，这些行业巨头对中国企业实施了产品溢价，导致国内机器人成本增加，竞争力下降。

相比日本龙头企业，中国机器人减速器产品技术积累较少，不能实现自给自足。中国与工业机器人相关的企业有几千家，其中涉足机器人减速器领域的企业有 100 家左右，代表企业包括南通振康、双环传动、中大力德等。目前来看，实现国产减速器技术突破，需要多方协同发展，如国家政策的扶持、企业持续的研发投入。国内减速器重点企业发展情况如表 2 所示。

表 2　国内减速器重点企业发展情况

企业名称	减速器发展状况
上海机电	与纳博特斯克合资研发精密减速器，到目前为止产能 20 万台/年
双环传动	2015 年 11 月发布减速器产品，精密减速器实现 6～210 千克减速器的全面覆盖，2018 年实现数万台的市场验证
秦川机床	减速器厂 2014 年成立，持续致力于工业机器人减速器产品的技术突破
南通振康	研发多种规格机器人减速器产品，埃夫特、凯尔达、欢颜、新松、佳士科技、华数等 300 多家机器人本体和集成商部分采用其减速器。2019 年南通振康 RV 减速器销量 1.5 万台左右，同比出现下滑
苏州绿的	拥有自主研发中心，年均研发投入超过 2000 万元，占营收比重近 5%，在谐波传动领域拥有 59 项专利，2019 年，苏州绿的减速器出货量 8.86 万台，整体营收 1.84 亿元，略有下滑
中技克美	国内首家攻克谐波传动技术设计开发生产销售服务的高科技公司
中大力德	自 2006 年 8 月成立以来，一直从事减速器、减速电机的生产和销售，以市场需求为导向，致力于产品结构升级，相继推出多款机器人减速器及相关产品
巨轮股份	巨轮股份 RV 减速器已成功验证，正进行工业机器人产品小批量生产和测试阶段。随着项目投产和前期技术储备的提高，公司转型已具备相当的基础
百利天星	2015 年开始涉足机器人精密减速器的研发，通过研发团队的建立、硬件设施的配套建设等，保障产品研发进度

资料来源：GGII。

随着国内工业机器人销量的不断攀升，国内减速器企业迎来了快速发展时期。据 GGII 数据，以南通振康为代表的 5 家中国企业进入国内 RV 减速器出货量前十名，南通振康表现最好，位居第三。有 8 家中国企业进入国内谐波减速器出货量前十名，其中苏州绿的业绩最好，排在日本巨头哈默纳科之后，位列第二。已有多家中国企业进入全球减速器市场销量前十名，意味着国产减速器市场占有率不断上升，开始撼动现有世界减速器生产和销售格局。

（二）控制器：5G应用推动技术成熟，智能性有所体现

相对于其他机器人核心零部件来说，机器人控制器的发展更为成熟。机器人控制器类似于人的"神经中枢"，其重要性不言而喻。国内企业在控制器的产业布局上大致分为两种情况：一种是机器人本体生产商，为了适应或满足一些特定条件和场景的应用需求，需要掌握完整的机器人控制技术，一般会选择自研机器人控制器，生产对应的专用机器人控制器；另一种是通用机器人控制器生产商，他们的控制器产品内含有多种机器人运动学或动力学算法，可以提供多轴机器人的运动控制系统或软件开发平台，主要包含机器人的位置、速度或扭矩控制。

随着时间和技术应用的积累，机器人的控制技术不断提升，国内控制器产品在稳定性和易用性方面有一定改善。但相对于国外机器人厂商，国内控制器在机器人控制位置精度和大负载动力学约束的控制技术上并没有显著的提升。

典型的机器人控制器应用场景表现为：在上层连接示教器，提供用户交互环境；下层连接伺服驱动器，提供期望精确位置。这是一个双向通信和控制的过程。机器人控制器和伺服驱动器主要通信方式越来越统一为EtherCAT通信，传统的CAN通信方式在不断被替代。得益于EtherCAT通信的快速和实时等优点，机器人控制器也越来越成熟和稳定，这种通信方式要求机器人控制器具有实时性特点，因此在软件和硬件方面都对控制器提出了一定的要求。软件解决方案主要是采用实时系统来保证实时性，硬件解决方案是利用专用的快速实时芯片来满足实时性。

软件解决方案的实时系统作为机器人控制算法和软件运行的载体，一直受到很多企业的重视。国内外能够自主实现机器人控制系统的厂家不多，能够同时自主满足实时系统和非实时系统运行环境的厂家更少。目前由哈工大机器人集团操作系统团队研发的"哈工大轩辕操作系统"主攻国产机器人操作系统，可以满足实时性和非实时性共存于同一款芯片，同时能兼容ROS（开源机器人操作系统）。通过硬件解决该问题的方案较多，国内外主流机器人控制硬件方案主要采用基于嵌入式的多核异构芯片或基于X86架

构芯片。其中，由于嵌入式硬件本身功能和特点，相对于 PC 架构的机器人控制器，一般采用多种芯片的方式来进行算法和软件以及实时通信的分工，实时系统和非实时系统分别运行在不同的芯片上。

基于移动机器人和机械臂的控制器典型应用场景特点，控制器在智能算法应用层次上有了一定的提升，其实时性指标和一体化方案成为控制器的重要特点，而是否支持 ROS 也成为控制器是否具备教育和研究场景应用的典型特点，同时也是易用性的代表。国内外主流控制器性能特点比较见表 3。

表 3 国内外主流控制器性能特点比较

品牌	型号	智能算法	场景	实时性	一体化	含 ROS	价格
HRG	IRC	自主规划/智能导航	机械臂/移动/视觉	好	是	是	低
高仙机器人	Conbox Pro-800	智能导航	移动	差	否	否	高
纳博特	NRC	无	机械臂	好	否	否	低
KEBA	KeControl C5	无	机械臂	好	是	是	高
艾利特	ERC200	柔性控制	机械臂	好	否	否	中
固高	GUC-EtherCAT	无	机械臂/运动控制	好	否	否	低
MUJIN	MUJIN Pick Worker	自主规划、智能识别	机械臂/视觉	好	是	否	高
其他	SIRC 2.0	无	机械臂	差	否	否	无

资料来源：作者根据公开资料整理。

控制器连接示教器在一定程度上可以不要求实时性，但是需要有安全急停的有线连接方式，确保能够稳定、快速和安全。机器人示教器的发展越来越靠近无线化和触摸化，常规的按键操作也可能会不断被替代，以提升产品易用性。同时，由于 5G 技术的低时延特性，未来的机器人控制和数据传输技术也会不断从传统的有线连接向 5G 无线通信技术延展。利用 5G 的低时延特性，可以增加机器人通信过程中的实时性，提升机器人的数据传输效果，例如，哈工大机器人集团利用 5G 技术实现机器人实时跟随功能，可在 iPad 上实时通过 5G 数据传输控制机器人的末端轨迹运动，未来在示教器端有可能替代传统示教器的方案，使得机器人控制更简单、使用更方便。

机器人控制器的智能化程度也在不断增加，免示教和其他传感器结合的方案以及控制技术也在不断得到相关企业和资本市场的重视。另外，得益于无人驾驶技术的快速发展和产业应用场景的不断扩大，服务机器人领域控制器技术发展很快。但是以移动机器人为典型应用场景的控制器产品技术定位较高，国内可以提供相关专用和通用控制器的厂家不多，研究和产业化空间较大。

（三）伺服系统：国外品牌占据市场主体，国内品牌后起直追

伺服系统是一种根据指令信号，驱动执行机构按照使用者的意图完成特定的运动状态的机构，应用领域包括服务业、交通及工业自动化等。

工业机器人上常用的伺服系统通常由控制器、驱动器、伺服电机以及测量相关反馈信息的传感器所组成。伺服系统可以按照功率的大小分为三个等级：应用于工业机器人的小型伺服系统，额定功率低于 1 千瓦，应用于 3C 制造的生产设备当中；额定功率介于 1 千瓦与 7.5 千瓦之间的称作中型伺服系统，通常应用于机床和注塑机等生产设备当中；功率大于 7.5 千瓦的伺服系统称作大型伺服系统，主要应用在大型驱动设备当中。

伺服系统作为机器人控制器的执行机构，其性能好坏对整机质量优劣起着非常重要的作用。因此，在原有基础之上，机器人的伺服系统在以下几个方面需要达到更高的要求。

1. 伺服系统具有快速响应性

伺服系统理想的工作状态，体现在可以快速响应指令信号并完成相应工作，即驱动器获得指令信号及驱动电机完成相应工作的时间之和越短越好，采用该系统的设备才能更加轻巧敏捷。这一响应性能通常用机电时间常数来进行量化描述。

2. 伺服电机需具有更大的起动转矩惯量比

为满足机器人在带动负载的情况下依然能够快速起动、精确定位的工作

要求，伺服电机的起动转矩要设计得足够大，并且有一定的余量，以保证在经过传动机构之后的扭矩输出大于负载转矩，电机及传动机构的转动惯量应控制在合理的范围内，减小对电机出力的内部消耗。

3. 伺服电机要具有控制特性的连续性和直线性

为保证机器人关节的运动过程流畅、稳定，电机的转速能够随控制系统连续而线性的变化是很重要的，有时还需转速配合控制信号以正比或近似成正比的关系动作。

4. 伺服电机体积和重量需不断减小、轴向尺寸需更短

机器人的尺寸正不断随技术的发展而变得越来越多元化，并且有各种为特殊应用场景而定制化的产品。为了配合这些新一代机器人的外形设计，伺服电机要提升功率密度，减小自身的体积和重量。

5. 对苛刻的运行条件具有更高的耐受能力

在机器人工作过程中，关节驱动要频繁地做正反向和加减速运动，伺服系统会承受数倍过载，而且工作环境变化较大。因此伺服驱动系统要具有高转动惯量比、快速反应能力、自校准能力，并且无电刷及换向火花，以适应粉尘、高低温等环境。

伺服系统作为制造业的基础部件，在工业领域尚未实现国产化。这无疑会提高国内制造业的生产成本，而这部分成本最终必然会转移到消费者一端。

目前中国中高端伺服市场被欧美品牌以及日系品牌占据了将近75%。其中，欧美伺服产品因具有高性能设计，普遍能够做到很高的品牌溢价。与之相比，日系的伺服产品则以较高的性价比闻名于世，占据了约45%的市场份额，其中主要有安川、三菱、三洋、欧姆龙、松下、富士等品牌，并在中小型OEM市场上呈现垄断态势。日系伺服产品普遍采用系统参数辨识技术，根据实际应用场景利用自动或手动的方式调整系统参数，从而使产品在理想的工作状态下运行，这样的工作方式为节省成本留下了很大的设计空间，也为日本伺服企业赢得了稳定且持续的客户源，国内的伺服厂家也普遍偏向于这样的设计。

虽然国产伺服系统在市场上的比重相对较低，但近几年取得了醒目的发

展成绩，在市场份额中也占领了一席之地，代表性的企业有华中数控、广州数控、汇川技术等，而中国台湾地区的品牌则以台达和东元为代表。国产伺服产品与国外品牌在技术性能、品牌影响力、产品口碑上有着一定差距，但国产伺服系统厂商所起到的作用是非常重要的，他们以低廉的价格和快速便捷的服务为特色，与很多中小型制造加工企业相互合作、相互扶持，走出了一条共同发展的道路，不仅开辟了新的市场，满足了经济型企业用户，同时在这个过程当中渐渐积累了自身的硬实力。随着时间的推移，国内的厂商凭借自身的不断努力以及国家政策的支持，产品性能与稳定性不断提升，在很多场合已开始逐渐替换进口产品，市场占有率节节攀升。

2011 年以来，中国企业在伺服电机领域不断加强研发投入。2018 年，伺服电机行业相关专利申请数量达到 24754 件，同比增长 43.8%，专利公开数量为 21727 件，同比增长 69.3%。可以看出，国内伺服企业在伺服电机领域的技术正在不断取得突破，在 2019 年受国际环境变化以及经济形势下行影响，伺服电机行业的专利申请量下降 66.3%，说明面对危机时，相关企业普遍减少了在研发方面的投入。2011~2019 年中国伺服电机市场专利申请及公开数量如图 2 所示。

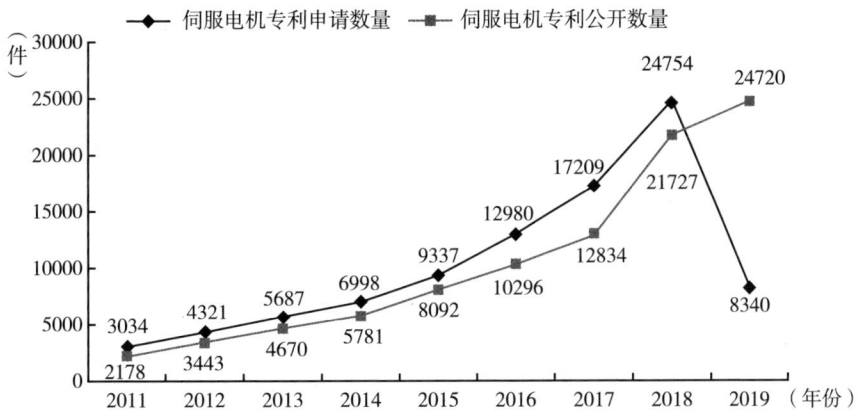

图 2　2011~2019 年中国伺服电机市场专利申请及公开数量

资料来源：前瞻产业研究院。

（四）传感器：适用领域日趋增加，推动机器人智能化发展

传感器作为一种探测装置，能获取需测量的信息，输出模拟或数字电信号，达到信息的传递、处理、存储、显示、记录和控制等要求。传感器是机器人智能化发展过程中的核心部件，它为机器人提供环境或对象信息，近年来机器人智能化发展过程中主要使用视觉传感器和力传感器。

1. 视觉传感器

（1）视觉传感器定义及功能

视觉传感器是指利用算法对拍摄的图像进行相应的处理，即对物体的特征参数进行计算，为机器视觉系统提供信息，由图像传感器、光投射等设备组成。在工业机器人领域，视觉传感器支持对物体的识别、定位、检测、测量、扫码等功能，用来为机器人捕获操作对象的信息；在移动机器人领域，视觉传感器具有车道线识别、障碍物检测、交通标志和地面标志识别、交通信号灯识别、可行空间检测等功能。

（2）技术及产业现状

视觉传感器的主要作用是获取整张图像中的大量像素。理论上来说，分辨率可以衡量图像的清晰度，一般表示为像素的数量。在视觉传感器获取图像的信息后，它会将之与基准图像自行校准。机器人的智能程度在视觉传感器的加入后得到很大提升。

第一，3D视觉传感技术。3D视觉传感技术在工业控制、机械臂视觉抓取、移动机器人自主导航以及汽车无人驾驶等方面有急迫的应用需求，拥有广泛的应用领域。

第二，智能视觉传感技术。近年来，机器视觉发展最快的一项新兴技术为智能视觉传感技术。智能视觉传感器是一种嵌入式计算机视觉系统，采用一体化设计模式，具有图像采集、图像处理以及信息传递等功能，大幅减少了视觉系统的尺寸，拓宽了视觉技术的应用领域。

智能视觉传感器的优点不言而喻，包括操作简单、方便维护、安装简易，以及短期内可高效构建等。智能视觉传感器的图像采集单元由CCD/

CMOS 相机、光学系统、照明系统以及图像采集卡等部分组成，工作原理是将光学影像转变为数字图像，并传递给图像处理单元。

2. 力传感器

（1）力传感器定义及功能

力传感器是一种触觉传感器，可以检测设备内部力以及外部环境中的相互作用力，按敏感元件可分为电阻变应式、压电式、光学式、电感式等。力传感器是机器人力感知的关键部件，适用于各种力控应用场景，例如示教、打磨、抛光、精密装配、力反馈自动控制、机器人上下料、测试检测等。多种类型的传感器被应用于传统工业机器人及协作机器人领域。

（2）技术及产业发展现状

针对机器人领域，力传感器及单轴扭矩传感器并没有专用设计，产品易用性及耐用程度有待提高。目前市面上已有较多针对协作机器人应用的关节扭矩传感器。三轴力传感器及六轴力传感器的技术门槛相对较高，全球仅有几家公司生产，其中六轴传感器是应用于智能机器人的重要传感器，可为机器人控制提供准确的力感信息，是一种较为新兴的传感器，具有测力信息丰富、测量精度高等优势。

（五）核心软件：百家争鸣，缺乏统一标准

近年来，以机器人操作系统为代表的机器人核心软件发展迅猛。日本已将发展机器人操作系统定位为国家战略，美国、意大利等国家也都在机器人操作系统方向展开研究，并形成了 Open Robot、YARP、ROBOTIES 等开发平台。

总体来说，现有可用于机器人的操作系统主要可分为以下几类。

第一，以 VxWorks、μC/OS-Ⅱ、DSP/BIOS、Linux patch Xenomai 等为代表的实时操作系统：此类操作系统因实时性较好，故通常被用于工业机器人和特种机器人领域，但是出于商业利益的考量，机器人厂商的操作系统各自闭塞，极大地降低了不同品牌机器人协同工作效率。

第二，非实时操作系统具有兼容性好、易开发等优势，缺点是实时性较

差，通常用于对实时性要求不高的服务机器人。此类操作系统以 Windows CE，Android、Ubuntu 为代表。

第三，以 ROS 为代表的机器人专属操作系统：ROS 是当前应用最为广泛的机器人专属操作系统，它提供了很多强大的机器人功能库，为代码复用、快速开发提供了便捷途径，但同时存在着对硬件资源需求大等缺点。

表 4 为市场上主要机器人操作系统和平台及其特点。

表 4　市场上主要机器人操作系统和平台及其特点

机器人操作系统	所属类型	公司机构	支持Linux	特点
Ubuntu	系统	英国 Canoical 公司	是	开源主流 Linux
Android	系统	美国谷歌	是	开源,应用广泛,安全漏洞
ROS	平台	美国 OSRF	是	开源,逐步成为行业标准
Microsoft Robotics Studio	平台	美国微软	否	部分开源,完备的仿真和图形化开发环境
Windows CE	系统	美国微软	否	实时性、兼容性
VxWorks	系统	美国风河	是	实时性
μC/OS-Ⅱ	系统	Jean J. Labrosse	是	实时性
DSP/BIOS	系统	美国 TI	是	实时性
Linux patch Xenomai	系统	德国 OpenSource	是	实时性
OROCOS	控件库	欧洲机器人组织	是	满足应用程序对实时性的严格要求
YARP	平台	瑞士 Cyberbotics 公司	是	开源、分布式、跨平台
OpenRTM-aist	平台	日本工业科学所	是	平台无关
IRobot AWARE	平台	美国 IRobot	是	商用、可扩展、可移植
Turing OS	系统	中国图灵机器人	是	自主学习引擎
iBot OS	平台	中国小 i 机器人	是	云概念机器人操作系统
UROS	系统	中国康利优蓝	是	兼容 Windows 和 Android
Robo Ware Studio	平台	中国汤尼机器人	是	兼容 ROS
ROOBO	系统	中国智能管家科技	是	支持人机交互
YunOS	系统	中国阿里巴巴	是	大数据、云概念机器人操作系统

资料来源：作者根据公开资料整理。

哈工大机器人集团对现有机器人操作系统进行分析，研发出一种基于分核分区双 OS 体系结构的哈工轩辕机器人实时操作系统，主要特点表现为基于分核、虚拟化的分区操作系统及调度管理和区间保护，具体描述为：rRTOS 独立运行与双 OS（rPOS + rRTOS + 其他 OS）同时运行模式；支持机器人控制特性的强实时可裁剪微核心操作系统；支持机器人分布式系统，具备云端智能服务；机器人控制核心外部设备对象封装及标准组件及通信协议；机器人操作系统 RoOS（rRTOS + rOOS）一体化层次结构设计；机器人操作系统 RoOS 可配置/可裁剪/集成开发与调试环境。

应用软件方面，仿真与离线编程软件在机器人中使用最广泛。以 ABB、发那科、安川等机器人企业为例，主流的机器人厂商均拥有用于自身的仿真与离线编程软件，但以上软件只能用于各厂商自家品牌的机器人仿真与离线编程。比较有代表性的通用的机器人仿真与离线编程软件有 Visual Components 及其衍生产品，如添加了焊接与喷涂工艺的 Delfoi 等。另外，由"新起之秀"合肥哈工热气球数字科技有限公司主推的 SimReal 仿真实验平台也在仿真和离线编程领域崭露头角。

二　核心零部件市场规模分析

（一）减速器：全球垄断难以突破，国内市场不断扩大

在制造业转型升级的大环境下，受人口老龄化加剧等因素影响，机器换人为机器人产业提供了足够的市场。机器人的市场需求逐年增长，相应带动减速器销量增长，国内精密减速器市场规模正快速扩大。GGII 数据显示，2019 年中国工业机器人减速器需求量为 35.21 万台，同比下滑 5.55%，这是近年来的首次下滑，主要是因为工业机器人下游行业需求不高，新增量较为有限，各减速器厂商面临量减价滑的双重挑战。图 3 为 2014~2023 年中国工业机器人减速器市场需求量及增长率情况。

由于国内减速器产品性能有所提高，国产减速器厂商市场渠道逐步打

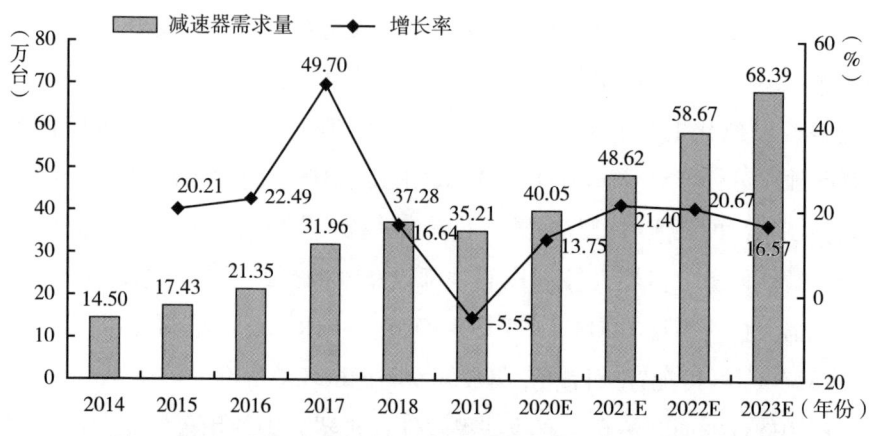

图3 2014~2023年中国工业机器人减速器市场需求量及增长率

资料来源：GGII。

开，同时国内入局者增多，行业竞争日趋激烈。GGII数据显示，2019年机器人减速器国产化率为30.12%，国产化率逐年上升。图4为2014~2019年中国工业机器人精密减速器市场份额分布情况。

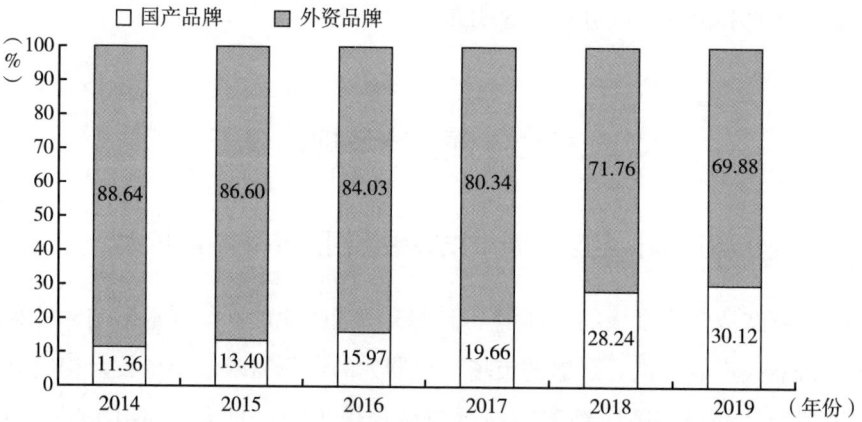

图4 2014~2019年中国工业机器人精密减速器市场份额分布

资料来源：GGII。

（二）控制器：国外厂商占据主导，国内厂商份额增加明显

控制器占据机器人总体成本的12%。据IFR、中国电子学会数据，2020

年中国机器人产业总规模在 107 亿美元。其中控制器部分预计能达到 12.84
亿美元。2014~2021 年中国机器人销售额如图 5 所示、工业机器人核心零
部件成本分析如图 6 所示。

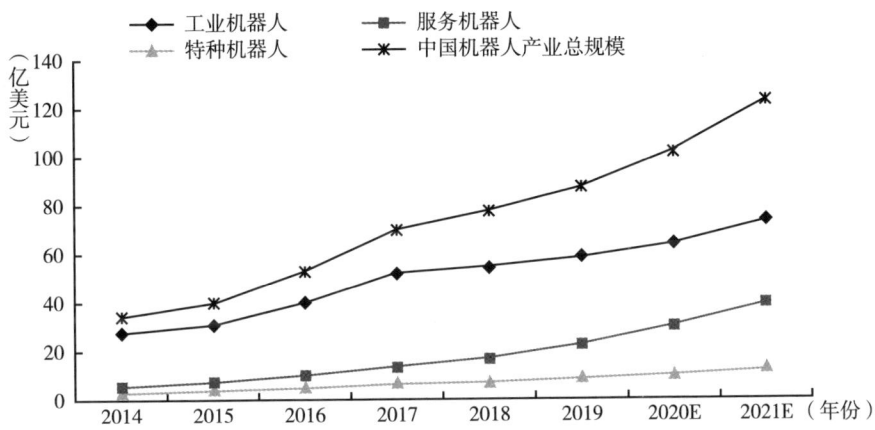

图 5　2014~2021 年中国机器人销售额

资料来源：IFR、中国电子学会。

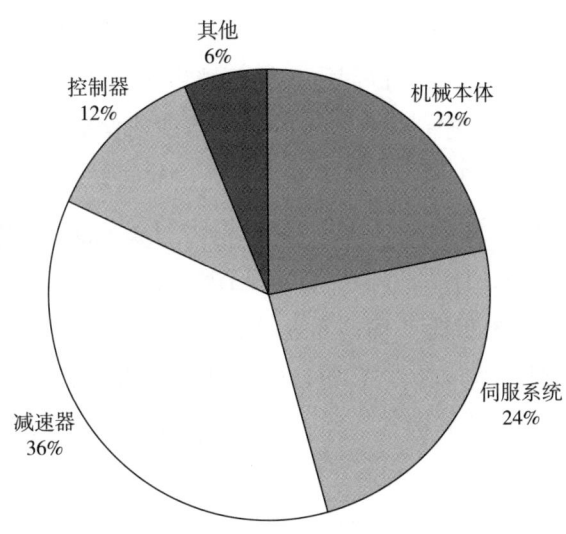

图 6　工业机器人核心零部件成本分析

资料来源：中研普华。

根据图5、图6可推算出，2014～2021年，国内机器人控制器市场规模从不到5亿美元增长至15亿美元。

目前，国内机器人控制器市场成为国内外各大控制器厂商的重点布局方向。

（三）伺服系统：机器人产业成为业绩突破点，业内竞争依然激烈

工业自动化的重要组成部分之一是伺服系统，它实现了自动化设备的精准控制和稳定运行。作为工业自动化领域的最新发展方向之一，机器人市场的繁荣和发展必然为伺服系统行业带来新的机遇和挑战。伺服电机作为动力源头一般安装在机器人的"关节"处，"关节"越多，机器人的灵活性和适用范围就越宽广，所要使用的伺服系统的数量就越多。作为伺服系统下游市场的重要增长点，机器人产业的需求缩紧必将影响伺服系统的销售。而作为伺服系统行业基本盘的传统产业，数控机床、纺织等产业也遭受了不同程度的影响，因此，伺服系统行业整体规模呈现下滑趋势。

据GGII数据，2014～2018年，中国工业机器人用伺服系统的销售额从9.96亿元增至21.50亿元，占伺服系统总销售额的比重从17.54%增长至30.97%。2019年，中国工业机器人用伺服系统销售额略有下滑，为19.6亿元。据估计，到2023年，中国工业机器人用伺服系统销售额在伺服系统总销售额占比将提升至40%以上，市场规模达41.0亿元。2014～2019年中国伺服系统及机器人用伺服市场规模如图7所示。

数据显示，2018年国产伺服系统产品市场占有率已超过20%，并在2019年实现了增长。随着国产伺服系统产品的成熟度越来越高，业界对国产伺服系统的接受度不断提高，将加快进口替代的步伐。2014～2019年中国伺服系统市场份额如图8所示。

2019年，国外伺服系统品牌在中国市场的占有率超过70%，其中日系品牌占有率超过40%。日系品牌代表企业包括松下、三菱电机、安川等。

国产伺服系统品牌占据中国市场超过20%的市场份额，其中大陆品牌

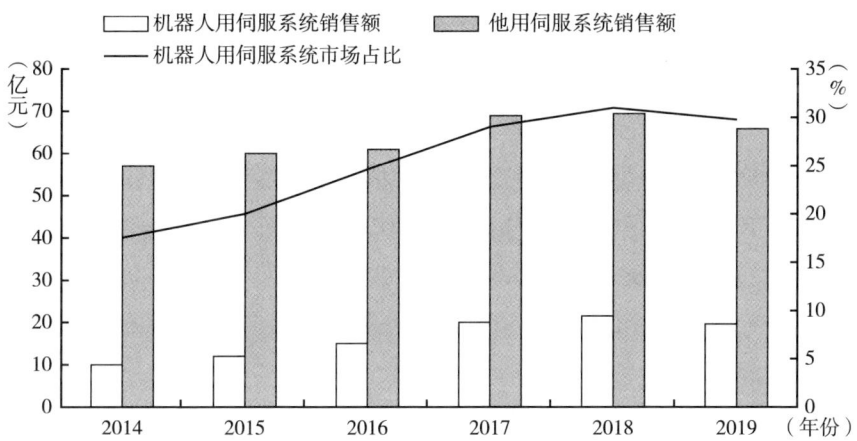

图7　2014~2019年中国伺服系统及机器人用伺服市场规模

资料来源：GGII。

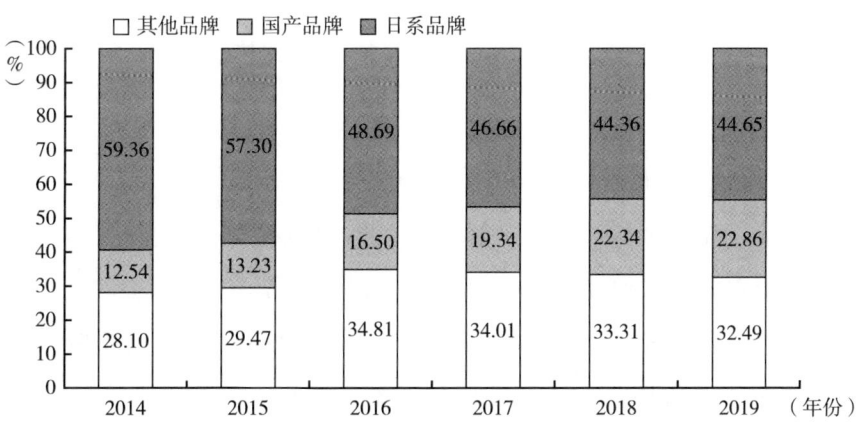

图8　2014~2019年中国伺服系统市场份额

资料来源：GGII。

和台湾品牌份额各占一半。中国台湾代表企业有东元和台达，其技术水准和价格水平居于进口中端产品和大陆品牌之间；中国大陆代表企业有华中数控、广州数控、埃斯顿、汇川技术等。中国机器人用伺服系统代表企业如表5所示。

表5 中国机器人用伺服系统代表企业

国别或地区	名称	国别或地区	名称	国别或地区	名称
日本	发那科	日本	安川	中国大陆	华中数控
德国	伦茨	日本	三菱电机	中国大陆	汇川技术
日本	三洋电机	德国	博世力士乐	中国大陆	埃斯顿
日本	松下	德国	西门子	中国大陆	英威腾
奥地利	贝加莱	瑞士	瑞诺	中国大陆	新时达
日本	山洋电机	日本	富士电机	中国大陆	广州数控
美国	爱默生	美国	帕克	中国大陆	雷赛
法国	施耐德电气	美国	罗克韦尔	中国大陆	卧龙电气
美国	科尔摩根	日本	东芝	中国台湾	东元
德国	倍福自动化	日本	多摩川精机	中国台湾	台达

资料来源：GGII。

（四）传感器：市场需求量不断增长，全球传感器市场规模不断增大

1. 视觉传感器

近年来，随着液体透镜、视觉处理单元、360度摄像机、高光谱成像、混合图像传感器等成像技术的快速发展，加上深度学习算法研究的热情高涨以及用户对人工智能需求的不断提升，机器视觉的市场规模持续增长。此外，全球新兴经济体工业4.0的增长趋势也推动了机器视觉市场的不断增长。

MarketsandMarkets研究报告显示，全球机器视觉行业2019年市值约为99亿美元，预计到2024年将达到140亿美元，2019~2024年复合年增长率为7.1%。

在产品层面，基于智能相机的机器视觉系统在预测期内的复合年增长率最高。业内人士分析，与基于PC的机器视觉系统相比，基于智能相机的机器视觉系统的市场渗透率将在预测期内上升，智能相机采用开放式的嵌入式处理技术，具有成本效益、灵活等优点。目前，基于 PC 的机器视觉系统仍在市场上占据主导地位，但随着智能相机与物联网技术的发展，该趋势在后期可能会有所改变，因为智能相机与物联网设备更容易被集成。

在行业应用中，食品与包装行业会在预测期内增速最快，代表性应用场景包括饮料瓶盖的印刷质量检查、产品包装上的条码和字符识别等。视觉传感器在相关行业的应用具有快速性、可靠性、可重复性等特点，能够有效地提高生产效率。

近年来，中国成为全球机器视觉增速最快的应用市场。截至目前，进入中国的国际机器视觉品牌超过 200 家，超过 100 家中国本土机器视觉品牌陆续成立，代表企业包括海康威视、大恒图像、创科视觉等，超过 370 家代理商从事机器视觉各类产品的销售与服务业务，专业的机器视觉系统集成商超过 70 家。

虽然中国机器视觉相对发达国家起步较晚，但伴随智能制造产业高速发展，加上国家政策的大力扶持，中国机器视觉行业高速发展，专利数量不断增加。

2. 力传感器

2019~2024 年全球力传感器市场报告中提出制造应用占据力传感器市场的最大规模，在预测期内制造应用市场将保持最大规模。制造应用行业包括制造业和加工行业，如半导体、汽车、航空航天和国防等。未来，伴随全球制造应用的集约化、智能化升级，力传感器的使用量必定会不断增加，作为制造大国的中国，有望成为力传感器市场增长的主要贡献者。

（五）核心软件：重要性逐渐凸显，销售额稳定增长

软件在机器人构成中必不可少，其市场规模与机器人市场规模成正比。中国机器人网数据显示，中国机器人市场规模逐年增长，2019 年近 600 亿元，增长率接近 10%。其中，工业机器人占比最大，占比约 65%；其次为服务机器人，占比约 35%，预计 2022 年将超过 40%。

值得一提的是，协作机器人作为工业机器人领域对软件性能依赖性最强的机器人类别之一，其市场规模增速可观。MIR《2020年中国工业机器人市场年度报告》数据显示，2019年协作机器人的全国出货量超6000台，较2018年增长超20%。

三 核心零部件现存问题及对策建议

（一）减速器：竞争优势尚不明显，提高质量规范升级

1. 现存问题

面对快速增长的市场需求，国内核心零部件企业不断突破技术瓶颈，谐波减速器的研究在国内进展最为迅速。与发达工业国家对比，中国减速器基础零部件产业还存在较大差距，存在以下问题亟待解决。

第一，品牌知名度不高，产品开拓市场受到极大影响。迄今为止，中国减速器品牌缺乏国际知名度，限制了产品在国际市场上的推广。

第二，国内主流减速器制造商的交货时间过长、销售价格过高，整体市场产品质量参差不齐，使得国产机器人产品竞争力优势不足，机器人制造商迫切需要性能稳定、价格合理、供应周期短的供应商。

第三，中国工业机器人用精密减速器研发起步晚，技术起点低，国内减速器基础部件在多方面均与国外先进制造企业存在差距，如设计不完善，大多数厂家以测绘国外的实物为主，自主设计内容较少。国产减速器目前还不能满足国内机器人产业快速发展的需要，呈现严重依赖进口产品、技术研发受制于人的困境。

2. 对策建议

国产减速器需着眼于行业发展战略角度，积极应对市场发展问题，以期走上可持续发展之路，具体对策建议如下。

第一，企业要加强新产品研发，提高产品可靠性，改善产品结构，增强企业创新能力，寻求差异化发展，进一步推动可替代进口和高附加值产品的

研发和生产比重，逐步占领高端市场。

第二，相关部门积极推动、建立减速器产品的测评和评价机构，提供真实可靠、切实可行的建议与意见。减速器的寿命测试和分析在整个机器性能测试、研发和制造反馈中发挥不可替代的作用，其中，寿命评估体现在很多指标上，不同指标用于不同的应用对象，考虑性能衰减规律和设计制造参数内在联系，对研发、生产、制造进行完善。哈工大机器人（合肥）检验检测中心以精密检测装置为依托，可为精密传动设备生产及应用行业提供优质产品、检测服务及解决方案。

第三，企业要以提高生产效率、实现生产要素与利益最大化为目标。在制造业领域，"互联网＋"进一步发展为"互联网＋制造"，即利用互联网将传统制造业进行改造升级，将人、机器与产品合为一体，相互作用实现智能化发展，降低产品"人造"因素，增加"智造"因素。减速器行业应站在时代创新和国内制造业新一轮发展制高点，实现制造智能化、信息化与数控化。

（二）控制器：国内成熟度有所提高，相比国外差距进一步缩小

1. 现存问题

（1）易用性差

控制器市场主要集中在工业应用环境。目前，部分控制器的用户体验不好，具体表现为产品配置复杂、操作烦琐，需要经过一定的培训或者有相关专业知识基础的人员才能胜任，而人员使用成本偏高，调试周期长。同时，不同厂商使用的软件和交互界面不同，使用人员需要掌握不同厂家的编程语言和开发环境，开发过程烦琐，缺少适合普通用户快速入门机器人开发的控制器。

（2）兼容性差

控制器和机器人本体通用性较差，不同厂家的控制器与不同型号的本体无法实现互换，一款控制器只能连接有限型号的机器人。另外，控制器版本相对固定，控制器和示教器一般通过通信方式实现交互，由于缺少标

准的通信接口，软件复用性差。处理器硬件也会影响软件架构和逻辑体系，不同厂家的示教器和控制器无法实现兼容，并且通信协议不开放，用户无法自定义交互系统，一般多通过网络接口实现指令集控制，无法深度定制化。

（3）智能性差

机器人的控制系统智能性差。目前，机器人的所有操作过程基本都需要人工协助，配合不同厂商的工艺软件包和基础控制指令来实施具体工作，工作流程需要人工根据不同应用场景进行示教和配置。在机器人感知层面，机器人的行为感知能力和预判能力差，感知系统的智能化性能弱；在机器人软件和硬件系统方面，系统的软件稳定性差和硬件处理能力差；在机器人群体智能方面，还有较大上升空间，机器人作为执行机构可以完成具体工作，但机器人之间的联系和数据交互需要一个调度和控制大脑来实现工作节拍的衔接，从而导致机器人的复用率较低。

2. 对策建议

（1）完善机器人软件和通信标准

机器人产业发展需要有更多的后续力量进军机器人开发领域，当不同人员进入机器人产业时，如有统一简单易用的标准，将会避免前人在机器人研发过程中走过的弯路。目前，伺服系统到控制器层次的通信标准已经建立，具体标准为 EtherCAT，但控制器到上层示教器的用户交互与通信协议或标准尚未定义。机器人操作系统（ROS）在这方面发展较好，社区活跃，开源社区贡献力量强大，软件数据格式定义标准且规范，在机器人开发过程中已经初步形成标准。建议行业参考 ROS 的机器人数据交互与通信标准形成更完善的软件和通信标准。

（2）提升智能性

传统机器人大多由多轴数控机床发展而来，在一定空间内执行封闭程序，但缺乏相应的感知和决策功能。机器人提升智能性主要是利用相关传感器来感知外界环境，例如，增加视觉传感器感知外在环境，增加力传感器感知接触力，可根据感知到的信息做出决策。

（3）发挥 5G 技术作用

5G 低时延和大带宽的功能和特点在机器人上有很大发挥空间，可实现更多机器人的互联互通，提供更大空间的控制和调度决策。

（三）伺服系统：人才梯度不合理，大型伺服技术缺失，应注重持续发力

1. 现存问题

国外成熟伺服厂商在长期的应用中不断发展和完善，走在行业前列，积累了大量的一线实用经验和高端人才，建立了科学成熟的人才梯度和晋升通道，他们基于自身在通用型伺服驱动器上的积累，打造出了众多机器人专用的伺服驱动器。这些产品体积小、定位精度高、响应迅速、可靠性高，在行业内积攒了良好的口碑。国外成熟伺服厂商在面对国内厂商的后起势力时，不断利用自身的体量优势以及在市场份额上的领先地位，压低价格，挤压后来者的生存空间。国内的伺服厂商发展不仅要面对行业巨头先行者们的堵截，也会面对国外一批致力于轻便可靠机器人，用低压小型伺服驱动器开发的新兴企业的追击之势。因此，国内伺服厂商面临的形势较为紧迫。

中国在伺服电机控制方向上的研究兴起于 20 世纪末，并在 21 世纪的第一个十年内初步形成了行业的第一梯队。随着伺服行业的不断成熟，后来的入局者门槛越来越高，投资回报周期也变得更长。因此在经历了短暂的火热期之后，伺服行业对投资者的吸引力已大不如前，相关从业者逐渐变少，高质量的人才数量也难以为继，十分不利于企业尤其是处于创业阶段的企业发展。

基于种种不利形势，伺服厂商（尤其是处于创业阶段的企业）对运营环境要求十分严苛。目前，伺服企业主要分布在北京及粤港澳大湾区和长三角地区，因为这些地区具有良好的资金基础、工业基础和人才基础，能够为企业的运营提供必要的条件；而处于内陆的三、四线城市的伺服企业较少，或者规模较小，更难吸引更多的资金和专业人才，进而形成恶性循环，不利

于人员梯度的建立和人才培养制度的形成。

2. 对策建议

基于目前制约伺服行业发展的因素，提出如下建议。

（1）完善符合中国行业现状的多层次人才教育培训体制

面对国内伺服行业从业人员不足的情况，相关部门应积极推动科研院所与企业之间的合作，将前沿、先进、实用的科研成果尽快地运用到企业的产品研发当中，在不断摸索中前进，以获取更多的经验与成长，提升伺服行业的总体实力。

（2）借助机器人产业发展东风，为驱动器技术发展聚心聚力

国内伺服企业数量众多，并且不少企业在该领域已经具有一定的积累。但伺服系统是一项集结了机、电、力、传、控各项技术的复杂系统，每项技术之间各司其职又相互耦合，这就需要工程师在"开发—应用—完善"的过程中不断提升产品竞争力。

国内各区域机器人产业发展基础及特色有着不同的优势：长三角地区具有完整的机器人产业链，并且吸纳了一大批高科技资源；粤港澳大湾区在制造业方面具有深厚的基础优势，在家电生产研发、机械装备的生产制造和汽车制造等特定领域具有优势积累；京津冀地区在政策、人才积累和教育资源方面具有先天优势，可借此发展高新智能技术，对全国智能制造工业起到模范作用；东北地区是全国的重工业老区，在制造业方面具有雄厚的技术积累，适合从机器人关键零部件入手，在减速器和驱动器等关键技术上寻找突破点；中西部地区可结合当地既有工业基础，积极招商引资，并给予政策上的扶持，引进外部资源，带动本地区的相关智能和制造产业的发展。

伺服产业应充分利用所在区域的产业基础和发展优势，以产业集聚及增强核心技术为目的，提高伺服驱动技术实力，提升机器人专用伺服驱动器的性能，进而实现中国在伺服驱动器总体实力上的技术积累和人才积淀。机器人专用伺服驱动器的发展可借助机器人产业东风，获得雄厚的资金支持，在"研发—运营—完善—运营"的模式中获得长足发展。

（3）结合半导体芯片领域共同发力，寻找提升性能的突破口

目前，世界上很多伺服厂商不仅致力于软件与算法层面的开发，还将半导体器件的研发与软件相结合，大幅提升了系统的运行效率。采用这种设计方案的以日系厂商为主，如安川、松下等，其中安川的驱动器将电流环运行于一块专门开发的芯片当中。由于电流环在运行过程中对响应性要求较高，对于某一确定型号的产品来说，其控制参数与整个系统的互动频率不高，这样的产品设计不仅提升了系统的保密性，还大幅节省了单颗运算芯片的开销负担，提升了系统的整体性能。能够采取这样的设计方案，离不开龙头企业在资金上的不断支持，但除此之外更得力于日本电子产业整体环境的完善与长时间的技术积淀。

（四）传感器：完整的产业链尚未形成，各环节问题凸显

1. 现存问题

传感器应用涉及领域众多，目前国内高端工业相机大多仍需国外提供，每一领域涉及的相关技术短板都可能是国产工业相机技术水平落后于世界领先水平的原因。具体表现如下。

（1）人才资源较为稀缺，产业发展缺乏软实力

传感器行业是技术密集型行业，对人才的技术和经验要求较高，目前国内专业从事视觉传感器的技术人员较少，具有多年开发经验的技术从业者就更少，行业发展遭遇严重的人才储备稀缺问题。

（2）产业链制造水平低，设备生产质量低

目前很多厂商的传感器产业链的生产能力和制造水平都比较低，主要体现在数据处理接口技术不成熟、没有强大的软件开发平台支持、缺乏制造高端产品能力等方面。

（3）国产产品市场匮乏

目前，制约国产传感器市场发展的主要因素为没有形成规模化发展模式。只有市场系统化、规模化，才可实现健康的供需循环系统，推动传感器技术与产品的快速发展。

2. 对策建议

第一，提高人才待遇，加强行业的人才储备和人才积累，吸引高端研发人才为产业提供有力服务。

第二，整合产业加工链，引进高端加工生产设备到实际生产中，不断提升硬件实力。

第三，提高对国产产品的政策支持，通过宣传来刺激市场活力。将国产产品应用到更多的生产生活领域之中，形成市场和产业的良性循环。

（五）核心软件：开发环境兼容性问题突出，解决标准化成当务之急

1. 现存问题

机器人的核心软件尚存以下共性问题。

（1）机器人软件开发标准缺失

目前，机器人核心软件生态环境面临的主要问题是缺少统一的行业标准，ROS 的出现正试图解决这一问题，试图制定统一的组件标准和通信协议，覆盖机器人控制、规划、视觉、导航等各个方面。但 ROS 需要根植于一款普遍使用的计算机操作系统，如 Linux、Windows 等，然而通用的计算机操作系统并未充分考虑机器人控制的专有特征，如高可靠性、高确定性、控制时间约束、闭环控制、周期控制、系统的可裁剪、可定制性等，大部分机器人应用软件不能为 ROS 系统提供支持，这些为"ROS + Linux/Windows + 应用软件"的组合应用模式带来了原生的束缚。

（2）兼容性和适用领域有限

相对较为成熟的操作系统和软件应用架构，如"Windows + RTX""Windows + VxWin"等组合模式，能够兼具丰富人机界面和硬实时控制的需求，但二者的封闭性决定了其无法兼容其他平台和软件，限制了机器人应用生态的发展。而其他众多的机器人操作系统环境均缺乏统一机器人软件组件化行业标准，只在某个方面具有自己的特色（如视觉、导航、规划等），应用领域非常有限。

（3）操作系统层面的机器人控制支持不足

当前主流的机器人操作系统均基于一些通用的桌面（Windows、Linux）或实时嵌入式操作系统（Vxworks、Android 等），通过加入面向机器人的控制组件、服务或次级操作系统 ROS 等研发而成。这些方案均不能从计算机操作系统层面展开面向机器人控制的资源、API 规划和建设等，如机器人控制时传感器周期采样与控制、闭环控制过程、多个控制任务间数据交互等，只能靠用户采用传统操作系统资源和 API，如定时中断、信号量、队列、邮箱等传统方式进行逻辑设计和实现，使并发程序更复杂，且易出错、极难调试。

（4）客户倾向性和厂家的支持冲突

以 Windows 和 Linux 为代表的各类机器人控制器和驱动器板卡都具有厂家直接开发的驱动支持，对绝大多数的机器人程序开发和调试人员有极大的黏合力。但二者在硬实时和高可靠应用场景必须借助于其他实时技术，比如 RTX 和 VxWin，以及哈工大研制的 HIT-VM 来实现硬实时性。

（5）可控性问题不容忽视

自中美贸易摩擦以来，软件等核心技术产品的进出口受到影响。而目前中国机器人研究和应用领域所使用的操作系统和应用软件等核心软件及工具均为国外产品，且大部分受美国所控制。尽管中国近年来加强了对自主软件产品研发与推广的扶持力度，但因起步较晚，在产品力方面仍与国外存在一定差距。考虑到国际形势的不可预测性，机器人核心软件的自主可控问题是当下该行业面临的重要问题之一。

2. 对策建议

综合来看，解决上述问题的重点在于实现机器人核心软件的自主化与机器人软件开发标准化，具体建议包括：第一，与已有机器人操作系统及应用组件（Windows、Linux、Vxworks、ROS 等）解决方案共容；第二，从计算机操作系统层面建立对机器人控制的高级 IPC 资源和 API，并集成开发调试环境；第三，构建机器人操作系统一体化层次结构，使其同时满足实时和非实时控制需求。

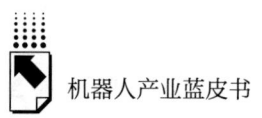

四 核心零部件发展趋势及市场机会

（一）减速器：市场需求不断增大，发展态势一片向好

目前，国内生产工业机器人减速器的企业数量逐渐增多，且经过多年积累技术逐步成熟，能够实现量产的企业也在逐年增加。可以说，在精密减速器国产化道路上，中国减速器企业进步明显。2017～2019年中国主要机器人减速器企业产能情况如表6所示。

表6　2017～2019年中国主要机器人减速器企业产能情况

单位：万台，%

企业名称	主要产品	产销情况	2017年	2018年	2019年	机器人应用占比
苏州绿的谐波传动科技股份有限公司	谐波减速器	产能	7	9	9	55
		产量	7.17	9.51	8.84	
		销量	6.68	9.21	8.86	
北京宏远皓轩谐波传动科技有限公司	谐波减速器	产能	3	3	3	40
		产量	1	1.5	1.8	
		销量	1	1.5	1.8	
浙江来福谐波传动股份有限公司	谐波减速器	产能	2	6	6	50
		产量	1	3	3	
		销量	1	1.8	2.0	
北京中技克美谐波传动股份有限公司	谐波减速器	产能	2	2	2	5
		产量	0.8	1	1.5	
		销量	0.8	1	1.5	
广州市昊志机电股份有限公司	谐波减速器	产能	2	2	2	60
		产量	0	0.1	0.2	
		销量	0	0.1	0.2	
上海机电股份有限公司	RV减速器	产能	10	10	12	70
		产量	7	8	10	
		销量	6	7	8	
南通振康焊接机电有限公司	RV减速器	产能	3	3	3	80
		产量	1.5	2.5	2.8	
		销量	1.5	2	2.5	

企业名称	主要产品	产销情况	2017 年	2018 年	2019 年	机器人应用占比
秦川机床工具集团股份公司	RV 减速器	产能	1.5	2.2	2.2	60
		产量	1.1	1.8	2	
		销量	0.8	1.1	1.5	
武汉市精华减速器制造有限公司	RV 减速器	产能	3	3	3	40
		产量	0.3	0.4	0.7	
		销量	0.3	0.4	0.6	

资料来源：GGII。

1. 发展趋势

目前，国产工业机器人减速器市场需求快速增长，国产品牌产量、质量有所提升，与国外品牌差距也在缩小，为市场提供了更多的选择，各种因素促使国内工业机器人减速器价格逐步下降。为了提升中国工业机器人减速器技术，国家出台了相关的扶持政策，在国内市场扩大和政府政策帮扶的双重影响下，国内工业机器人减速器企业的发展动力进一步加强。产品将在政府引导下健康发展，实现性能提升、核心技术的突破，以更好地满足机器人不同应用场景的市场需求。

2. 市场机会

国内工业机器人减速器市场主要被国外品牌占据，国产品牌不断追赶，市场份额有所上升，但依然不超过 1/3。尽管如此，国产谐波减速器在价格方面还是具有很大优势，例如，来福谐波和绿的谐波减速器都比哈默纳科的市场价格低 40% 以上。由于精密减速器占据工业机器人约 1/3 的成本，因此，工业机器人市场对精密减速器的价格较为敏感。综合来看，国产谐波减速器凭借较大的成本优势有望争夺更多的市场份额。

（二）控制器：市场需求稳健，新应用场景空间大

1. 发展趋势

（1）市场需求持续增长

近年来，由于国家产业化战略发布以及机器人换人热潮的涌现，未来无

论在工业还是服务领域，机器人的应用将会更加广泛，控制器的需求也将同步快速增长。

（2）标准化

未来主流的机器人控制器将由更加通用的语言模块来搭建和实施，同时满足控制系统标准化发展趋势。专用机器人开发语言将会越来越少，使得机器人开发与应用技术越来越成熟，并且各个模块之间相互独立，可满足客户随意组装机器人的个性化需求。机器人关节模块化、I/O 以及传感器等接口的标准化也越来越规范，提升客户使用机器人的易用性和可扩展性。

（3）智能化

随着人工智能上升到国家战略，机器人作为人工智能的重要落地点，为适应协作和智能制造需求，提升机器人在智能制造的柔性化空间，需要控制系统的柔性化和智能程度越来越高，以满足机器人自主学习、人机共融及灵活适应不同应用场景的需求。同时，智能的人机交互应用场景也会越来越多，未来机器人将具有一定的思维、学习和决策能力，可适应更复杂的创造性工作。

（4）高速和高精度

机器人作为一个高速、高精度执行机构，在发展、应用过程中，对机器人的要求也越来越高，尤其在运动规划精度以及实时性方面，存在硬件和软件的双重制约：硬件制约需要芯片级支持，软件方面需要控制算法、操作系统以及通信协议的多重配合和支持。目前，控制器硬件算力基本不构成机器人开发的瓶颈，软件和算法是机器人速度和精度的重要提升空间。

2. 市场机会

中国工业机器人控制器行业的竞争格局越来越明显。从传统的电子、汽车领域，到新兴的医药、食品、物流等行业，对机器人的需求程度越来越高，要求机器人控制器的通用性越来越好，针对新兴行业开发的机器人控制器具有一定的市场空间。

（1）智能控制器市场前景大

控制器的智能性体现在可以满足不同场景应用需求，控制器结合多传感器能够快速部署，同时具有自主运动规划和决策算法功能。以 MUJIN 公司为代表的机器人控制器厂商，结合视觉系统满足了不同场景机器人分拣和抓取的需求，国内近年有多起智能抓取的较大额融资事件都与该技术有一定的关联性。目前，市场上并无该类型控制器，拥有该技术的公司都下沉到具体行业解决对应的行业痛点，无具体控制器产品出售。传统控制器厂商都在该技术领域有所布局，均处于相关技术开发阶段。类似控制器通过结合相关外部传感器来解决机器人智能性问题的市场机会较大。

（2）专业控制器在教育领域市场空间大

专业的机器人控制器使用门槛高、学习曲线陡峭，市场缺少类似产品。工业机器人控制器较专业和复杂，使用对象均为专业的从业人员，无法提供针对入门机器人开发和爱好者的二次开发接口和使用帮助文档，而普通教育类型的控制器又无法满足实时性和专业性需求。总体来看，随着国内机器人相关专业的从业人员增加，以及机器人专业在高等教育的普及程度增加，该类型控制器存在较大市场空间。

（三）伺服系统：抓住集成化、智能化的机会，弯道超车

1. 发展趋势

（1）由数字化转变为智能化

数字技术的发展与普及有力地推进了社会由数字化向智能化的迈进，型号繁多的高速微处理器和数字信号处理器为伺服控制性能的提升提供了平台，并成为伺服驱动的主流方案。伺服控制方式逐步转变为软件控制，从而实现了伺服系统的数字化。相比传统控制方式，这样做的好处是，能够高效便捷地使用现代先进的控制方式，大大提升系统的响应速度和运动精度，并且数字系统在后期的升级维护方面所需要的代价较小，系统可采集控制过程的系统参数，通过智能算法的处理和判断，自动修正控制参数并进行在线故障预警、故障诊断和故障分析。伺服系统的智能化可降低伺服系统对人工的依赖，也可降低伺服产品的上手难度和对维护人员的专业要求。

（2）网络化和模块化

网络化和模块化即构建网络型、总线型伺服系统。在国外，工厂自动化

（Factory Automation，FA）工程技术正以强劲的势头飞速发展。工厂自动化以工业局域网技术为基础，常见的局域网接口和标准有 RS-232C、RS-422 或 RS-485 等。新型的伺服系统普遍兼容这些控制方式，设置这些接口可增强伺服系统的兼容能力。多个伺服系统的组网工作可以实现多台伺服系统共同工作，工作过程简单，即通过一根光缆或者电缆将几台甚至数十台的伺服单元与上位计算机连接。

现场总线是一种数字通信技术，构建总线型伺服是实现工业物联网的必要途径之一。将现场总线和工业以太网技术集成到伺服驱动器，已成为欧美厂商的常用做法。随着国内对大规模分布式操控装置的需求上升、高级数控体系的开发成功，网络化数字伺服的开发已成为燃眉之急。模块化不仅指伺服驱动模块、电源模块、再生制动模块、通信模块之间的组合办法，而且指伺服驱动器内部软件和硬件的模块化和可重用。

（3）高效化

伺服系统的高效化体现在信号的采样精度提高、电机结构设计更加科学合理、功率器件的效率更高更智能。采用更高精度的编码器，可提高位置的采样精度，在同等技术能力下提高伺服驱动器的定位精度和运行流畅程度，降低噪声，降低故障率。电机结构的设计要更加合理，需要结合磁性材料的不同性质、不同形状，设计不同的产品结构和定转子齿槽数量及形状，使电机在运行的过程中更加流畅。

（4）驱控一体化

驱控一体化是未来机器人发展的主流趋势，国内部分企业已推出驱控一体化的控制器产品，例如，固高科技生产的拿云（Marvie）六轴驱控一体机，通过将驱动器和控制器一体化提高接插线板的可靠性，从而保证整个机器人的稳定性，同时也节省了电柜和电气人员的相关成本。未来驱控一体化可以有效实现核心零部件的模块化。

2. 市场机会

智能制造是当今工业发展的主流趋势，制造过程的自动化与智能化都高度依赖高性能的伺服系统产品。伺服系统作为工业机器人的核心零部件之一，相关应用在交流伺服市场的份额逐渐提升，市场前景被普遍看好。

随着机器人的智能化和集成化不断加强，驱控一体化成为机器人产业未来发展趋势。通过将机器人的驱动器和控制器进行整合与集成，可同时提升机器人的可靠性和稳定性并降低成本，更可以利用系统集成的优势，提升系统的控制性能，更高效地利用硬件资源。在这样的大趋势下，相关的伺服企业可借机器人发展势头，与机器人厂商深化合作、共同开发，将技术与市场的优势整合到一起，共同发展，互利互惠。

近些年，机器学习、深度学习、强化学习等技术获得了极大的发展，已开始在互联网和人机交互等方面获得了广泛的应用，并且处在不断的发展和完善当中。2016年Alpha Go与李世石的人机围棋对战让全世界见识到了这一新兴技术的巨大潜力。所谓的机器学习，就是计算机利用从环境当中获取的大量对象信息，通过模拟人的认知与学习过程，判断对象和生成策略。伺服系统作为一个复杂的控制系统，具有多变量、非线性、强耦合的特点，面对不同的应用场景可以选择不同的控制结构，同样的控制结构下又有大量的参数与变量需要调整以获得理想的控制效果。在当前的技术条件下，这些工作大部分需要由工程师来设计，并由使用者在实际应用中根据不同的场景对大量的参数进行配置，学习成本高，对人员的素质要求较高。伺服系统最为重要的功能是面对各种异常工况下的处置机制，需要伺服系统设计者在长期的实践中摸索与修正、长时间的经验积累，这也是国内厂商与国外一流企业之间的差距。国内厂商在面对智能技术和网络技术的发展时，面临着很好的弯道超车的机会。智能技术的长处在于可以在虚拟空间利用算法模拟实际可能遇到的突发状况，并训练机器不断地优化算法和参数，用运算能力和联网大数据弥补时间和经验上的落后局面。

（四）传感器：智能化程度逐步提高，多传感器信息融合趋势渐显

中国传感器企业以中小型企业为主，自主研发、创新能力较弱，深耕垂直领域的企业数量较少。目前，物联网、工业4.0市场发展空间巨大，未来将有更多中小型企业日渐发展成熟并在创新环境下涌现出来。数字化时代对

数据采集、处理等流程的要求极高，传统的传感器产品将逐渐更新换代，结合人工智能等新兴技术，传感器行业将呈现微型化、智能化、网络化的趋势，企业的发展重心将慢慢向智能传感器方向靠拢。

未来的人工智能技术会让机器像人类一般思考，完成更加艰巨的任务，机器视觉系统也将拥有超强的解决方案的能力，帮助机器人克服缺陷检测、零件定位、产品分类等任务中的诸多困难和挑战。

国内的传感器主要依赖于进口，在国内物联网、工业4.0等产业快速发展的背景下，传感器逐渐成为一项关键的技术。最近几年，国内诞生了一批优质的传感器企业，它们具备研发、设计、生产到应用的完整产业体系。同时政策、资本也都在关注传感器的发展，传感器国产化率将会稳步提升。

出于功能和应用场景等需求以及传感器本身的定制化特性，传统传感器将无法满足客户需求。随着物联网应用规模的不断扩展，拥有定制能力和柔性化生产能力的企业将更加受青睐。

随着科学技术的发展，多种传感器信息融合已发展成为一门信息综合处理的专门技术，主要应用于自动驾驶和机器人领域，自动驾驶安全性需要传感器的冗余支持，提升容错率。

（五）核心软件：机器人智能化需求迫切，软件迎来市场良机

"兼容性"是机器人核心软件发展的重要趋势，机器人操作系统与应用软件厂商都在为软件的兼容性做出努力：KUKA机器人采用美国风河公司VxWorks操作系统作为其实时控制器的基础操作系统，同时为了兼顾众多用户对界面友好的Windows的青睐，KUKA研制了VxWin将VxWorks操作系统以Windows驱动形式进行集成，使其操作系统既拥有硬实时特性又兼具良好图形用户界面和开发环境的支持。无独有偶，IntervalZero公司通过在Windows下安装RTX（Real-Time eXtension）实时操作系统来实现更好的兼容性，并在机器人领域得到KEBA和一些机器人公司的广泛应用。

1. 传统工业机器人软件市场前景广阔

工业机器人巨大的市场诱惑是任何机器人操作系统厂商都不愿放弃的。

虽然工业机器人应用软件发展呈现百家争鸣的状态，但在机器人操作系统方面，目前尚未有过成功应用于工业机器人的案例。可以预见，一旦出现能够满足工业机器人的苛刻工作环境与严格标准要求的机器人操作系统，就会成为工业机器人软件市场上的一个重要增长点。因此，工业机器人市场成为机器人操作系统厂商的必争之地。以 ROS 为例，为了达到工业应用标准，ROS 团队积极开展 ROS 2.0 的研究与探索，以提升 ROS 的性能使其更加稳定可靠。针对 ROS 在工业上的发展与应用，目前已经成立了 ROS-I 项目，机器人巨头 ABB、安川电机都积极参与到 ROS-I 的规划与发展中。

2. 智能机器人软件潜力巨大

智能机器人凭借其"智能性"扩展了机器人的应用范围与想象空间，而软件正是机器人"智能性"的核心体现。随着自动驾驶、智能工厂等概念的兴起，机器人核心软件发展潜力巨大。

（1）自动驾驶是机器人操作系统的重要应用领域

根据预测，到 2025 年，自动驾驶汽车产值可以达到 1.9 万亿美元。ROS 系统公布后，美国西南研究院将 ROS 加入大型自动驾驶地面车辆发展计划中，并利用许多 ROS 工具进行后期开发。2013 年，汽车公司宝马在上海研究院开始做基于 ROS、针对中国市场的自动驾驶项目。2016 年 2 月，福特公司宣布选择其自动驾驶车辆采用 ROS 接口。2016 年 3 月，百度人工智能首席科学家吴恩达宣布在百度的自动驾驶车技术中应用机器人操作系统 ROS。2015 年，丰田汽车的子公司 Toyota Research Institute 和 ROS 共同开展针对机器人及自动驾驶技术的研究。还有许多厂家仍未公布自动驾驶技术，但是自动驾驶采用 ROS 已经成为行业研究热点。ROS 的实现可能会颠覆过去的汽车业务，从汽车业务的市场规模来看，自动驾驶汽车可以说是机器人操作系统最大的应用领域。

（2）"智能工厂"为机器人应用软件提供了丰富的想象空间

工业界对工业机器人智能化有着更强烈的需求，而智慧工厂是未来工厂的终极目标。以工业机器人应用为主，各种复杂机器人之间既独立又相互协作配合工作，通过融合物联网和数字技术实现工厂高效作业。相对于传统的

机械运动轨迹的实现，智能工厂需要加入更多的智能算法，而机器人应用软件所集成的大量算法模块，为机器人的开发与应用提供了便利。

沃尔沃发布了一款名为 ROAR 的自动清理垃圾无人车系统，使所有自动化机器人共同协调工作。同样，TUT-RIM 项目是在智能重型机械和机器人在工厂应用领域的一次探索，其任务是让独立、自主和异构的机器人协作，在部分已知的环境中达成共同目标，提高工厂生产率和安全性。

（3）机器人教育软件成为热点

机器人的繁荣发展导致了机器人人才需求的缺口加大，各国都开始重视机器人人才的教育与培养。机器人仿真软件能够以相对低廉的成本为高校提供趋近于真实的学习环境，斯坦福大学等国外很多知名高校在教学实践中引入了机器人操作系统及应用软件。目前，国内机器人操作系统的相关教学刚刚起步，例如，国防科学技术大学在相关领域开展了教学实践，但相比国际水平有所滞后。

在未来的教学当中，需要不断探索如何更好地利用软件来实现教学以及相关教学配套产品的实验与完善，这对于机器人核心软件走向更广阔的应用领域来说是个机会，也是个挑战。

五　核心零部件典型企业分析

（一）减速器典型企业

1. 苏州绿的谐波传动科技股份有限公司（简称"苏州绿的"）

苏州绿的于 2011 年成立，致力于精密谐波减速器的技术研发与生产。

2011 年，苏州绿的通过研发中心的设立、研发团队的打造，开始研发精密谐波减速器，截至目前已研发出多个系列，合计 100 多个型号的谐波减速器。苏州绿的每年有超过 2000 万元的研发经费用于谐波减速器研究，已拥有超过 40 项谐波减速器领域的专利。国外主要机器人厂家已开始批量采购该公司的精密谐波减速器，产品销往欧洲、以色列、韩国以及美国等海外市场，国外市场占其销售总额近 20% 。该公司产品也被国内主流本体厂商采用，代表客户有新松、配天、遨博、珞石科技、新时达、广数、埃斯顿等，其谐波减速器发展已对哈默纳科造成一定冲击。

2017~2019 年，苏州绿的单台谐波减速器平均销售价格逐年降低，且降幅越来越大；2017~2019 年谐波减速器的销量分别为 6.68 万台、9.21 万台、8.86 万台，2019 年谐波减速器的销量同比下降 3.8% 。在生产线方面，苏州绿的在 2016 年和 2017 年分别启动 50 万台和 60 万台的生产基地建设。

2. 南通振康焊接机电有限公司（简称"南通振康"）

南通振康是中国较早开始研发机器人用精密 RV 减速器的厂商，建设的精密设备检测中心能对公司产品进行质量检测。在 2010 年，南通振康成功研发出首款 RV 减速器及配套的系列交流伺服电机，并相继投入批量生产，已获得了市场广泛认可。2013 年以来，南通振康减速器研发投入近 1 亿元，获得 25 项专利，攻克了设计摆线曲线的 ThinkCore 技术并开发出相关专用软件，这是该公司 RV 减速器的创新性所在。目前，公司有 RV-C、RV-E、RD 三大系列的 RV 减速器，总计 10 种规格。

南通振康 RV 减速器较高的性价比使其具有市场竞争力，客户有埃夫特、新松、欢颜等国内主要的工业机器人制造商。

3. 江苏哈工联合精密传动有限公司（简称"哈工联合"）

哈工联合致力于精密减速器及其衍生品的设计、研制、生产、销售和服务，应用领域包括国防军事、高端装备、机器人、航空航天等。这些产品符合市场快速多变的需求，帮助用户解决生产中的实际困难，改变了国外产品垄断市场的局面，为国产装备的发展提供了强大的助力。

哈工联合持续攻坚克难，经过 4 年的研发、试制和应用，在精密减速器领域获得突破，制造出国内首款精密摆线减速器，并实现小批量生产。

（二）控制器典型企业

传统的工业机器人控制器厂家相关企业相对较多，产品在易用性和智能

性方面有较大提升。这里重点分析以易用性、智能性、驱控一体技术为代表的企业。

1. 纳博特南京科技有限公司（简称"纳博特"）

纳博特成立于 2015 年，总部位于江苏南京，专注于机器人控制系统的研发生产和销售。经过 5 年的发展，其控制器产品越来越成熟，应用领域涉及机械加工、电子装配、喷涂码垛等工业场景，相关产品也进入了苹果和华为的供应链体系，产品稳定性得到了很好的验证。

纳博特控制器的中文软件编程、引导式设置和运行方式，在机器人易用性上有很大进步，同时控制器在基于机器人力控打磨、动力学参数辨识以及拖动示教等领域拥有一些成功案例。

目前，纳博特控制器产品年出货量超过 1000 台，已在华东、华南等地设立服务中心。

2. 深圳众为兴技术股份有限公司（简称"众为兴"）

成立于 2002 年的众为兴，其主营业务是运动控制技术的研发、生产和销售工作。

众为兴的机器人控制器产品在相关细分行业内具有很强的竞争力，其驱控一体化控制器技术与方案应用范围广泛，控制精度高，是国内运动控制行业的代表品牌。该公司产品经过 10 多年的研发积累，基本掌握了多轴同步、高精度运动控制以及基于总线的高速高精度运动控制等核心技术，产品销售和服务覆盖全球超过 103 个国家和地区，产品性能和稳定性得到业界认可。

（三）伺服系统典型企业

1. 武汉华中数控股份有限公司（简称"华中数控"）

华中数控致力于高性能伺服电机关键技术的研发与优化设计。公司登奇机器人及新能源汽车伺服电机项目创新研发获得政府 2000 万元补贴扶持，伺服电机数字化车间项目获得 1350 万元补贴。

2. 广州数控设备有限公司（简称"广州数控"）

伺服电机是广州数控主营产品之一。2019年1月，广州数控与华南理工大学联合成立研究实验室，进一步推动国产工业机器人的发展。

3. 深圳市汇川技术股份有限公司（简称"汇川技术"）

汇川技术成立于2003年，工业自动化是其主营业务之一，应用行业包括3C制造、机床、注塑机等。截至2019年12月31日，公开资料数据显示，汇川技术已获得专利及软件著作权1800项，其中，发明专利307项，实用新型专利1018项，外观专利278项，软件著作权197项。汇川技术2019年实现销售收入73.9亿元，同比增长25.81%，回流股东的净利润为9.52亿元。不过受到全年严峻经济形势的影响，汇川技术的净利润同比下降了18.42%，被称作汇川技术"近十年来经营压力最大的一年"。即使在这样的情况下，汇川技术仍然投入了8.56亿元的研发资金，占营业收入的比例达到11.58%；研发人员达2512名，占比达到22.40%。

4. 无锡信捷电气股份有限公司（简称"信捷电气"）

信捷电气致力于伺服驱动器和伺服电机的研发和生产。目前，信捷电气的伺服系统已实现自主开发，并与机器人视觉产品相结合。

2017~2018年国内伺服企业经营情况如表7所示。

表7 2017~2018年国内伺服企业经营情况

单位：万元，%

企业简称	2017年营收	2018年营收	营收同比增长率	2017年净利润	2018年净利润	利润同比增长率
华中数控	98519.21	81957.58	−16.81	3607.77	1066.01	−70.45
汇川技术	477729.57	587435.78	22.96	109136.48	120872.08	10.75
埃斯顿	107650.31	146102.46	35.72	10179.58	11393.01	11.92
新时达	340361.22	351499.46	3.27	13768.34	−29570.74	−314.77
英威腾	212231.10	222806.11	4.98	21228.37	17787.84	−16.21
信捷电气	48357.34	59038.02	22.09	12381.58	14862.95	20.04
合计	1284848.75	1448839.41	12.76	170302.21	136411.15	−19.90

资料来源：前瞻产业研究院。

（四）传感器典型企业

1. 杭州海康威视数字技术股份有限公司（简称"海康威视"）

海康威视可生产包括摄像机/智能球机、光端机等安防产品，并针对相关行业提供细分产品及解决方案，应用领域涉及金融、公安、电信、交通等行业。海康威视拥有超过 19000 人的研发团队，研发投入占营业收入比例较高，其自主核心技术和研发能力在行业内排名前列。

2. 浙江宇视科技有限公司（简称"宇视科技"）

作为一家全球公共安全和智能交通的解决方案提供商，宇视科技拥有全景、数智、物联等产品技术。2019 年，宇视科技营业收入为 49.4 亿元，相较 2011 年增长 16 倍。宇视科技拥有一定规模的研发团队，占公司总人数 50%，并在中国的杭州、深圳、西安、济南、天津、武汉等地设有研发机构，研发费用投入较高，占营业收入比例超过 10%，目前拥有专利申请总数 2000 件，发明专利占比 83%，技术涵盖光机电、图像处理、机器视觉、大数据、云存储等维度。宇视科技在桐乡建立了年产 1000 万台高端视频安防设备的全球智能制造基地，在大数据、人工智能、物联网等领域实现了产品应用落地。

3. 北京嘉恒中自图像技术有限公司（简称"嘉恒图像"）

嘉恒图像致力于计算机数字图像处理产品的开发、生产和销售，产品包括专业图像采集卡、摄像头及 DSP 嵌入式图像采集处理器等，多系列不同型号的产品满足了不同客户的需求，产品市场接受度较高。应用领域包括医疗影像、工业检测、科研、军工安防、监控、智能交通等。

（五）核心软件典型企业

1. 阿里巴巴集团

阿里巴巴集团于 2011 年正式发布 YunOS，并在后续基于 YunOS 推出了 YunOS for Robot——一款专门针对机器人的操作系统。2016 年 10 月，YunOS 宣布将为阿里巴巴机器人有限公司提供在中国的机器人系统服务。

2. 哈工大机器人（合肥）国际创新研究院

"HRG 轩辕"是一款"智能—实时"统一架构的机器人专用操作系统，由哈工大机器人（合肥）国际创新研究院于 2019 年发布，并申请了发明专利。"HRG 轩辕"的问世，为国产机器人操作系统的长远发展贡献了一份大礼。

B.5
中国机器人产业系统集成
发展报告（2020~2021）

——下游应用行业细分化，标准化程度逐步提升

陈　倩[*]

摘　要： 2019年，中国工业机器人系统集成市场增速大幅放缓，汽车及3C电子行业系统集成业务下滑，一般工业系统集成市场份额持续扩大，其中搬运集成应用范围进一步扩展。系统集成商营收规模普遍较小、对细分行业工艺理解不透等问题限制了行业的快速发展，亟须系统集成商主动向短生命周期行业拓展，挖掘潜在市场空间，专注中高端工艺，提炼出可批量化应用的核心产品。受新冠肺炎疫情影响，2020年中国工业机器人系统集成市场或将出现负增长，但疫情也将促进制造企业加速工业自动化的进程。未来，随着中国产业结构优化升级、国家对智能制造大力推进，智慧工厂柔性生产需求将日益增多，工业机器人系统集成市场发展前景广阔。

关键词： 工业机器人系统集成　智能制造　智慧工厂　柔性生产

---

* 陈倩，北京铂睿德佳信息服务有限公司项目经理、机器人产业分析师，主要研究方向为工业机器人产业。

一　系统集成发展概况

（一）定义

1. 机器人系统集成定义

机器人系统集成是指以工业机器人和自动化生产单元为基础，根据不同客户的实际情况、技术参数和工艺要求，利用机械、电子、传感器等技术，将机器人、夹具、焊枪等集成为能够实现焊接、机械加工、搬运等功能的自动化生产线。

通常与工业机器人系统集成业务相关的角色有以下4种。第一，工业机器人本体厂商负责研发、生产、制造、销售工业机器人产品。一些工业机器人厂商除直接销售机器人外，还能够提供系统集成服务。第二，工业机器人系统集成商具备承接工程项目的技术实力，专门围绕工业机器人做周边配套集成自动化服务。第三，工业机器人经销商是经销工业机器人的贸易型企业。但随着经销商的发展和壮大，会逐渐具备集成能力，在经销机器人的同时提供集成服务。第四，机器人终端用户是最终使用工业机器人进行生产加工的企业，如汽车制造厂商、电子制造厂商等。一些终端用户能够自己进行机器人系统集成。

2. 工业机器人系统集成下游应用行业定义

本报告将工业机器人系统集成下游应用行业划分为15个细分行业，具体如表1所示。

表1　工业机器人系统集成下游应用细分行业

行业	说明
汽车整车	乘用车、新能源汽车、商用车、专用车
汽车零部件	汽车零部件（除汽车电子和动力电池外）
电子	3C电子及其零部件、电子元器件

行业	说明
金属加工	金属制品、机械加工,工程机械、集装箱、农业机械、航天航空、建筑机械、轨道交通、船舶等
汽车电子	汽车电气相关产品
家用电器	白色家电、黑色家电、小家电
医疗用品	医疗器械、医疗耗材、医疗药品
锂电池	消费电池,动力电池、储能电池
食品饮料	食品、酒水、饮料、粮油
化学工业	橡胶、塑料、化妆品、日化品、玩具、化肥、农药、涂料、化纤
光伏	光伏电池片和组件
半导体	集成电路、分立器件、LED
仓储物流	工厂内部物流和电商物流
教育	职业培训、职业教育、科研
其他	其他行业

资料来源：MIR DATABANK。

3. 工业机器人系统集成应用定义

根据 MIR 数据,将工业机器人系统集成主要应用场景划分为 6 类,具体如表 2 所示。

表 2　工业机器人系统集成应用场景

类别	主要细分应用场景
搬运系统集成	金属铸造的搬运与上下料
	塑料成型的搬运与上下料
	冲压、锻造、钣金搬运与上下料
	机床加工中的搬运与上下料
	检测、检验、测试的搬运与上下料
	码垛的搬运与上下料
	包装、拾放的搬运与上下料
	材料的搬运与上下料
	物料的抓取
	洁净室搬运

续表

类别	主要细分应用场景
焊接系统集成	弧焊 点焊 激光焊 超声波焊接 锡焊
喷涂系统集成	喷漆、喷釉 喷涂
物料加工系统集成	激光切割、水刀切割、机械切割 磨削、去毛刺、抛光
装配系统集成	装配、安装、嵌入 电子组装
其他	3D 打印

资料来源：MIR DATABANK。

（二）机器人系统集成产业链分析

工业机器人系统集成围绕机器人本体，对机器人进行二次应用开发，为下游终端用户提供非标准化的成套工作站或生产线，是智能制造装备产业的重要组成部分，其产业链如图 1 所示。

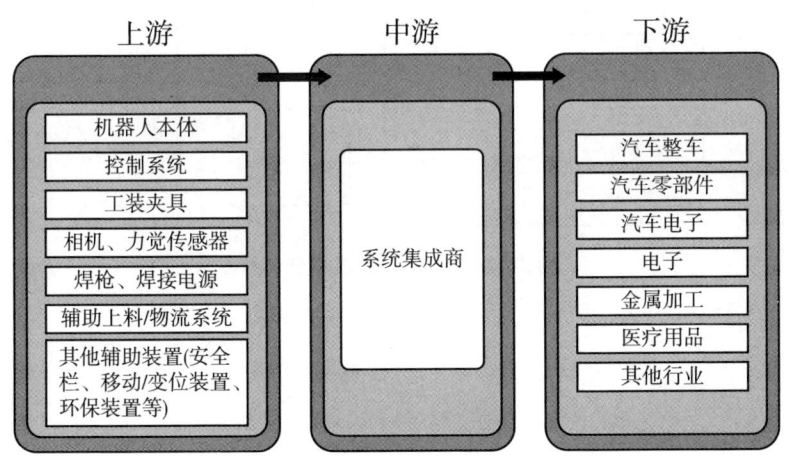

图 1　机器人系统集成产业链

资料来源：MIR DATABANK。

机器人产业蓝皮书

在工业机器人产业中，机器人本体是发展的基础，系统集成是大规模应用的关键。系统集成市场规模大、毛利润较高、难度也相对较低。国内系统集成商因本土化服务及低价策略，更具市场竞争力。

（三）机器人系统集成业务流程分析

通常情况下，一个完整的机器人系统集成业务流程如图2所示。

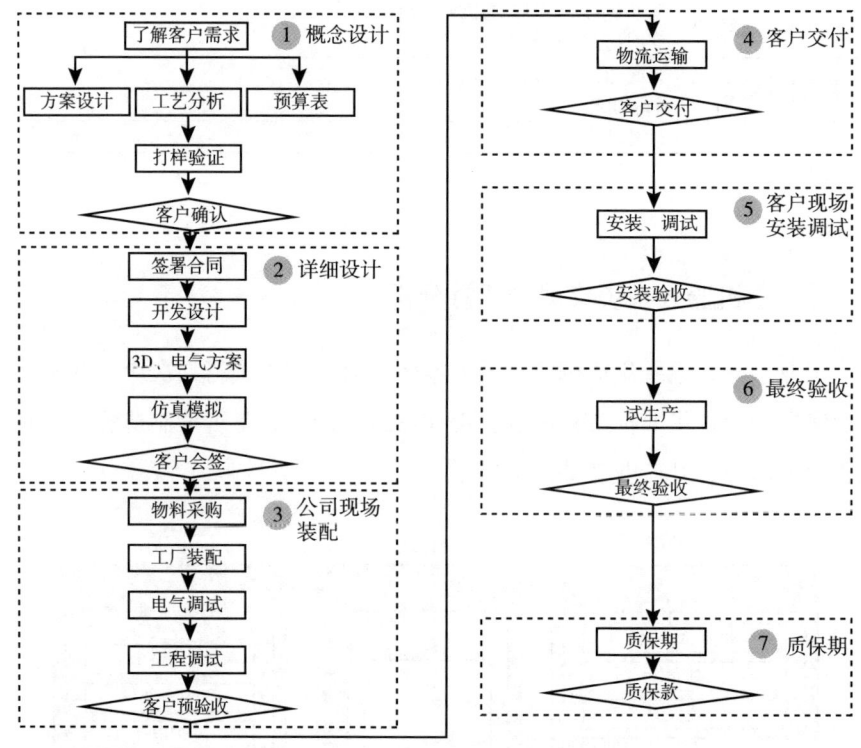

图2 机器人系统集成业务流程

资料来源：MIR DATABANK。

概念设计阶段：系统集成公司与客户充分沟通、明确需求；进行详细工艺分析，制订项目技术方案、预算表。

详细设计阶段：签订合同并收到客户预付款后，系统集成公司启动项目；系统集成公司在详细设计过程中及时跟进并优化整体方案；方案经内部

176

评审后，提请客户确认详细设计方案。

公司现场装配阶段：系统集成公司完成详细设计并经客户确认后即开始下单采购，并在公司内部进行相关设备的初步安装；随后根据客户需要在客户现场检验，并由客户出具预验收文件。

客户交付阶段：系统集成公司将生产线及其设备通过物流运送至客户现场。

客户现场安装调试阶段：系统集成公司在客户现场安装、调试生产线及其设备；客户验收后，出具安装验收确认文件。

最终验收阶段：待生产线安装调试结束后，公司开始生产；在规定的时间内或达到特定条件，客户最终验收，并出具最终验收确认文件。

质保阶段：在最终验收完成后一段时间内，属于质保期。质保期结束时，客户支付尾款。

（四）工业机器人系统集成市场发展现状与展望

近两年，随着经济下行周期的到来以及国际贸易摩擦的不确定性，汽车和3C电子行业进入调整期，一般工业增速不及预期，下游制造企业投资普遍趋于谨慎，工业机器人系统集成市场增速大幅放缓。尤其在2020年遭遇新冠肺炎疫情冲击的情况下，机器人系统集成市场或将呈现下滑态势。

但因人力成本上升、产业结构优化升级、国家政策对智能制造的大力扶持以及技术的不断创新成熟等因素，未来工业自动化程度将持续提升，工业机器人系统集成市场发展前景广阔。

首先，用工成本的提升将加速企业对自动化生产的需求。目前，国内人口红利正在逐步消失，利用廉价劳动力竞争的模式将逐渐改变。在此背景下，机器替代人工将成为长期的发展趋势，未来企业对机器人系统集成的需求将持续加大。

其次，产业结构优化升级，促使企业加速自动化生产进程。在工业转型升级趋势下，技术密集型以及高端装备产业发展潜力较大。能够快速实现转型的企业将获得更多市场机会，而低效率、高污染等传统企业将面临出局风

机器人产业蓝皮书

险。激烈的市场竞争将促使企业加速自动化生产进程，通过运用自动化等装备来提升产品一致性及生产效率，进而提高市场竞争力。在这个过程中，机器人系统集成将迎来快速发展。

同时，国家政策支持智能装备制造业做大做强，为系统集成发展提供良好环境。《智能制造发展规划（2016—2020年）》明确"十三五"期间数字化车间/智能工厂普及率超过20%，企业运营成本、产品研制周期和产品不良品率大幅度降低等发展目标。国家相关政策有力地促进了机器人系统集成企业的发展壮大，并有效地培育了用户市场，将长期利好机器人系统集成市场的发展。

伴随5G、工业互联网和工业大数据等技术的应用，未来工业机器人的应用难度将大幅降低，其应用场景将不断拓展与深化，系统集成在各行业中的渗透将逐年加快。

二 系统集成市场规模分析

（一）中国工业机器人系统集成市场规模

2019年，受汽车、3C电子等主要行业投资大幅度下滑的影响，中国工业机器人系统集成市场增速放缓。MIR预测，2020年受新冠肺炎疫情影响，中国工业机器人系统集成市场规模或将首次出现负增长（见图3）。但因市场需求的逐步释放、政府相关引导政策的发布，2021年开始工业机器人系统集成市场将逐渐回暖。

（二）中国工业机器人系统集成市场规模内外资占比

1. 从行业定位角度看

2019年，汽车整车和仓储物流行业主要以外资集成商为主，本土集成商也在不断渗透。其他如光伏、锂电池、金属加工、医疗用品和家用电器等行业系统集成市场空间相对较小，且门槛不高、竞争较为激烈，外资集成

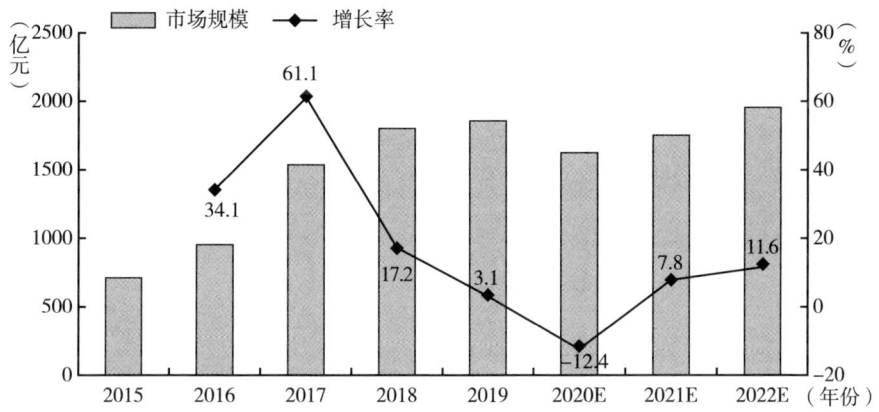

图3　2015~2022年中国工业机器人系统集成市场规模及增长率

资料来源：MIR DATABANK。

商较少涉及，由国产厂商主导。未来随着高端装备领域国产化需求增加以及本土集成企业技术实力的不断提升，本土系统集成商基于本地化优势将大有可为。

从汽车整车行业来看，外资集成商在整车制造四大工艺环节（冲压、焊装、涂装、总装）中占据主导地位，国内集成商因低价策略等因素，从焊装环节突破并逐渐形成规模。

从仓储物流行业来看，市场早期需求主要来自超大型企业，如汽车、石油化工及冷链等高端市场，欧美、日本拥有世界最先进的物流系统技术与装备，长期占据着高端市场，本土集成商正在不断渗透中低端市场。

从汽车电子行业来看，市场目前以中低端集成应用为主，高端应用相对少。中高端市场主要被欧美系统集成商占据，本土集成商则集中于低端市场，逐渐向中高端市场发力。

从汽车零部件行业来看，外资集成商一开始主要集中于汽车整车领域，汽车零部件涉及较少。市场目前以本土厂商为主，外资集成商也开始向汽车零部件市场发力。

从金属加工行业来看，细分行业非常多，多数涉及国家基础设施建设。市场目前以本土集成商为主，外资集成商主要集中在高难度的中厚板焊接上。

从电子行业来看，国内集成商凭借本土优势，在市场竞争中占据主导地位。

食品饮料、医疗用品等其他行业定制化程度高，项目规模及金额不及汽车行业。外资集成商难以全面顾及，因此在这些领域本土集成商占据主导优势（见图4）。

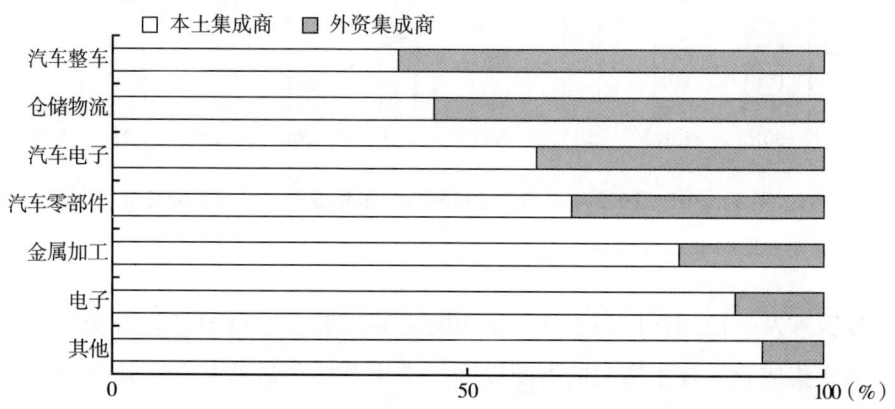

图4　2019年机器人系统集成市场规模内外资占比

资料来源：MIR DATABANK。

2. 从应用工艺定位角度看

从工艺结构来看，目前本土集成商垄断低端、领先中端、逐渐渗透高端市场。本土集成商起步较晚、规模较小，自主研发及核心技术能力相对薄弱且项目经验不足，其业务往往集中在中低端应用领域，侧重于通过外购机器人等装备来实现简单工序动作的自动化。一些关键且复杂的生产工艺环节，定制化及智能化要求较高，系统集成难度大，外资集成商凭借先发优势，占据领先地位；但目前少数本土集成商也已经开始涉及高端集成应用领域，逐步实现进口替代，甚至抢占国际市场（见图5）。

搬运、码垛等低端工艺应用领域技术门槛相对较低，吸引较多企业从业，市场竞争激烈。在该领域，本土集成商占据绝对主导，外资集成商很少涉及，只是偶尔会在一些项目中涉及部分低端工艺集成。

焊接、检测等中端工艺应用领域对技术能力有一定要求，越来越多本土

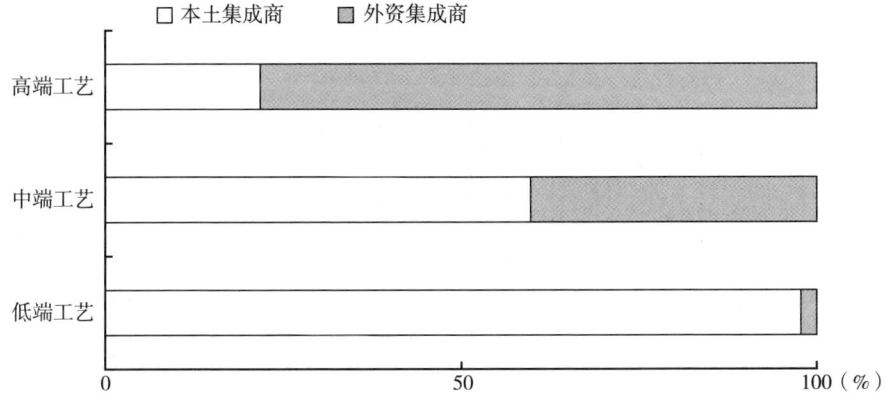

图5　本土和外资集成商在不同等级工艺上的分布

资料来源：MIR DATABANK。

集成商不断从低附加值应用领域向该领域渗透，实现转型并占据优势。

　　喷涂、装配等高端工艺应用领域，进入门槛较高，目前仍然是外资集成商占据主导地位；本土集成商也在针对这一领域进行突破并开始占据一席之地。

（三）中国工业机器人系统集成市场规模细分行业情况

1. 电子行业系统集成市场分析

　　面临电子行业创新乏力、用户需求日趋饱和以及贸易摩擦的影响，2019年国内电子行业系统集成市场规模出现下滑。受疫情影响，2020年电子行业系统集成市场规模降幅将进一步扩大。但在5G技术发展带动下，预计中国电子行业系统集成市场规模将在2021年回归正增长（见图6）。

　　目前国内电子行业工业机器人系统集成市场发展现状如下。

　　第一，国内电子行业集成商数量众多但多数规模较小，市场集中度低。龙头企业与终端用户绑定并逐渐形成"苹果系""华为系"格局，近年来本土中小型集成商受终端用户扶持逐渐崭露头角。

　　第二，由于技术更新快且生产工艺精细复杂、柔性化程度高，要求系统集成商具备较强的技术方案能力并针对多变复杂的需求快速响应。目前行业整体自动化率偏低，尤其是后段组装环节缺乏成熟系统集成方案，改造需求

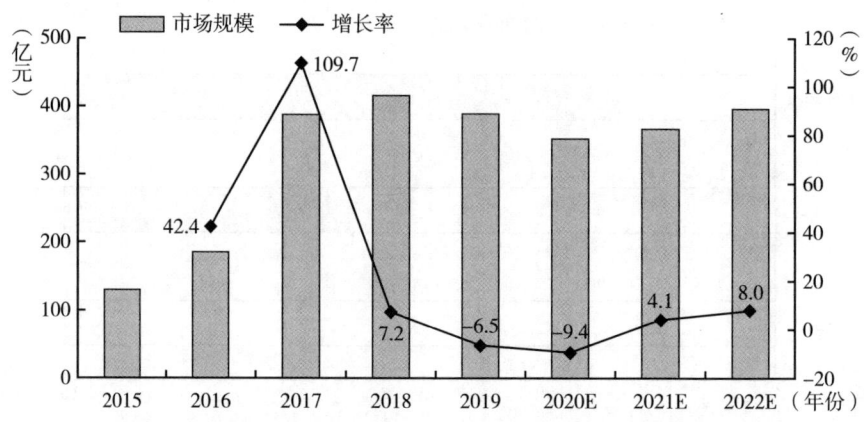

图6　2015～2022年中国电子行业系统集成市场规模及增长率

资料来源：MIR DATABANK。

空间大。

第三，终端用户对于自动化设备交期、集成项目性价比、投资回报期、应用效果、服务等要求较高。

第四，终端用户有较强的设备导入主导权和议价权，导致系统集成利润被压缩。

未来国内电子行业工业机器人系统集成发展方向如下。

第一，电子行业产品更新快、创新能力强，新兴的细分行业不断涌现，技术更新变化快。目前电子行业虽进入存量时代，但随着智能穿戴、新型小家电等新技术的发展以及5G基站、AR/VR等细分行业的变革，未来系统集成仍有较大发展空间。

第二，小批量、多品种的柔性化生产渐成趋势。随着消费升级带来的多样化需求，将有越来越多经济规模不足的小批量定制化电子产品需求增长，需要系统集成商更加灵活，以适时满足需求。

第三，本土系统集成商大有可为。在贸易摩擦及中国大陆人口红利逐渐消失的背景下，外资电子代工厂有外迁趋势；而国内优秀电子企业如华为、OPPO、vivo、小米等加速崛起，本土电子企业将加大对本土系统集成商的扶持力度。本土系统集成企业有望抓住发展机遇，赢得更多市场份额。

2. 汽车整车行业系统集成市场分析

受汽车基数及宏观经济影响，2019 年中国汽车产销量出现下滑，国内汽车整车系统集成市场增速也呈现大幅放缓态势。从供给端和需求端来看，疫情将对 2020 年全年汽车市场造成较大冲击。待疫情稳定后，汽车行业需求将陆续释放，且伴随着新能源汽车相关政策的刺激，预计到 2021 年汽车行业系统集成市场规模有望触底反弹，重新回归正增长（见图 7）。

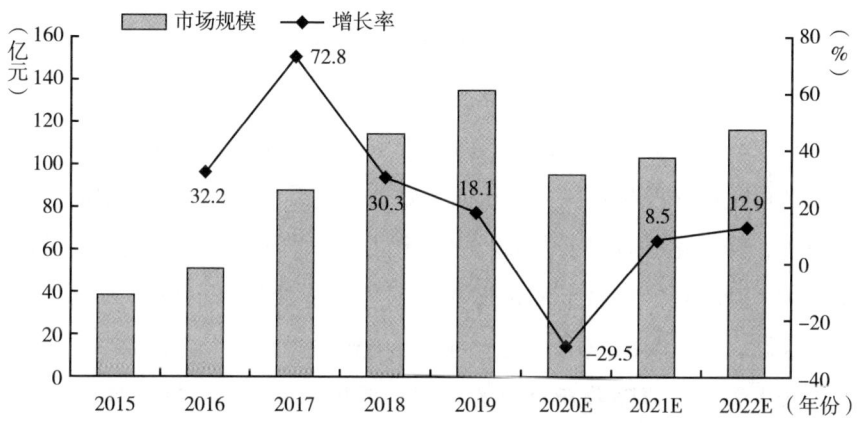

图 7 2015～2022 年中国汽车整车行业系统集成市场规模及增长率

资料来源：MIR DATABANK。

目前国内汽车整车行业工业机器人系统集成发展现状如下。

第一，汽车整车系统集成项目数量不多，但单个项目金额较大。

第二，汽车整车制造包括冲压、焊装、涂装、总装四大工艺，四大工艺在整车系统集成市场份额占比约为 25%、40%、30%、5%。汽车整车系统集成市场总体为外资集成商主导，在柔性高效冲压、高端涂装、车身整体制造装配等领域，外资品牌占据绝对优势；国内集成商从焊装环节突破、发展，占据焊接集成市场大部分份额。

第三，冲压和涂装工艺还存在技术难点，门槛较高。涂装市场表现为外资厂商杜尔一家独大，占涂装市场份额约 70%，行业集中度高，预计未来几年市场格局不会出现较大变化。

第四，焊装基本已无技术瓶颈，业务主要以价格取胜，行业利润较低，垫资风险较大。

第五，总装以人工为主，自动化程度最低。

国内汽车整车行业系统集成未来发展方向如下。

第一，生产柔性化、智能化。受车型更新换代频率加快及混线生产需求的影响，汽车制造将向柔性化、智能化方向发展，以实现不同规模及品种汽车生产的任意切换，既符合大规模自动化批量生产需求，又能满足小批量、多品种的个性化定制需求。汽车的柔性及智能制造需求将促进系统集成业务的增长，不仅要求系统集成商开展生产计划排程系统、柔性控制及测量系统、柔性工装夹具等研发工作，同时要求系统集成商具备将方案模块化、标准化以及可复制化的技术能力，从而更好地推进柔性化、智能化制造。

第二，轻量化材质需求带来新的技术课题。伴随着新能源汽车轻量化的需求加大，新材料（铝合金及超高强度钢等）连接技术已成为系统集成新的研究课题，新材料的应用对汽车制造提出新的要求，将会对生产线系统集成产生较大影响。伴随着新材料的应用，焊装线上 SPR（锁铆连接技术）、FDS（热熔自攻丝连接技术）等新技术的应用会增加，同时涂胶工位、焊枪周边设备的防磁化需求也会大幅增加，为系统集成带来新的挑战。

3. 金属加工行业系统集成市场分析

由于金属加工下游细分行业众多，且多数与国家基础设施建设相关，行业整体表现较为稳定，2019 年金属加工行业仍保持较高速度增长。2020 年金属加工行业系统集成市场受到一定程度的疫情冲击（见图 8），但从长期来看，随着金属加工下游主要行业——工程机械行业逐步开始实现自动化，其他细分行业也在逐渐加大对自动化的投资，金属加工行业系统集成市场前景广阔。

目前国内金属加工行业工业机器人系统集成发展现状如下。

第一，金属加工涉及细分行业众多，其中工程机械占比最大，其次为机械加工、轨道交通和船舶，其他行业占比相对较少。金属加工系统集成主要包括机床上下料、弧焊等应用，其中弧焊以中厚板焊接为主。

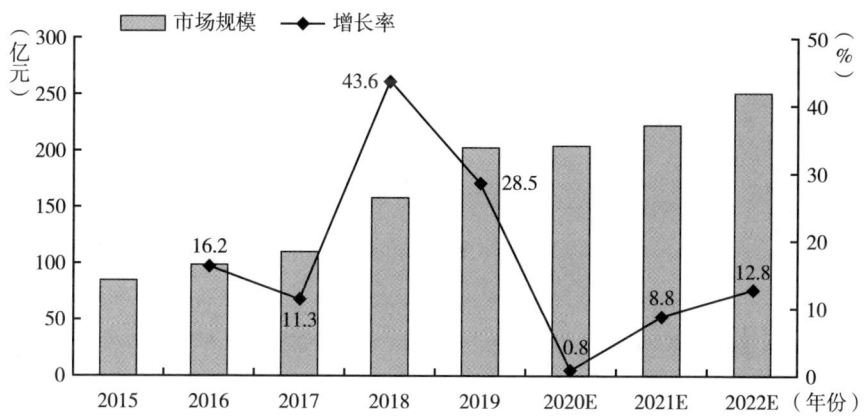

图8　2015～2022年金属加工行业系统集成市场规模及增长率

资料来源：MIR DATABAN。

第二，系统集成企业以国产为主，但规模企业较少，市场集中度很低。系统集成商面临焊接技术人才断层的压力，存在无法解决偏焊的问题。很多机械加工客户对金属焊接精度要求提高，系统集成商需在解决方案中引入机器视觉。

未来的国内金属加工行业系统集成，中厚板焊接、特种材料焊接需求将持续增加。伴随近几年工程机械行业快速发展，产品生产模式将向智能化、标准化方向发展，且随着国家对航空航天等高端装备制造业的支持与引导，未来中厚板及特种材料焊接市场将持续升温。

4. 仓储物流行业系统集成市场分析

近几年，受电商行业带动，仓储物流行业系统集成市场规模一直保持较高速度发展（见图9）。新冠肺炎疫情为物流自动化体系带来了考验，同时使企业加快了对无人配送、无人物流的探索，促进仓储物流系统行业集成市场发展。

中国仓储物流行业工业机器人系统集成发展现状如下。

第一，欧美、日本拥有世界最先进的仓储物流系统技术与装备，在仓储物流行业占据高端市场且市场集中度较高；国内系统集成商主要占据中低端

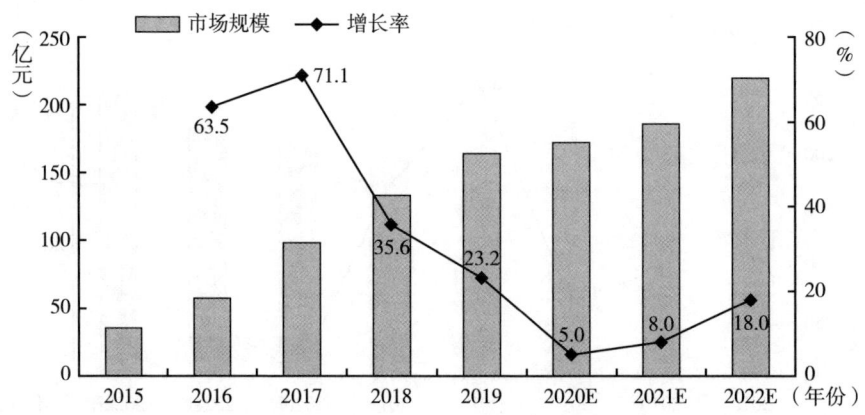

图9 2015～2022年仓储物流行业系统集成市场规模及增长率

资料来源：MIR DATABANK。

市场且市场集中度相对较低，国内设备精度、稳定性与国外还有一定差距。

第二，仓储物流主要可分为电商物流、企业内部物流以及其他物流。在物流行业系统集成市场初级阶段，需求主要来自汽车等行业的超大型企业。随着电商行业的兴起，以京东、菜鸟为代表的电商仓储物流自动化程度普遍提高。除烟草、汽车、石油化工行业外，工业生产型企业内部智能仓储物流仍处于起步阶段。

第三，仓储物流系统集成项目金额大、定制化程度高，前期投资大。

仓储物流行业系统集成发展趋势如下。

第一，电商物流市场逐渐趋于饱和，未来生产型企业内部对智能仓储物流的需求将主要带动仓储物流行业的发展。

第二，仓储物流系统集成商分两类演进路线：物流装备和物流软件。未来5G与大数据将促进行业软件系统发展，逐步走向智能化、一体化。在柔性制造需求的大背景下，企业内的物流布局规划将更加具备挑战，由于生产柔性要求高，容易出现物流混乱问题，在设计前期需要严格的物流仿真，目前各厂商都在积极突破仿真软件。

5. 汽车零部件行业系统集成市场分析

受汽车销量下滑及疫情影响，2020年汽车零部件行业系统集成市场会大幅下滑（见图10）。长期来看，受汽车"新四化"趋势的带动，汽车零部件行业面临新的技术革新，行业系统集成市场规模依然向好。

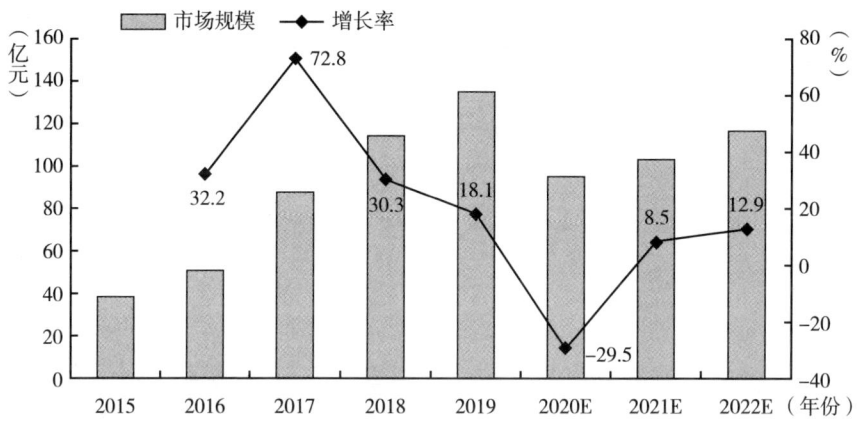

图10　2015～2022年汽车零部件行业系统集成市场规模及增长率

资料来源：MIR DATABANK。

国内汽车零部件行业系统集成发展现状如下。

第一，早期外资集成商主要涉及整车市场，对汽车零部件关注不够。本土企业在成本、渠道、技术和工艺理解、服务等方面占据优势，市场份额领先。目前外资集成商在该市场也开始发力。

第二，由于涉及细分行业多，且下游工艺和客户群体差异较大，汽车零部件行业系统集成商数量众多，但市场集中度较低。此外，汽车零部件行业系统集成区域性特征明显，主要聚集在华东和华南地区。

第三，汽车零部件行业下游应用以焊接为主，技术壁垒相对较高；行业对系统集成商资质要求很高，系统集成商进入较难。

汽车零部件行业系统集成发展趋势如下，即在汽车轻量化发展趋势下，未来发动机动力总成需求会逐渐减少，取而代之的是动力电池总成。此外，在车身等部位将采用更多超高强度钢和铝合金等新材料，汽车零部件如A柱、B柱、地板通道、侧防撞钢梁、座椅、仪表盘支架等部位轻型零部件所占比例将会越来越高。新材料的连接工艺如焊接、铆接等技术为系统集成商

带来新的挑战。

6. 锂电行业系统集成市场分析

受新能源汽车及3C电子行业经济下行的影响，近两年锂电行业系统集成市场增速放缓。未来随着新能源汽车市占率的不断提高以及5G技术发展普及带来的"新换机潮"的出现，锂电行业系统集成市场规模将保持较稳定的增长（见图11）。

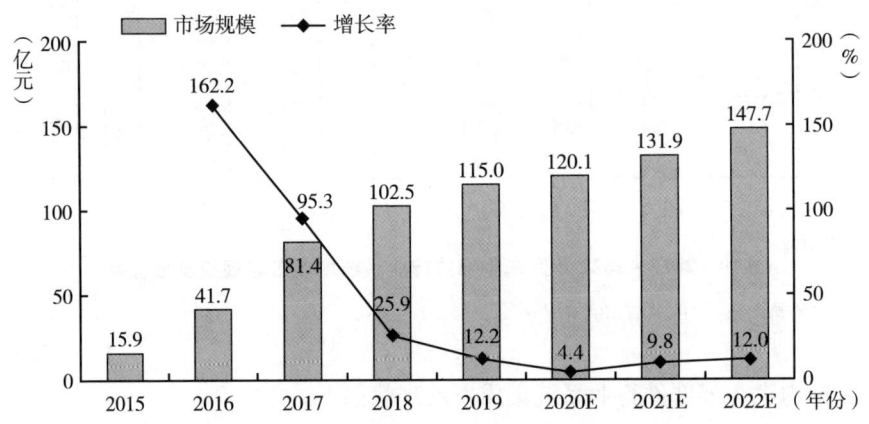

图11　2015～2022年锂电行业系统集成市场规模及增长率

资料来源：MIR DATABANK。

国内锂电行业工业机器人系统集成发展现状如下。

第一，锂电行业系统集成"前段—中段—后段"工艺各环节竞争格局存在差异。前段设备核心技术尚不自主，以外资为主；中后段基本实现国产化，市场集中度较高。

第二，出于对电池安全性和能量密度考虑以及生产线高效生产要求，后段自动化组装及检测集成仍有较大市场空间。

第三，锂电池厂商不断降低成本，进而压缩系统集成商盈利空间，内资企业目前出现以低价取胜的市场竞争局面。

锂电行业工业机器人系统集成发展趋势如下。

第一，降本增效背景下，系统集成模式逐渐由单机销售向整段集成、一体化整线集成方向发展，行业横向整合加速。

第二，CTP电池、刀片电池技术为锂电行业系统集成带来机遇与挑战。为了将电芯的容量做得更大，进而提升封装效率和电池能量密度，CTP电池、刀片电池等新技术应运而生。新技术带来了电芯制造工艺变化及难度提升，宽幅涂布机、高速高精度分切、卷绕、叠片等设备需求增加。随着新技术的突破与成熟，未来动力电池产业链将发生变化，自动化改造市场空间较大。

第三，随着消费电池、动力电池市场增速放缓，近年来二轮车锂电池、储能电池市场投资加速。伴随着外卖、快递、共享单车/电动车等行业的兴起以及二轮车"铅改锂"进程的加速，锂电龙头企业如CATL、ATI、比亚迪等纷纷加大对二轮车锂电池的生产投资。储能电池受风能、光能、5G基站等行业的带动，投资热情依然旺盛。未来二轮车、储能电池行业系统集成仍有较大市场空间。

7. 光伏行业系统集成市场分析

受2018年531光伏新政和2020年新冠肺炎疫情的影响，光伏行业发展受到一定的阻力，光伏行业系统集成市场规模发展较为缓慢。预计在2021～2022年，随着电池片、组件新技术的发展与成熟，光伏行业系统集成市场规模将再次进入快速发展阶段（见图12）。

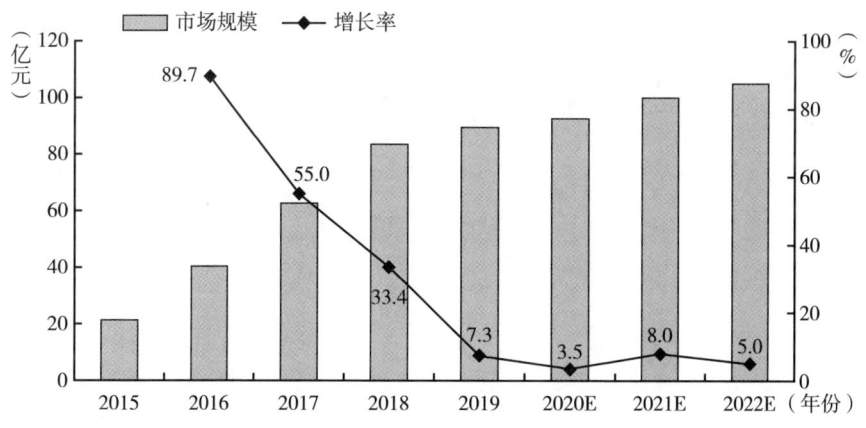

图12 2015～2022年光伏行业系统集成市场规模及增长率

资料来源：MIR DATABANK。

国内光伏行业工业机器人系统集成现状如下。

第一，机器人系统集成主要集中于组件市场，市场集中程度较高，以本土集成商为主。但本土集成商在高效光伏工艺设备及方案、信息化方面和外资仍有差距。

第二，组件系统集成门槛较低且议价能力弱、净利润较低。目前市场竞争较为激烈，本土厂商以低价取胜。

第三，为提升利润，组件系统集成商向上游拓展，进入电池片系统集成领域。

第四，系统集成商回款困难，回款周期大多在半年以上。

光伏行业系统集成发展趋势为，随着双面、半片、拼片、叠瓦等高效密排技术的发展，未来光伏行业对高速叠片、快速串焊等系统集成方案的需求会增加。

8. 汽车电子行业系统集成市场分析

受汽车销量下滑及疫情的影响，2020 年汽车电子行业系统集成市场规模将会大幅下滑（见图 13）。长期来看，受汽车"新四化"趋势的带动，汽车电子行业面临新的技术革新，产品品类将更加丰富，行业系统集成市场规模长期依然向好。

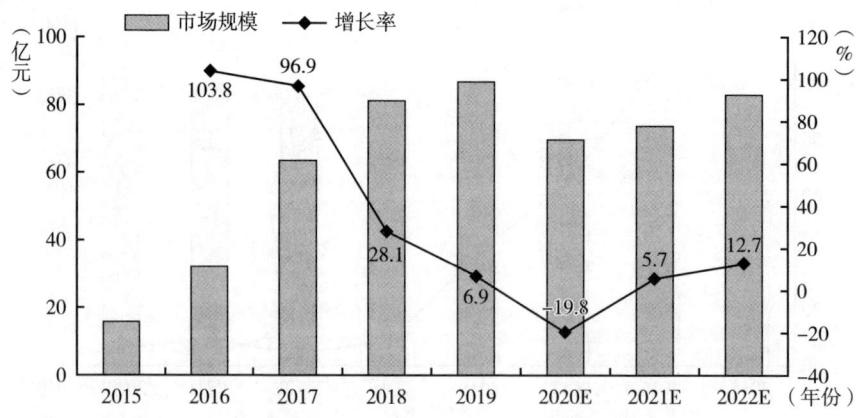

图 13 2015~2022 年汽车电子行业系统集成市场规模及增长率

资料来源：MIR DATABANK。

汽车电子行业工业机器人系统集成现状如下。

第一，汽车电子行业集成属于高附加值行业，发展速度高于传统汽车零部件，系统集成利润相对其他行业较高。

第二，汽车电子行业注重安全性、可靠性，对制造工艺有着严格的技术标准与要求，系统集成进入门槛较高，项目周期较长。

第三，汽车电子行业品类较多，系统集成市场较为分散。欧美系统集成商占据汽车电子行业大部分中高端市场，先发优势明显；本土系统集成商主要面向中低端市场。

汽车电子行业系统集成发展趋势如下。

第一，汽车"新四化"（即电动化、智能化、网联化、共享化）趋势将为汽车电子行业带来高速发展机会。为实现"新四化"需求，汽车中安装的电子产品种类和数量快速增加，高增长态势的汽车电子行业为汽车电子系统集成带来高速发展机会。

第二，汽车市场结构性变动带来了汽车电子需求增加。尽管汽车整体行业增长放缓，行业景气度下降，但是豪华汽车及新能源汽车细分市场仍将保持较快增长态势。中高档汽车、新能源汽车中，汽车电子的应用范围更广，将带来更多汽车电子集成市场需求。如特斯拉的销售量快速提升以及其在行业的示范效应，带动汽车电子产品应用大比例的提升。

第三，智能驾驶技术为汽车电子行业带来新助力。随着智能驾驶技术的发展，越来越多的汽车开始搭载无线通信模块、摄像头等电子产品，利用网联技术，实现人、车、基础设施、互联网的互联互通，将为汽车电子系统集成行业带来发展机遇。

第四，汽车电子产品自动化、智能化及柔性化的制造需求驱动系统集成行业发展。汽车电子产品种类越来越多，新车上市周期不断缩短、功能升级速度加快，倒逼汽车电子行业加快新产品、新工艺的投产与上市，实施模块化、平台化、小批量、多品种的柔性生产。随着产品复杂度、精密度提升，生产工艺难度不断增加，对系统集成提出了更高的要求。

9. 化工行业系统集成市场分析

化工行业自动化、智能化程度相对较高，发展相对稳定，面对疫情冲击后的恢复周期较短。在5G技术发展和工业4.0的大背景下，化工行业正在发展工业互联，推动设备智能化、智能工厂建设，未来化工行业系统集成市场规模将维持稳定增长（见图14）。

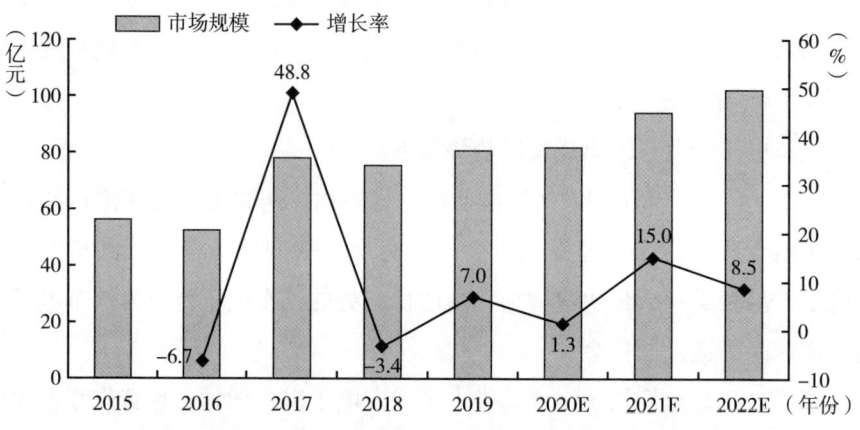

图14　2015～2022年化工行业系统集成市场规模及增长率

资料来源：MIR DATABANK。

化工行业工业机器人系统集成现状如下。

第一，化工行业属于非人员密集型行业，自动化程度相对较高。

第二，化工行业众多细分市场中石化行业占比最大。石化行业、橡胶、塑料系统集成的市场集中度较高；化妆品、日用品以及玩具系统集成的市场集中度相对较低。

第三，化工行业以包装码垛、搬运以及简单的装配集成为主，技术难度不高，目前没有明显技术痛点，以本土系统集成商为主。

第四，虽然化工行业整体的自动化技术门槛相对较低，但由于石化行业客户主要以国企、央企为主，客户关系比较紧密，系统集成市场相对封闭，行业整体利润水平较高。

10. 家用电器行业系统集成市场分析

2017年家用电器市场增速达到了高峰，自动化导入也达到了饱和。由于产品成熟，更新迭代慢，市场不会出现大规模投资，加上家电出口受到疫情较大冲击，2020年家用电器行业系统集成市场规模会呈现较大幅度下滑（见图15）。

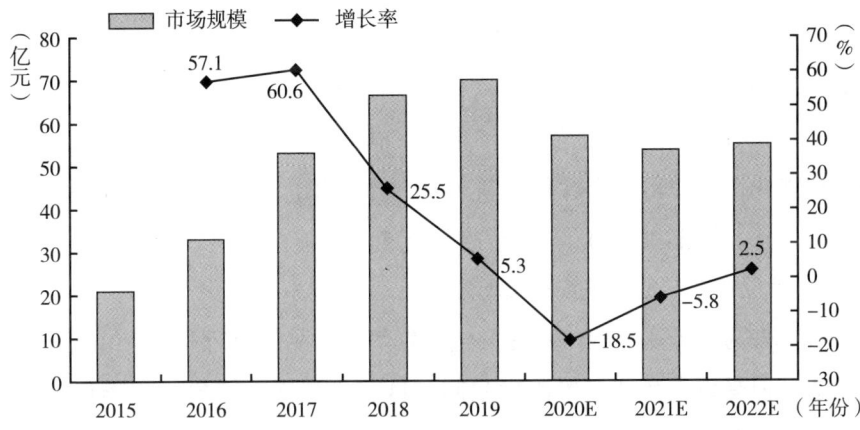

图15　2015～2022年家用电器行业系统集成市场规模及增长率

资料来源：MIR DATABANK。

家用电器行业工业机器人系统集成现状如下。

第一，目前家用电器市场有两大系统集成阵营：一是家电厂商本身，如格力、美的、海尔和长虹等自主经营的智能装备集成公司；二是专注家电领域的系统集成商。从市场份额上看，家电厂商占比较大且定位明确，主要承接整个工厂的一整套系统集成项目，再将一些项目分解并分包给专门的系统集成商去做。

第二，家用电器市场过于集中，对新入局者来说有较高的进入门槛。

第三，单个项目金额相对较小，集成商难以放量。

第四，生产工艺相对简单，技术门槛不高，系统集成主要以打螺丝、注塑上下料、搬运码垛为主。前端冲压、焊接、注塑等环节自动化水平相对较高，但由于产品型号种类多、来料不标准，中后段工艺环节的自动化水平相对偏低。

第五，终端用户话语权较强，对系统集成商控制力强。

家用电器行业系统集成发展趋势如下。

第一，未来家用电器行业系统集成将由简单的工艺应用转向更为复杂的工艺自动化，如曲面涂胶、FPC 插拔测试等。

第二，目前家电市场主要以传统白色家电为主，传统家电虽然增长乏力，新型小家电市场却需求旺盛。在消费升级背景下，厨用小家电、美容健身类小家电、健康类除菌抗菌小家电等需求日益增多，未来新型小家电系统集成市场空间广阔。

第三，智能家电的发展趋势将使得家电生产制造会越来越细分化、定制化、智能化，用户可以个性化定制产品，会为家电的制造工艺提出更高的要求，柔性化、智能制造将是未来的生产趋势。

11. 食品饮料行业系统集成市场分析

近年来为降低用人成本且提升生产效率，食品饮料行业在持续进行自动化改造，但受成本和技术等因素限制，目前机器人系统集成市场规模并不大。未来随着人工成本的不断上涨以及机器人技术方案的创新与成熟，食品饮料行业系统集成市场规模将会持续稳定增长（见图16）。

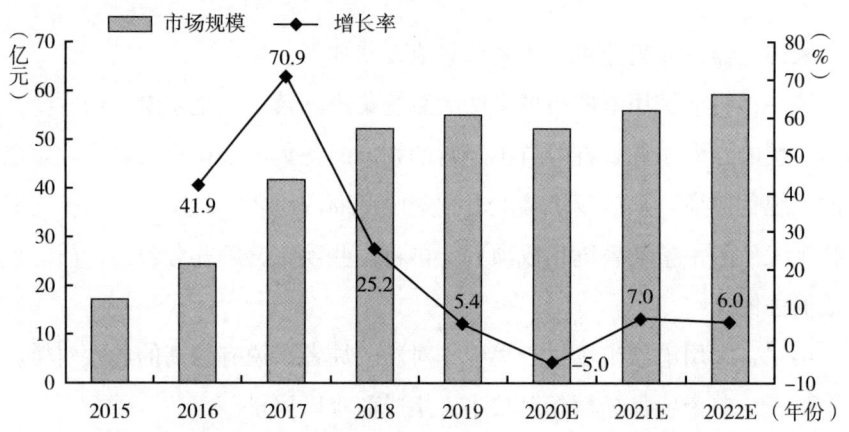

图 16　2015～2022 年食品饮料行业系统集成市场规模及增长率

资料来源：MIR DATABANK。

国内食品饮料行业工业机器人系统集成现状如下。

第一，规模企业数量较少，市场集中。大客户与龙头集成企业关系绑定紧密。

第二，食品饮料行业机器人系统集成主要集中在后段包装线，以搬运、码垛、分拣为主，应用相对简单。而包装入盒环节目前难以引入机器人系统集成方案，原因在于包装材料种类丰富、形状尺寸不一、包装顺序也不相同，柔性化程度较高，很难达成统一的标准。

12. 医疗用品行业系统集成市场分析

近几年医疗用品行业系统集成市场发展较为快速，受疫情影响，医疗用品的生产、配送、药品试剂检测分析等相关环节均将加速无人化的进程，未来几年医疗用品行业系统集成市场规模仍将保持较快发展水平（见图17）。

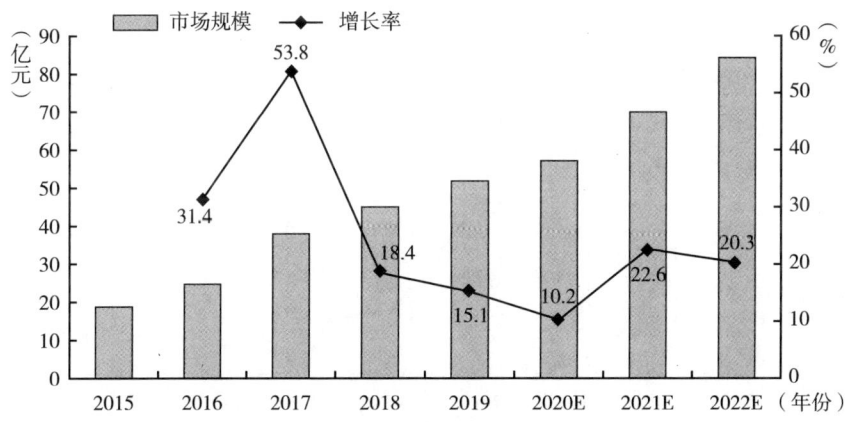

图17　2015～2022 年医疗用品行业系统集成市场规模及增长率

资料来源：MIR DATABANK。

医疗用品行业工业机器人系统集成现状如下。

第一，从细分行业看，医疗药品行业自动化程度最高。医疗耗材和医疗器械的自动化生产仍处于早期阶段，以人工、单机和连线机为主。

第二，医疗用品行业对环境要求非常高，尤其是无菌化环境。目前系统集成主要集中在后段，如包装、搬运、码垛等环节，被本土集成龙头企业垄断，市场集中度非常高。

医疗用品行业系统集成发展趋势如下。

第一，医疗用品行业市场空间大，但机器人系统集成仍处于初步阶段，未来系统集成会逐渐向其他应用扩展，如理料、填料、组装、检测等环节。

第二，在疫情的推动下，除医疗药品外，医疗器械尤其是医疗电子器械（电子血压计、耳温枪等）和医疗耗材（口罩、一次性手套等）的机器人自动化需求将逐渐增多。

13. 教育行业系统集成市场分析

教育行业受疫情影响较大，2020 年教育行业系统集成市场规模大幅下滑。长期来看，教育行业系统集成市场需求较为稳定，但市场空间相对有限，预计整体会延续缓慢增长趋势（见图18）。

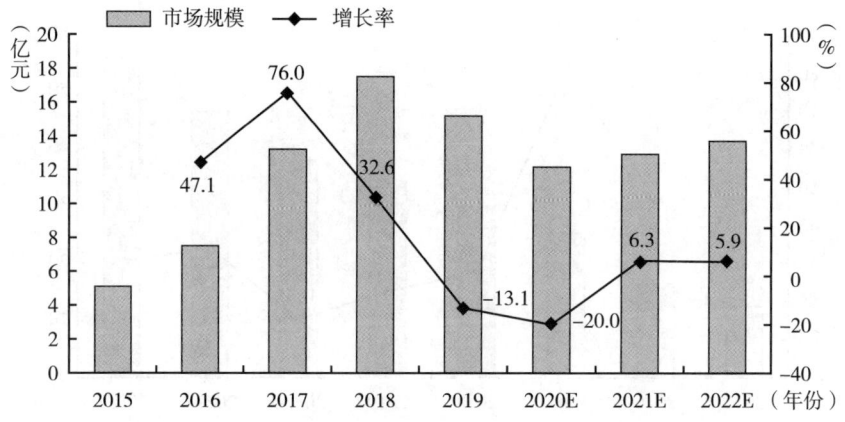

图18　2015～2022 年教育行业系统集成市场规模及增长率

资料来源：MIR DATABANK。

教育行业工业机器人系统集成发展现状如下。

第一，本土系统集成商占绝对优势，项目开拓主要依靠与高校、科研院所等机构的商务关系，外资企业难进入。

第二，系统集成项目工艺技术难度较低，客户更关注系统集成商编写教程及提供课程设计的能力，而非硬件参数和价格。

第三，受科研项目审批特殊性的影响，项目周期一般会比较长。招标流程较为复杂，会涉及多次选拔。

教育行业系统集成发展趋势为，企业对智能制造人才的需求日益突出。从中央到地方，均加大了对职业教育的投入，如国务院及各部委出台了多项鼓励发展职业教育的文件，将促进教育系统集成市场的发展。

14.半导体行业系统集成市场分析

2020年，在宏观经济环境和疫情的共同影响下，半导体行业系统集成市场出现负增长。随着国家的支持与引导、芯片的国产化进程加速以及人工智能等新兴产业对半导体需求的增长，未来半导体行业系统集成市场规模将保持较高增长速度（见图19）。

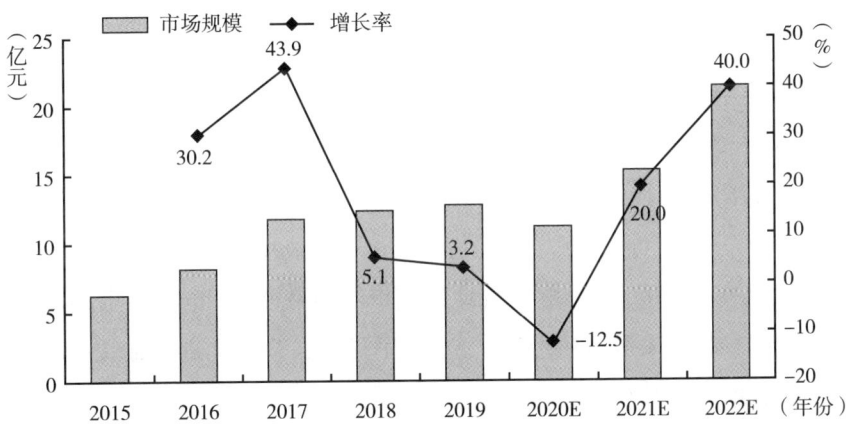

图19　2015~2022年半导体行业系统集成市场规模及增长率

资料来源：MIR DATABANK。

半导体行业工业机器人系统集成发展现状如下。

第一，半导体行业机器人系统集成市场较为分散，集成商规模较小。

第二，目前工厂内各工序阶段主要以集中生产的方式为主，涉及大型设备较多，且由于各工艺环节对环境条件要求不同，将各工艺段驳接形成一体化流水线难度较大。

第三，前段生产自动化水平较高，中、后段半导体封装测试段生产线自动化水平较低，以半自动化为主。工序之间的物料搬运转移以人工为主。

第四，目前半导体行业对成本控制要求高，不会轻易改造生产线，新建

生产线一般也只会在局部导入自动化,如在 SMT 工艺环节导入传送带和机器人来取代人工搬运和上下料。

半导体行业系统集成发展趋势如下。

第一,近两年半导体行业将以提高局部生产线自动化为主,逐步提升整体自动化水平。

第二,未来半导体行业实现全自动化生产是必然趋势,在工业 4.0 及 5G 的大背景下,国内封装测试厂正不断提高生产设备及生产线的自动化及智能化水平,未来系统集成市场增长形势比较乐观。

(四)中国工业机器人系统集成市场规模应用领域占比

2019 年中国工业机器人系统集成在搬运领域市场份额有所提升,焊接、装配、喷涂、物料加工领域市场份额小幅度下滑(见图 20)。搬运领域市场份额提升主要得益于一般工业需求增长,包括光伏、锂电、食品饮料和医疗用品等行业。焊接和喷涂领域市场份额受汽车行业持续不景气的影响出现下滑。装配领域主要用于 3C 电子行业,其市场份额受 3C 电子行业需求下滑影响而减少。打磨领域市场份额受 3C 电子行业去金属化进程加快、汽车行业发动机打磨需求减少等影响,也出现下滑。

1. 搬运上下料领域市场份额增加,行业应用领域进一步拓宽

第一,金属加工、机床上下料、钣金冲压锻造等上下料应用增长。

第二,受电子、家电等行业影响,物料拾取抓取、搬运、码垛、包装、注塑上下料应用下滑。

第三,检测、测试上下料集成应用下滑,但现有检测应用主要针对尺寸、厚度等可量化参数进行检测,针对划痕、孔洞、色差、脏污等不可量化的检测方案(如 AOI 检测)突破后,有望进一步取代人工检测并带动测试上下料集成应用需求快速增长。

第四,目前不少企业在研发机器人智能识别分拣技术(如自律 Robot),利用视觉对不规则来料进行形状、颜色、角度等参数的扫描识别与判定,并通过自主学习对取放路径进行自主规划,无须对不同来料进行理料和多次示

2018年中国工业机器人系统集成市场规模（按应用领域分类）

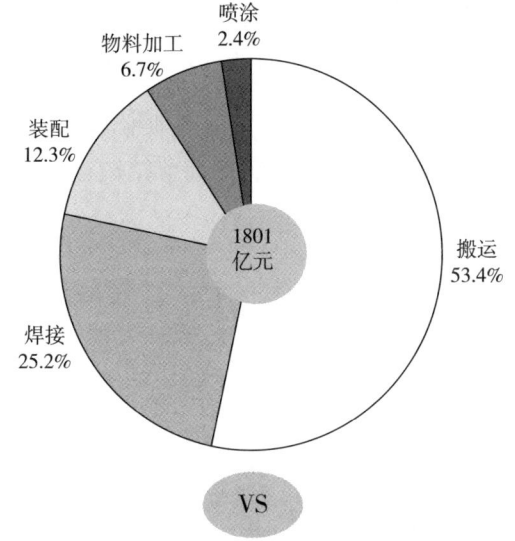

2019年中国工业机器人系统集成市场规模（按应用领域分类）

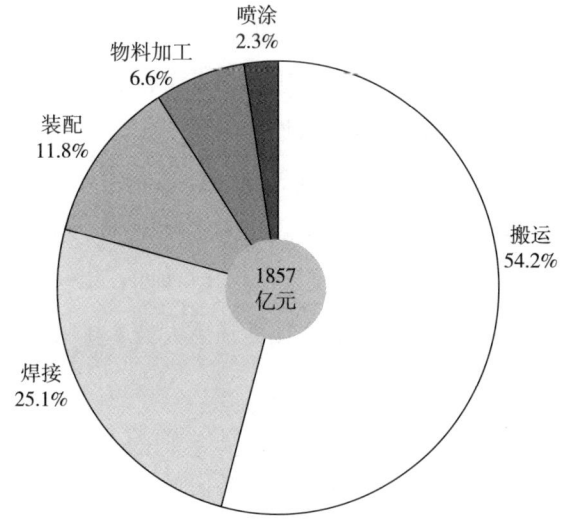

图20 2018～2019年不同应用系统集成市场对比分析

资料来源：MIR DATABANK。

教，也无须来回切换工装夹具和生产线，适用于种类多、生产周期短、柔性化要求高的产品生产，目前已在异型电子元件插件、日化溶剂瓶自动分选上

线、汽车冲压件自动整理排列、电商货品自动分拣等领域得到应用。未来智能识别分拣技术的成熟可使搬运上下料集成应用渗透到更多的领域，尤其为有智能制造、柔性化生产线需求的企业提供有效的搬运集成方案。

第五，针对一些特殊应用场景下的物料斜面取放方案、"传送带跟踪+飞拍"方案、光伏/锂电行业高速上下料的高节拍搬运方案等，待未来技术成熟后，都将促进机器人搬运上下料集成应用的进一步增长。

2. 焊接应用市场份额下滑

第一，点焊应用受汽车行业影响下滑严重。

第二，新能源汽车及汽车零部件轻量化趋势带动薄板高速焊接的需求，未来激光焊应用市场份额将迎来增长。

第三，弧焊应用集成市场份额上升，主要应用在基建、五金加工等行业。目前弧焊机器人加快向下游普及，国产厂商正在推动弧焊机器人向小企业以及三、四线城市的企业推广，2019年众多机器人本体企业均推出弧焊新品，未来弧焊应用集成市场仍有不小增长空间。

第四，锡焊市场份额受电子行业影响出现下滑，未来5G技术发展有望带动基站、天线等产品的锡焊应用增加。

第五，船舶、轨交、航天、农机等高端装备制造业发展将带动高强钢、超高强钢、复合材料等特种材料焊接应用需求的增加。在针对这些行业的大型结构件进行焊接时，考虑到材质和结构的特殊性、焊缝的复杂性以及行业高安全性要求等因素，系统集成商往往面临更大技术挑战，以保证焊接质量的稳定性并提高焊接效率。

3. 装配应用集成市场份额下滑

受汽车、电子行业影响，装配集成市场份额下滑。装配应用是机器人系统集成中技术难度较大的应用环节之一，装配应用主要集中在一些相对简单应用场景，如简单的螺丝锁付、贴标、点胶等领域。未来借助力觉及视觉传感器以及其他相关技术的发展，装配集成将扩展到更多的高端应用领域，如高精度螺丝锁付、异性插件、FPC-FFC插拔组装与测试、动态点胶等高柔性、高精度装配应用场景。

4. 喷涂、物料加工集成应用市场份额下滑

喷涂、物料加工集成技术难度较大，该领域主要以外资集成厂商为主。目前，喷涂、抛光打磨应用机器人集成市场规模较小，随着技术方案的日益成熟及成本的不断下降，以及卫浴、金属加工、轨道交通、船舶、飞机、汽车电子等市场需求的释放，喷涂、抛光打磨应用仍有较大潜力。未来，电子产品如智能手表及无线耳机曲面涂胶及表面涂层的喷涂、手机玻璃后盖打磨、刀具的打磨及搪瓷的喷釉等细分领域将为喷涂、物料加工集成带来需求的增加。

三　系统集成现存问题及对策建议

（一）国内机器人系统集成存在的问题

1. 系统集成商营收规模普遍较小，市场集中度较低

现阶段国内集成商规模都不大，MIR 数据统计，营收规模 1 亿元以下的企业占绝大部分，有近 3000 家，以本土集成商为主；营收规模超 3 亿元的企业主要集中于汽车和电子领域；营收规模超 10 亿元的企业约 50 家，主要为外资集成商。本土集成商难以规模化的主要原因是：系统集成非标属性强，难以复制，跨行业接单难；近 3000 家系统集成企业中，半数以上是近几年才成立，技术水平参差不齐，短时间内鲜有企业能快速做大规模；ABB、KUKA 等国际巨头早已将汽车等部分高端系统集成市场瓜分完毕。

2. 本土系统集成商盈利能力较弱

目前，除一些高端行业及应用外，大部分系统集成商盈利能力偏弱，尤其是一些本土系统集成商，深陷事多、利薄的产业窘境。主要原因有以下几点：系统集成商与上下游议价能力较弱，不少客户付款情况较差且验收期较长，出现系统集成商垫资困境；系统集成自主产品少，核心价值不高，进入门槛较低，竞争激烈，价格战更将系统集成商拉入阻碍发展的泥淖中；项目高定制化属性需要投入大量时间、人力等成本，且非标项目难以复制推广，进而也难通过放量来降低成本。

3. 对细分行业工艺理解不透，难以提供有竞争力的解决方案

系统集成商除了需要掌握通用技术（如机械、电气等技术）外，还需要对下游行业工艺流程及生产痛点有深入了解，为客户提供有针对性的系统集成解决方案。目前来看，很大一部分系统集成商"Know-How"能力偏弱，缺乏对底层工艺的积累，仅能满足某个单一行业工艺的应用需求，整套方案能力不强，仅能实现一些简单的搬运、码垛等中低端集成应用，难以匹配综合性较高、需要多机器人和多工序整合能力的项目需求。尤其当面临复杂、精细、高柔性的生产需求时，这类系统集成商不具备核心竞争技术，很难提供满足客户需求的方案，无法实现横向的延伸和扩展。

（二）国内机器人系统集成改进对策建议

1. 系统集成商应主动向短生命周期行业拓展

系统集成下游行业可按照产品生命周期长短进行划分。第一类为周期较长（以"年度"计量）的行业，如汽车整车、钢铁等；第二类为产品生命周期适中（以"季度"计量）的行业，如小家电、消费电池、3C 等；第三类是生命周期偏短、产线更新较快（以"月度"计量）的行业，如服装等；第四类是生命周期极短（以"周"计量）且自动化程度低、主要依靠人工的行业，如中小规模的金属加工等。[①] 其中，第一类和第二类是现有系统集成商主要的服务对象，目前其自动化改造空间在逐渐缩小。第二、第三、第四类行业由于产品生产具有小批量、多批次、换线生产频繁的属性，为自动化生产设备及产线集成方案的设计和实施带来较大难度，但未来系统集成改造空间巨大，属于蓝海市场。集成商应该主动向更短生命周期市场（如第二、第三、第四类行业）拓展，加强和终端用户的合作，将某些细分行业作为突破点，深钻行业工艺并找准行业自动化痛点和需求，有针对性地推出可复制化解决方案，打开新局面。

---

① 《协作机器人与柔性制造下短生命周期市场的共生——专访节卡机器人联合创始人王家鹏》，高工机器人网，2018 年 9 月 19 日，https：//www. gg - robot. com/asdisp2 - 65b095fb - 64957 - . html。

2. 系统集成商应专注中高端工艺，提炼出可批量化应用的核心产品

系统集成商应专注于中高端应用工艺的研究和具备代表性、可复制性方案的深钻：由利润较低、竞争激烈的低端应用领域向打磨、喷涂等中高端领域转型，并由重点行业提炼出可批量化复制与应用的通用方案及产品，以提高项目执行效率，降低项目成本，形成核心竞争力。

3. 系统集成商应避免过度依赖头部企业客户，主动关注中小企业需求

头部企业客户需求更加规模化，这是系统集成商的主要利润点，但头部企业客户对系统集成商资质、规模等要求严格，在项目价格及付款方式方面较为强势。中小企业需求多样化、更加柔性、项目难度往往也更大。系统集成商可联合中小企业主动向柔性制造场景进行技术探索，积累项目经验并实现项目落地，逐步培育用户。

4. 系统集成商应通过多种资本运作方式提升融资能力

系统集成商普遍面临业务量大、资金紧张情况，可通过多种资本运作途径（如贷款、上市等方式）缓解运营压力，帮助企业快速成长。

四　系统集成发展趋势及市场机会

（一）系统集成下游行业将会更加细分化

面临当下汽车行业不景气以及其高技术壁垒、自动化程度较高、供应商选择相对稳定、垫资额度大、建设周期长、竞争激烈等属性，未来系统集成将会由汽车向一般工业领域加快渗透，细分行业会是新的增量市场。由于系统集成下游行业众多，不同行业之间工艺壁垒较高，尤其在各行业产品制造更新加快、工艺更精细、技术要求更高的需求背景下，系统集成商需要对行业工艺有深刻的理解，以满足多变市场需求，占据竞争主导地位。因此，针对某一个或几个行业进行深耕，走差异化竞争道路，将会是系统集成企业尤其是中小企业的必然选择。此外，深耕细分行业的系统集成商，更易具备将集成方案模块化、标准化的能力，以实现项目的快速复制与推广。

（二）智慧工厂建设将加速机器人系统集成发展

《中国制造2025》明确提出推进制造过程智能化，在重点领域试点建设智慧工厂。智慧工厂通过集成、控制等手段，为制造工厂的生产全过程提供全面管控的整体解决方案，实现整个生产线流程的无缝对接，助力工厂生产的智能化、无人化建设。智慧工厂的建设将加速机器人系统集成在制造业领域的应用与推广。

（三）科创板为系统集成产业带来利好

2019年6月，科创板正式开板，为当前增速放缓的机器人产业带来利好消息，有效拓宽了企业融资渠道，吸引科技型、研发型"独角兽"企业上市。目前来看，科创板上市企业主要以系统集成商为主，主要原因包括：科创板前期受理条件相对严格，受理企业以具备一定利润规模的企业为主；而系统集成产业的规模体量、毛利率在整个机器人产业环节中最高，国内企业基于本地化优势在系统集成领域参与最多，竞争力更强，也更易放量。未来，将会有更多的系统集成企业冲击科创板，成为优先受益者。

（四）系统集成的标准化程度将持续提高

系统集成的非标定制属性较强，设备很难大规模量产，项目难以批量化复制。为满足客户差异化、个性化的项目需求，系统集成企业设计、生产、调试、交付、售后流程都比较长，占据大量资金、人力、时间成本，企业也难以投入足够精力研发新的技术与方案。目前，系统集成行业整体项目标准化程度较低，行业标准化程度的提高有利于系统集成企业扩大规模。已有部分集成商在推动机器人本体加工工艺的标准化，如联合本体企业开发工艺软件包，针对某一行业或应用打造标准化工作站，加快推进特定行业通用单元（如焊枪等）的标准化等。未来，系统集成项目的标准化程度将逐渐提高。

五　系统集成典型企业分析

本土系统集成企业可分为以下三类：第一类是以新松、埃斯顿为代表的机器人龙头企业；第二类主要为深耕细分领域的系统集成商，如翰川智能、智云股份、克来机电、格力智能等；第三类则是通过产业并购等方式的后进入者及处于孵化期的小微企业。本报告重点分析上述第二类系统集成企业。

（一）上海克来机电自动化工程股份有限公司（简称"克来机电"）

1. 企业简介

克来机电产品可分为柔性自动化生产线与工业机器人系统应用，主要应用在汽车电子等领域。2019 年，克来机电营业收入 7.96 亿元，同比增长 36.54%；净利润 1.24 亿元，同比增长 58.67%；其中，柔性自动化智能装备与工业机器人系统业务实现收入 3.91 亿元，汽车发动机配套零部件业务实现收入 4.05 亿元。

2. 企业优势分析

（1）核心技术优势

克来机电深耕汽车电子行业，积累相关核心产品及技术，如汽车电子装备专用高精度电流/电压源数据卡等，其测控技术在国内汽车电子领域领先。

（2）上下游平台协同优势

克来机电收购上海众源，进入发动机及其零配件装备领域，完善产业链布局，拓宽应用市场。

（二）广州瑞松智能科技股份有限公司（简称"瑞松科技"）

1. 企业简介

瑞松科技产品包括机器人自动化生产线、机器人工作站等，可应用于汽车、3C 电子等行业。

2019 年，在国内宏观经济增速放缓和汽车制造行业增速下滑的背景下，

瑞松科技加大研发及市场开拓力度，企业经营状况稳定，营业收入73071万元，同比减少0.77%。

2. 企业优势分析

（1）核心技术优势

瑞松科技在汽车行业积累了大量先进工艺技术和应用案例，主要核心技术包括自动化系统集成控制技术等。

（2）提供整体技术解决方案优势

瑞松科技深耕汽车行业，能够为客户提供涵盖产线设计、系统集成、制造、安装调试及交付在内的整体技术解决方案，满足客户的全方位需求，提供交钥匙服务。

（三）深圳科瑞技术股份有限公司（简称"深圳科瑞"）

1. 企业简介

深圳科瑞产品包括自动化检测设备和自动化装配设备等，可应用于移动终端、新能源等行业。

2019年，深圳科瑞营业收入18.72亿元，较上年下降2.97%。

2. 企业优势分析

（1）研发和技术优势

深圳科瑞掌握机器视觉与光学等领域技术，其机器视觉及图像处理等技术处于行业领先水平。

（2）国际化优势

深圳科瑞着眼全球化布局，在泰国等地设立了分支机构并采取本土化经营模式，以及时了解市场并提供相应产品与服务。

（四）江苏北人机器人系统股份有限公司（简称"江苏北人"）

1. 企业简介

江苏北人聚焦汽车零部件行业，主要产品为焊接用工业机器人系统集成、非焊接用工业机器人系统集成以及工装夹具，其中焊接用工业机器人系统集成占总营收 88% 左右，包括柔性自动化焊接生产线等。江苏北人于 2019 年 12 月登录上海证券交易所科创板。

2019 年，江苏北人营收稳定增长，达 4.76 亿元，同比增长 15.45%。

2. 企业优势分析

（1）聚焦汽车零部件及高端装备制造业焊接领域

江苏北人依靠汽车零部件焊接集成业务起步，在汽车金属零部件柔性自动化焊接领域竞争优势突出，并拓展航空航天等高端装备制造领域业务。

（2）多项核心技术优势

江苏北人具备生产过程智能化等多项核心技术，为企业业务拓展及市场竞争奠定有利基础。

专题篇

Special Topics

B.6
中国机器人产业区域发展报告
（2020~2021）

——集群辐射作用突出，聚集与协同效应初显

曹 园 鲁远航*

摘 要： 本报告主要通过分析七大主要机器人聚集区域的机器人生产
要素、市场需求要素、技术竞争力要素、企业竞争力要素和
政策要素5个维度，阐述了机器人在产业区域的发展现状、
现存问题及应对措施，并分析了机器人发展典型区域各要素
的现状及趋势，最后举例分析区域较为典型的产业园情况。
根据以上内容的调研分析得出，中国各区域的机器人发展集

* 曹园，高级工程师，众诚智库副总裁、科技交流中心总经理，主要研究方向为信息与通信技
术应用推广和产业融合研究；鲁远航，中级工程师，众诚智库科技交流中心项目总监，主要
研究方向为机器人与人工智能的产业与应用。

群辐射作用突出，产业处于高质量发展的升级阶段，产业人才培育提速，产业聚集与协同效应初步显现。但各区域间仍存在定位不清晰、产品缺乏核心竞争力、核心技术仍未突破等难题与瓶颈，未来区域机器人产业发展仍需采取培育龙头企业、推动区域产业创新融合、加强各区域独角兽企业成长、共建共享产业生态等措施，以促进区域间协同发展，综合提升国内机器人产业发展水平及质量。

关键词： 机器人产业　核心竞争力　产业竞争理论

一　机器人产业区域发展现状

根据中国行政区位划分方式，并结合近年来中国机器人产业的发展现状和重要集群的地理布局，本报告将机器人产业区域划分为京津冀地区、长三角地区、粤港澳大湾区、东北地区、中部地区、西南地区、西北地区。长三角地区工业基础较好，机器人产业形成了以上海等地为代表的产业集群。粤港澳大湾区具有深厚的制造业基础，以广州等地为代表的产业集群具有较强的创新能力。京津冀地区在政策引导下，形成了以北京、天津、河北为代表的机器人产业集群，打造"京津研发河北生产转化"的协同局面。东北地区具有良好的制造业发展基础，近年来在"东北振兴"的国家号召下，以机器人为代表的新兴高端制造业已经成为东北在未来经济转型升级的关键驱动力，目前已在哈尔滨、沈阳、抚顺等地孕育了国内领先的机器人领军企业。中部地区机器人产业起步相对较晚，凭借区位等优势在洛阳等地形成了产业集群。西南地区在重庆等地布局机器人产业园，西北地区在银川、兰州等地培育本土机器人企业，并吸引外部集团企业布局区域分公司，但总体规模和体量相对较小，集聚效应尚未形成。

机器人产业主要聚集区域及城市如表1所示。本报告分析的机器人产业范围包括工业机器人及服务机器人。

表 1　中国机器人产业发展主要聚集区域及城市

序号	区域	主要代表城市
1	京津冀地区	北京、天津、香河、唐山
2	长三角地区	上海、昆山、无锡、南京、常州、芜湖
3	粤港澳大湾区	珠海、广州、香港、澳门、佛山、深圳
4	东北地区	沈阳、哈尔滨、长春、抚顺
5	中部地区	洛阳、武汉、长沙
6	西北地区	西安、银川、兰州
7	西南地区	成都、重庆、柳州

资料来源：作者根据公开资料整理。

（一）政策与市场双轮驱动各区域机器人产业发展

1. 各区域高度重视机器人产业发展，机器人将成为未来综合竞争力的重要标杆

机器人产业的发展受到各个地区的高度重视，机器人的发展程度是未来综合竞争力的重要标杆之一。在国家发布相关支持政策后，各区域出台相应扶持政策，从市场、税收等方面给予产业支撑，截至 2019 年 12 月，北京、天津、河北、广东、辽宁、上海、江西、重庆、浙江、江苏、安徽、湖南、湖北 13 个省市制定出台了机器人产业发展规划，14 个地级市发布鼓励建设机器人研发机构等相关文件。

2. 汽车、3C 电子及新兴市场需求拉动区域机器人产业增长

目前，汽车、3C 电子行业是机器人的主要应用市场。在汽车行业，长三角地区、东北地区、京津冀地区及西南地区引领机器人应用需求提升，中汽协数据显示，2019 年 12 月国内汽车产量 268.3 万辆，同比增长 8.1%。在 3C 电子行业，长三角地区、粤港澳大湾区、中部地区引领机器人需求增量，随着 5G 商用提振了以 5G 为代表的智能产品出货量，据中国通信院数据，2019 年 12 月国内 5G 手机在手机总体出货量的渗透率达到 18%。

产业的智能制造升级催生了机器人应用新需求，化工、制药、能源、服

装、物流等传统工业转型升级加快，产业向深度定制化、智能化发展，机器人应用逐步提速；受优质医疗资源稀缺等因素影响，手术、养老、助残类机器人市场空间广阔；油气、矿产采集等高风险领域，自动化生产需求强烈。根据不同产业在不同区域的优势分布，市场围绕下游应用领域逐步推动技术和产业发展，提升了产品生产质量与服务管理水平，以区域主导产业发展助推"机器换人"进程。

（二）区域龙头企业带动作用明显，产业聚集程度较高

随着各地政府扶持龙头企业的发展，加快完善配套政策，构建了包含产业孵化、技术支持、办公支持、投融资服务、生产外包、营销外包、人才服务、生活配套等综合配套服务系统，打造了满足企业可持续发展需求的生态平台。企业在政府引导下开展孵化创新平台建设，并有一大批龙头企业建立了具有区域产业特色的机器人产业园区，逐步奠定了区域机器人产业的基础实力，各地龙头企业的带动作用开始凸显，机器人产业呈现集聚发展。

当前，中国机器人产业以龙头企业促园区发展，再以园区做集群为核心发展模式，以点带面推动产业集聚发展。各地聚焦机器人产业链不同环节，主导建设产业园区、特色小镇，形成产业的技术迭代与资本积累，辐射带动作用明显增强，并通过当地扶持政策、产业环境吸引外部优质企业、项目加入。

（三）人才和技术创新成为区域机器人产业发展的重要依托

一个国家和地区的机器人技术水平，很大程度上依赖科研机构的研究成果，科研机构对于国家机器人科技创新水平、项目攻关能力、人才培养、国家前沿技术储备等方面有着不可替代的支撑作用。另外，在机器人制造水平、工艺水平、可靠性、良品率、售前售后保障等方面少不了产业工人和职业技能人才的支撑。因此，高校、科研院所和职业院校是支撑区域机器人产业发展的重要基石。从区域分布来看，京津冀地区、长三角地区、粤港澳大湾区占据着大部分的高校及科研机构资源，中部地区、西南地区及东北地区拥有较多的产业工人和职业技能人才。

二 机器人产业区域发展现存问题

（一）中国机器人各区域共性问题

1. 部分区域机器人产业导向不够清晰，难以助推产业高质量发展

从各地政府、社会组织、园区等发布的机器人产业政策文本来看，关于机器人产业的发展路径不够清晰，目标与资源不匹配，实现难度较大，且各级地方政府对机器人产业的重视程度不尽相同，这种情况直接或间接导致了机器人产业政策分布不均衡，出现了政策工具运用不足甚至缺位的现象。由于综合性政策内容较为宽泛，易导致相关主体理解、执行出现偏差，从而降低政府对机器人产业的扶持力度和政策的施行效果。机器人专项政策的缺失，会导致各地区关于机器人产业发展在创新平台、基础设施建设等相关配套性的细化措施方面存在"供给不足"和"千策一律"的现象。

目前，机器人产业政策主要集中在"鼓励类""号召引导类""招商引资类""目标规划类"政策，政策内容多在"试点示范""国内外重要企业引进""产值产量"等方向，但是有关机器人产业发展基金、金融、投资、国际贸易、购买补贴、商业模式创新、技术创新等方面的政策条款较少，缺乏相对精确的专项政策引导，不太利于促进"高技术、高投入、高成本"的机器人产业的可持续高质量发展。

针对上述问题，建议各区域在政策内容的制定上立足产业差异化发展。长三角地区重点提升产品的技术水平与品牌的外贸水平；京津冀地区依托优质的高校和科研资源，重点开展核心关键技术、基础理论研究及产学研用合作；东北地区依托龙头企业，重点攻关高端工业机器人、高端医疗机器人等优势领域，巩固其在国际上的影响力和国际定位；粤港澳大湾区应充分融入国际湾区战略，借助国际性条件优势，成为中国机器人对外融资、展示销售的重要窗口；中西部地区政策应重点提升机器人应用水平，培养职业技术人才，加强科技成果转化，重点突破典型领域的技术难题，实现开创性的突破。

2. 各地机器人企业经营压力较大，现金流回流较慢

由于传统市场逐步饱和、新兴市场尚未形成，加上中国处在全球机器人产业链的中低端市场，大部分企业的机器人产品主要以集成化为主，附加值相对于拥有核心零部件和核心技术支撑的部分国际领先机器人企业利润空间较小。目前，中国大部分机器人产品的技术复杂程度与产品附加值不成正比，企业在持续投入、研发创新和发展方向等方面难以维持。

在产业环境方面，机器人产业的投融资热度相对缩减、结算周期长等原因导致企业缺乏现金流，且融资渠道相对单一，企业现金流压力较大。

（二）中国重点区域机器人产业发展问题

1. 京津冀地区

京津冀地区机器人产业发展，总体能够有侧重地发挥地域特长和优势，但客观存在一定的竞争关系和产业引导政策的雷同。机器人产业是新兴战略性产业，京津冀三地都高度重视其发展，但政策引导方向及产业园规划路线相似，部分产品同质化严重，区域产业发展、资源运用的差异化、协同化态势暂未形成。

2. 长三角地区

长三角地区机器人产业已有 20 年的发展历史，凭借人才等资源，已吸引国内外多家机器人企业落地，形成完备的产业链结构。受到掌握技术、价格优势的国际机器人巨头竞争影响，本土中小企业面临较大竞争压力。与此同时，长三角地区多以"机器换人""应用补贴"等应用性、补贴性的政策思路为主，虽占据有利位置，但相对缺少对技术研发、国产化设备、龙头企业、园区试点示范的专项扶持。

3. 粤港澳大湾区

粤港澳大湾区机器人生产企业以中小企业为主，自动化改造升级需求碎片化，且每个工厂的生产过程、设备条件不尽相同，机器人需要定制化生产

来配套应用，相对成本较高。该地区亟须加快智能机器人与传统制造业的深度融合，重点推进具备前沿技术及核心科技的智能机器人的研发与应用。

4. 东北地区

目前，东北地区拥有多家机器人重点企业及实验室，技术实力较强，但产学研协同创新效应不明显，机器人中高端研究成果转化能力薄弱，新技术市场化融入偏低，整体的学术和研究潜力无法全面释放。

在全球"机器换人""转型升级"的大背景下，东北制造业对于行业的变革和产业的危机感不强，缺乏较为明晰的产业政策指导和健全的金融体系支撑，未能形成较好的机器人产业发展氛围。

此外，东北地区存在核心零部件自给率低、精密加工能力不足等问题，产品配套和采购大部分需要由长三角等地区供给，全产业链的发展态势尚不明显。

5. 中部和西部地区

中部和西部地区科研能力较弱，缺乏机器人高端人才、行业学术带头人和带头团队，且人才资源分布不均衡，导致引领行业科技前沿的难度相对较大、研发时间和经济成本相对较高，市场紧缺应用型、复合型机器人人才。

三　机器人产业典型区域分析

本报告按照产业竞争理论五要素模型开展典型区域的机器人发展现状分析，其中五要素包括机器人生产要素、市场需求要素、技术竞争力要素、企业竞争力要素和政策要素。

其中机器人的生产要素包括劳动力要素（产业技术工人和职业技术人才）、土地要素（用地面积和用地价格）、金融市场要素（金融市场活跃程度）、产业链完整程度；市场需求要素包括区域市场的行业、种类数量、需求市场的规模；技术竞争力要素包括高校及科研实力、技术先进水平和重要程度、专利、软著质量及数量；企业竞争力要素包括企业规模、数量、产值及行业地位；政策要素包括政策工具使用程度、政策的制定准确程度等。经过实地调研、调研文件、专家访谈等多种形式的资料收集，并通过对各区域机器人生产要素、市场需求要素、技术竞争力要素、企业竞争力要素和政策要素 5 个维度的指标分析，综合分析各个区域的产业现状、优劣势、代表性园区及企业、发展方向和建议等。

（一）京津冀地区

目前，京津冀一体化进程全面加速，政府制定出台产业协同发展规划，推动社会经济健康发展。京津冀地区机器人产业发展情况如图 1 所示。

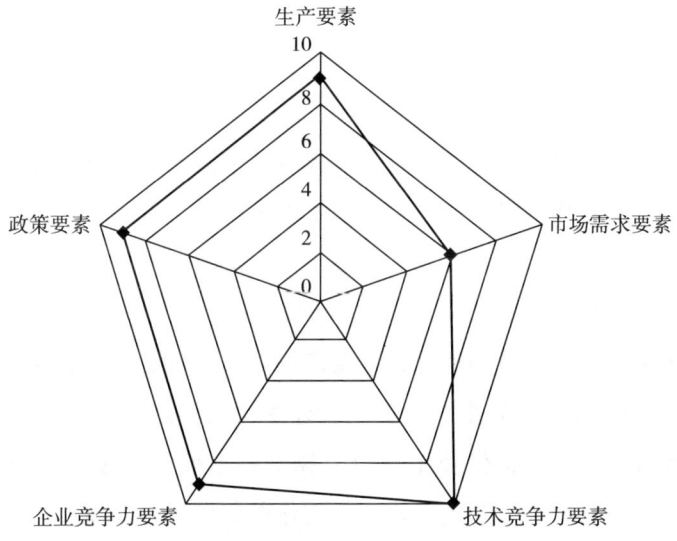

图1　京津冀地区机器人产业发展情况

资料来源：作者根据公开资料整理。

1. 生产要素

在人才方面，机器人产业是京津冀地区重点发展的高端技术产业之一，已形成多元人才队伍。其中，高端人才集聚北京、天津，河北也培养了一批具有高级技能的产业工人和职业技术人员。在土地要素方面，北京、天津的土地资源较为紧缺，用地成本较高，工业生产加工环节受到环境保护的制约；河北土地资源相对充足，京津冀地区的技术资源和空间资源相对割裂，

产业协同深度不够。在产业金融方面，北京拥有全国较多的金融公司，在3000家以上，其中科技金融占据20%，为机器人产业的投融资、并购等金融活动提供了良好的条件。

2. 市场需求要素

市场需求方面，京津冀地区随着产业结构调整和协同发展战略的推进，产业转移、升级改造项目逐步实施，北京、天津的市场需求主要在汽车行业，并逐步向消费电子、食品加工等新兴领域拓展。另外，京津冀地区是消费升级的先行区，2019年服务机器人在北京拥有了较多的应用场景，且应用逐渐成熟，包括清扫、餐厅服务、展厅服务、消防安防、智能巡检等。

3. 技术竞争力要素

京津冀地区机器人产业技术专利中，北京市专利申请数量较多，其中大部分来自高校及科研机构。同时，京津冀地区机器人企业数量较多，与高校等科研单位紧密合作，打造出一批高技术水平产品。天津、河北高度重视北京外溢资源并进行培育，京津冀三地逐步形成协同发展格局。

4. 企业竞争力要素

京津冀地区的优质营商环境、丰富市场需求为机器人产业发展提供了良好基础。北京市围绕"机器人 + 工业设计 + 协同制造"的路径和模式，为企业、高校等产业主体提供技术交流、成果展示推广等服务，建立业内人才、工艺等大数据中心，为企业培育、孵化奠定良好的基础。天津市重视机器人相关产业，在武清开发区等地聚集了上百家智能机器人相关企业，产业规模超过20亿元，但产业聚集与区位优势有待提高，品牌认知度与品牌影响力有待加强。河北省立足机器人技术促进产业转型升级，推动行业创新应用，机器人企业主要聚集在唐山、沧州等地。

5. 政策要素

北京市发布《关于促进北京市智能机器人科技创新与成果转化工作的意见》，促进机器人产业发展。天津市推出《天津市机器人产业发展三年行动方案（2018～2020年)》，发展机器人产品与技术。河北省着重培育特种机器人等领域龙头企业，形成产业集群。

（二）长三角地区

长三角地区是中国开放度最高的区域，也是国内机器人产业发展最为成熟、产业体系最为完善、产业规模最大的区域，具备从研发设计、生产采购再到营销售后整个产业链条。从技术链条来看，长三角地区的机器人技术领先于全国，技术储备最多，高校及研究机构较为密集，涵盖机器人的设计、研发及应用的全生命周期。从空间链分布来看，长三角地区机器人产业以上海为核心，以江苏昆山、江苏常州、安徽芜湖为重要中心，以产业园区的形式集聚了一大批国内外优秀的机器人企业，产业园运营配套成熟，设备设施齐全，利于区域性发展。从供应链和需求端来看，长三角地区的工业企业数量在20万家以上，企业生产的产品品类覆盖机器人生产所需的元器件、传感器、材料、电路电子、芯片、伺服电机等核心零部件、操作系统以及算法等相关配套，其中从事先进制造业的比例达到17%，为机器人企业提供有力的支持。长三角地区机器人产业发展情况如图2所示。

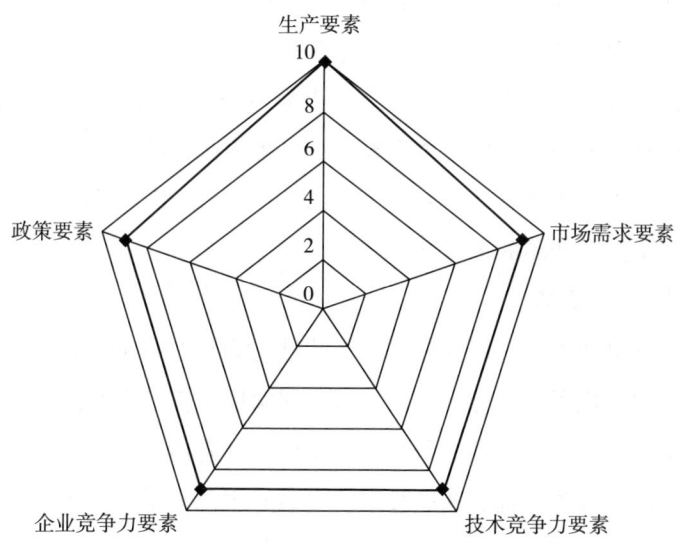

图2　长三角地区机器人产业发展情况

资料来源：作者根据公开资料整理。

1. 生产要素

人才方面，上海、浙江、江苏及安徽部分地区在平均收入方面处于全国第一梯队，具备较好的人才引进、培养、服务政策，以及较为完备的人才激励和队伍建设思路。长三角地区具备机器人产业发展所需的各个层次、各种水平的人才，但在创新人才方面仍存在一定缺口。土地要素方面，上海及长三角地区主要城市用地成本相对较高，在主要机器人承载城市的空间布局上相对较为密集，省市之间交流便利，有利于机器人产业发展。金融方面，上海市拥有全国半数以上的大型金融公司，是国内外重要的金融高地，长三角地区拥有全国较高比例的上市公司，投融资市场相对活跃。供应链方面，长三角地区拥有较为完备的产业链，覆盖机器人产业的全生命周期，利于机器人企业的生产效率的提升。

2. 市场需求要素

长三角地区是中国经济最活跃、最开放的地带之一，皖、苏、浙、沪三省一市具备国内较大的机器人需求市场，形成了很多支柱型的制造行业，而这正是机器人产业赖以生存和发展的支撑条件。汽车是带动机器人产业发展的重要支柱行业，许多工业机器人伴随汽车行业的发展而发展。据不完全统计，在三省一市中仅以汽车行业计算，上海汽车行业总产值就超过 8000 亿元，对带动机器人产业发展至关重要。长三角地区机器人种类相对全面，各类型机器人在长三角地区均拥有本地化的市场，逐步从订单化向定制化发展，这有利于提高产品的多样性。

3. 技术竞争力要素

上海从事机器人技术研究较早，人才结构完善、质量较高，上海交通大学等研究机构在机器人设计、开发领域积累深厚。江苏有东南大学等研究机构，从事机器人核心零部件的研究和攻关。浙江有浙江大学等研究机构，在自动化、机器人等领域拥有核心技术。安徽有中国科学技术大学等高校在人工智能、计算机、信息工程等方面拥有着优势资源。长三角地区在产学研一体化和科研成果转化的建设方面效果逐步显现，地区龙头企业发挥着标杆作用。

4. 企业竞争力要素

上海在产业布局方面打造浦东机器人产业集聚区，吸纳国外机器人头部企业在上海设立总部基地，如 ABB、KUKA 等巨头均在上海设有机构，国内企业如哈工大机器人集团、新松机器人、新时达都已在上海布局，并开始进行机器人的市场铺垫、研发及制造。而江苏拥有埃斯顿、苏州绿的等本土企业。目前，长三角地区凭借政策优势、高端人才，已形成机器人产业集群。

5. 政策要素

上海围绕机器人产业，提出突破核心功能部件瓶颈等发展方向。江苏南京等地以资金补助等形式促进机器人的应用。浙江杭州等地围绕"机器换人"出台相应行动计划。

综合来看，长三角地区各省市、地区分别制定了针对机器人发展的产业政策，表明了政府重视机器人产业发展，将机器人作为产业发展的战略重点。其中，上海的产业政策国际化程度相对较高，开放性更深入，政策的宏观调控、方向指导属性更强；江苏的经济基础较好，政府更加注重营商环境和服务，以税收等手段给予企业补助；浙江的产业政策聚焦机器人提升质量效益的目标；安徽的产业政策以机器人推广应用为重点。

（三）粤港澳大湾区

目前，机器人产业成为粤港澳大湾区先进制造领域的重要组成部分。广东集中了粤港澳大湾区绝大部分机器人产业，广州具备全球领先的机器人生态资源，包括产业创新、研发和生产基地等多个方面；深圳具备良好的政策及人才优势，助力机器人产业技术创新；珠海等地制造业基础完备，拥有生产制造需求，建设了机器人研发生产基地；其他各地具备良好的市场应用基础和前景，储备了大量的机器人产业配套。粤港澳大湾区机器人产业发展情况如图 3 所示。

1. 生产要素

人才方面，广东、香港和澳门的国际人才优势，为粤港澳大湾区机器人产业更好更快地走向国际舞台奠定了基础。广东仅新型研发机构的研发人员超过 3 万人，院士等高端人才超过 700 人。同时，大湾区还拥有香港理工大

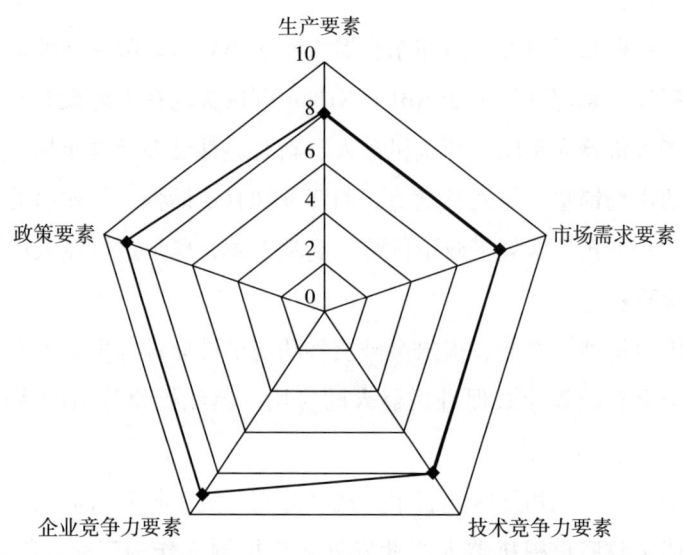

图3 粤港澳大湾区机器人产业发展情况

资料来源：作者根据公开资料整理。

学等国际知名高校。金融方面，相关主管部门发布支持大湾区发展的意见，在以香港领衔的国际金融市场基础上，深圳市的金融市场也逐步崛起，全球券商、金融机构纷纷入户大湾区，随着中央和地方的协作，大湾区的金融市场成为全球瞩目的焦点，机器人相关的投资基金发展较为迅速、形式较为灵活、覆盖面较广，为机器人产业发展带来了更多可能性。此外，粤港澳大湾区具备较完整的机器人产业生产链，加工、设计等环节竞争力较强。

2. 需求市场要素

需求市场方面，粤港澳大湾区是"机器换人"的先行区，占据全国30%以上的市场份额，机器人使用密度相对较高。佛山、东莞、珠海、惠州等地具有与机器人产业相关的应用行业，如世界级生产能力的家电等，制造生产和加工能力较强，制造业基础深厚，为机器人产业发展提供广阔的市场空间。

3. 技术竞争力要素

粤港澳大湾区机器人产业的平均研发投入占比较高，其中技术专利以企业申请为主，以高校、科研机构申请为辅，专利多为实用新型专利，主要包括核心零部件技术攻关、生产线改造、整机成套产品研制等方面，企业具备自主知识产权，区域内核心零部件自给率较高。粤港澳大湾区的技术创新基础较好，以实验室、研究院等类型为主，聚焦机器人感知等技术，研发、应用能力较强。依托香港大学、香港科技大学、澳门大学等高校，香港和澳门创新孵化出一批具备高附加值的机器人科学技术成果。

4. 企业竞争力要素

粤港澳大湾区在广州、佛山、珠海等地建有机器人相关制造基地及研究院，同时聚集了国内外机器人众多企业，数量居全国第一位，机器人四大家族也纷纷入驻。

5. 政策要素

粤港澳大湾区是国家的重大发展战略，《粤港澳大湾区发展规划纲要》中指出支持广州等地发挥领域优势，突破减速器等零部件的研发制造，打造机器人产业集群。广东省印发《广东省智能制造发展规划（2015—2025年)》，深圳市发布《深圳市机器人、可穿戴设备和智能设备产业发展规划（2014—2020年)》，香港创新及科技基金向人工智能及机器人项目提供资助，以助力机器人产业发展。

（四）东北地区

东北地区各省市重视机器人产业发展，将机器人定义为代表东北地区新兴高端制造业的名片，并将机器人产业作为未来经济高质量发展的重要支撑。哈尔滨、沈阳等地依托良好的科研高校资源，在机器人产业发展方面已积累了较大的先发优势和产业发展基础，形成一批本土成长、技术实力较强的龙头企业，吸引具有专业能力的科研机构纷纷落户。科技成果在东北地区有效转化，龙头企业和科研机构带动了机器人产业的发展壮大，工业机器人等领域技术实力突出。东北地区机器人产业发展情况如图4所示。

1. 生产要素

产业基础方面，东北地区聚焦机器人产业链各环节，以龙头企业与产业园区为驱动，通过资源整合与集聚，推动机器人产业集群快速发展及制造业转型升级。产业配套及环境方面，东北地区与粤港澳大湾区仍存在一定差

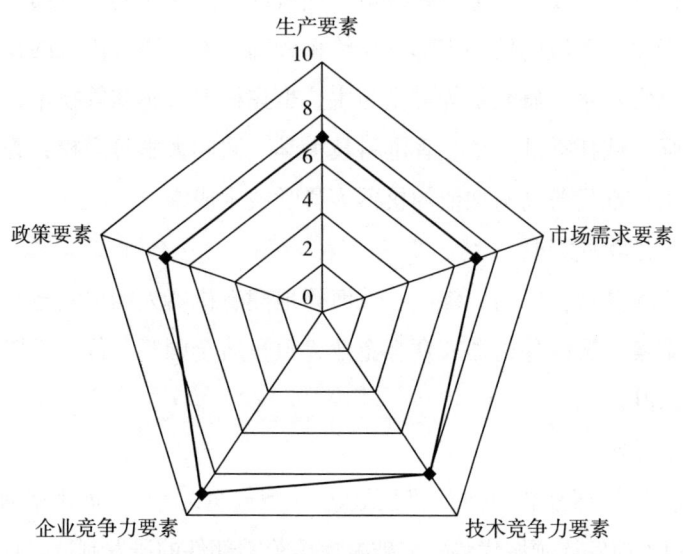

图4 东北地区机器人产业发展情况

资料来源：作者根据公开资料整理。

距，表现为中小型企业产业配套、营商环境有待提升。产业技术方面，东北地区拥有机器人相关国家重点实验室、龙头企业等科研单位，专注工业、特种机器人技术研发。产业金融方面，东北地区资本市场活跃度较低，金融体系有待完善。

2. 市场需求要素

东北地区在汽车、家电等机器人应用领域具有较高的市场需求。另外，钢铁、煤炭等传统工业市场，以及现代农业、新型原材料、现代化工等行业也是未来"机器换人"的重点领域，其市场空间可期。

3. 技术竞争力要素

东北地区工业机器人技术储备充足，研发与应用建立良性循环，机器人相关技术专利数量稳定增长，高新技术企业数量占比较高，产品体系完备、附加值高。此外，东北地区拥有众多的高等院校、科研机构，培养了大批科技人才和职业技术人员。在东北振兴的新时期下，东北地区的高等院校、科研机构、企业越来越受到重视，承接了多项国家级机器人科研任务，并在未来将其转化为推动经济发展的实际动力。

4. 企业竞争力要素

东北地区龙头企业驱动产业发展效果明显，凭借其技术能力及品牌影响力持续扩大市场份额，并在经济发展过程中扮演重要角色：通过资源整合、生态圈构建等措施，打造以自身为核心的平台经济，进行产业孵化和服务；加强研发、应用、市场的联系，打通产业链条，实现产业联动发展。

5. 政策要素

黑龙江印发《黑龙江省人工智能产业三年专项行动计划（2018—2020年)》，鼓励打造智能互联工厂；吉林印发《吉林省人民政府关于落实新一代人工智能发展规划的实施意见》，提出以人工智能与机器人产业应用技术研究院为载体，集中高校、职业技术院校相关创新资源和能力，打造创新基地；辽宁发布《辽宁省推进机器人产业发展的实施意见》，将机器人产业作为支柱产业发展。

（五）中部地区

中部地区机器人产业起步较晚，但随着国家中部崛起号召和国家级中心城市的设立，中央及各级中部地区政府宏观战略布局，机器人产业成为中部地区经济高质量发展和实现弯道超车的重点产业。尤其是目前政府给予了政策保障的有力支撑，以及各地在区位优势等方面的良好基础，多地逐步形成产业集聚，规避了机器人发展散乱和低价竞争乱象，产业发展形势较好。中部地区机器人产业发展情况如图5所示。

1. 生产要素

随着国家中部崛起战略的实施，中部地区机器人产业凭借政策东风和区位优势迎来发展机遇，积极推动技术研发、产业化落地，以专项资金支持企业创新，在武汉等地形成产业集聚。产业发展方面，依托原有工业基础培育机器人重点企业，推动区域产业高质量发展。人才要素方面，对人才的吸引能力相对有限，且人才外流较多，较高层次人才占比属于中游水平。金融市

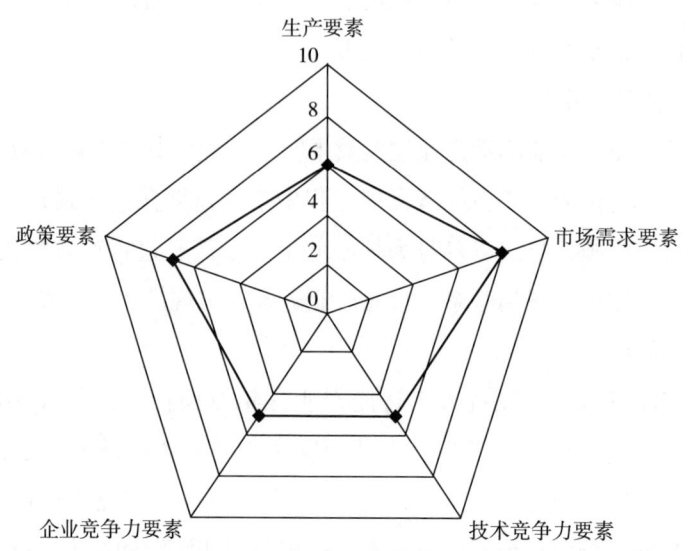

图5　中部地区机器人产业发展情况

资料来源：作者根据公开资料整理。

场方面，金融市场活力不足，科技金融较为缺乏，融资模式较为单一。

2. 市场需求要素

中部地区机器人产业针对半导体等传统制造领域加快自动化转型升级步伐，挖掘市场需求，提升产品与服务质量，帮客户降本增效；针对电子电器、铸造、锻造等市场需求量大、劳动强度高、工作环境差、安全保障条件亟待改善的行业，提供具有代表性的产品和解决方案；针对物流、服务业等领域拓展机器人市场应用。

3. 技术竞争力要素

中部地区机器人产业的专利数量、平均研发投入、高新技术企业占比在全国处于中下游水平，拥有湖南大学等科研机构及高校，在机器人领域拥有部分国内领先的技术成果，初步构建起工业机器人产业研发体系。现阶段，中部地区以"先跟跑后赶超"的姿态规划机器人产业发展路径，重视产业创新，依托优质、创新企业，研发、掌握和转化一批专利技术与自主知识产权，重点突破服务于中部特色产业的机器人核心技术和解决方案。

4. 企业竞争力要素

中部地区机器人产业协同发展水平有待提高，已出现中信重工、华中数控、武汉奋进、长泰机器人等一批领头企业，企业规模相对较小，机器人整机制造骨干企业实力不够，规模企业、知名品牌及产业集群还未形成。

5. 政策要素

河南发布《河南省装备制造业转型升级行动计划（2017~2020年）》，湖南发布《湖南省工业机器人产业发展规划（2014~2020年）》，湖北发布《湖北省推动工业机器人产业发展实施意见》，为机器人产业发展提供宏观指导意见，但在机器人重点发展方向、人才培养、重点攻关、应用补贴激励等方面没有较为完善的支持政策。

（六）西北地区

西北地区包括陕西、甘肃、青海、宁夏、新疆五省（区）。作为中国机器人产业发展的后发之地及重要的市场需求应用区域，西北地区立足市场需求，集聚相关企业、高校等资源，提升机器人技术水平。本区域主要依托地方高校的科技成果孵化企业、政府招商引资企业、本土机器人龙头企业，形成了规模相对较小的机器人产业园区，园区的产业链相对单一，尚未形成规模化的聚集。西北地区机器人产业发展情况如图6所示。

1. 生产要素

西北地区的人才相对比较缺乏，产业链相关的人才梯队不够完善，人才培养主要依托于高校，人才虹吸效应明显。在城镇化水平、产业生态、经济发展水平、整体营商环境等方面，西北地区相较于东部沿海城市有一定差距，但用地成本、劳动力成本相对较低。金融活力相对较低，机器人产业链不够完善。综合来看，西北地区机器人产业集聚还处于培育阶段。

2. 市场需求要素

西北地区在航空航天等领域需求旺盛，机器人产业在化工、机械加工、电子、畜牧、食品加工等优势行业有较大的市场空间。

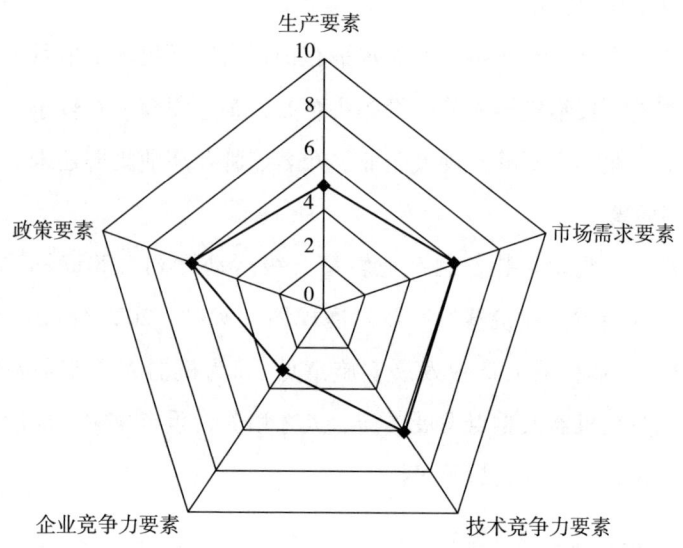

图 6 西北地区机器人产业发展情况

资料来源：作者根据公开资料整理。

3. 技术竞争力要素

西北地区的专利申请量相对于其他区域较少，主要依托西安交通大学等科研机构及高校，机器人产业发展水平落后于中东部地区。西北地区机器人产业在研制方面尚没有形成大规模的集中研发中心；在制造工艺与装备方面，部分零部件的生产能力不足，产品核心技术实力较弱，本地企业在品牌、竞争力等方面与外资企业、国内东部企业相比仍存在一定差距。

4. 企业竞争力要素

西北地区机器人产业培育时间较短，但在机床、铸造、新材料等机器人制造上游具备一定的技术实力，涌现了一批如陕西秦川机械、宁夏巨能机器人等地方性机器人头部企业，业务主要集中在机器人零部件和为当地市场开展定制化的整机集成销售。

5. 政策要素

陕西印发《陕西省新一代人工智能发展规划（2019—2023 年）》，提出发展专用智能机器人等产品，满足不同应用层次的服务需求。甘肃发布

《甘肃省"十三五"科技创新规划》，将机器人制造列入"四新经济重点计划"。青海发布《青海省人民政府关于深化"互联网＋先进制造业"发展工业互联网（2018—2020年）的实施意见》，提出积极引进工业机器人企业及重点项目。宁夏发布《宁夏回族自治区"十三五"工业发展及两化融合发展规划》，指出重点发展搬运工业机器人等装备制造业。

（七）西南地区

西南地区以成渝双城经济圈为核心，已成为全国机器人及人工智能产业发展最具活力的区域之一，但仍存在核心技术短缺、产业发展低端、复合型人才短缺等不足。西南地区机器人产业发展情况如图7所示。

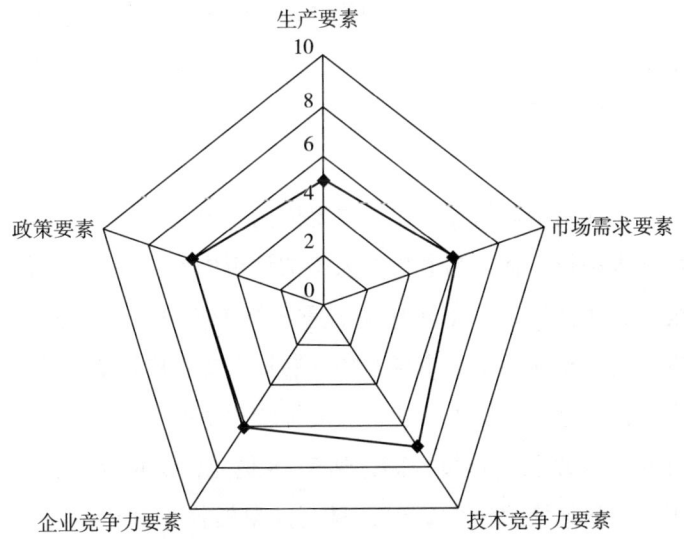

图7 西南地区机器人产业发展情况

资料来源：作者根据公开资料整理。

1. 生产要素

西南地区的汽车、电子等产业体系较为完备，生产要素综合成本较低。人才方面，西南地区人才结构不完整，高素质复合型人才、研发人才、营销人才相对较少；知名高校较少，人才培育环境有待改善；企业缺乏优厚的物质条件，对人才的吸引力较弱，校企合作的人才培养模式尚未深入。土地要素方面，西南地区的区位优势和交通便利程度相对其他区域较差。金融方面，财政资金的市场化程度较低，主要是以银行贷款形式作为融资手段，无法给高技术密度、高投资周期、高现金流转周期的机器人产业以有力的支撑。产业链方面，西南地区工业基础完备，拥有相对完整的机器人产业链。

2. 市场需求要素

汽车和3C电子行业是机器人较大的市场，也是西南地区工业经济的主要支柱行业，其中重庆汽车产量约占全国汽车产量的10%，而重庆的笔记本电脑产量占全球市场的1/3，也是全球第二大手机制造基地。同时，在食品工业、能源、制药及现代服务业等领域，机器人的需求逐步呈现。依托原有的机械制造、集成电路等机器人相关产业园的发展基础，在政府引导和应用市场的助推下，西南地区的机器人产业园营造较好的发展氛围，形成了较为稳固的市场供给关系。

3. 技术竞争力要素

技术方面，西南地区机器人产业主要依托重庆大学、四川大学、西南大学、贵州大学等高校，拥有国家机器人检测评定中心（重庆）、两江机器人融资租赁公司、两江机器人展示中心、重庆智能机器人研究院等多功能平台，在标准制定、检测评定、市场开拓、展示交易、应用研发等方面具备一定基础支撑。西南地区机器人产业科研成果转化率低，重庆市科研经费每年以10%以上的速度增长，年投入额达到51.8亿元，每年取得的成果有5.95万项，但平均科研转换率仅为20%，科研成果转换率和产业化率双低现象严重。

4. 企业竞争力要素

ABB等机器人巨头入驻重庆，四川省机器人企业多以本土品牌为主，产品包括焊接机器人等。目前，西南地区的机器人企业已初具规模，出现了一批具有一定代表性的企业（如华数机器人等），但尚未形成较强的竞争力。

5. 政策要素

四川发布《四川省新一代人工智能发展实施方案》，提出重点培育智能机器人等产品；重庆发布《重庆市机器人及智能装备产业集群发展规划（2015~2020年）》，提出力争到2020年实现机器人产业的产值1000亿元以上；云南发布《云南省"十三五"科技创新规划》，重点支持高端装备制造、机器人等战略性新兴产业培育发展及优势传统专业转型升级。

四　机器人产业重点产业园区分析

（一）京津冀地区

京津冀地区机器人产业发展的政策、技术优势明显，园区立足产品类型及应用市场形成集聚。北京以医疗机器人、核心零部件等产品为核心形成产业集群，天津支持水下机器人等产品研发形成产业集聚，河北以矿用机器人为主形成特色产业园。

1. 北京亦创智能机器人创新园

亦创智能机器人创新园先后吸引哈工大机器人集团等企业入驻，提供企业孵化等配套服务，是国内汇集多功能机器人产业创新平台之一。

2. 天津机器人产业园

天津机器人产业园致力成为集研发、生产于一体的产业基地，已引进鼎奇主轴等多个国家科技成果转化项目及企业。

3. 唐山机器人产业园

唐山机器人产业园作为国家"火炬计划"机器人产业基地，引进、培育开诚智能等龙头企业，园内产品以特种机器人为主。

（二）长三角地区

长三角地区机器人产业园区产业布局相对合理，以完整产业链为纽带的机器人产业逐步迈向高质量、高端化发展。

1. 上海机器人产业园

上海机器人产业园聚焦"机器人＋智能制造"特色产业，加快形成集

机器人研发、应用、博览、服务、培训于一体，融合智能创客、智能制造中心的产业生态圈，推动园区产业定位更清晰、功能布局更合理、综合配套更完善，已吸引发那科等企业落户。

2. 昆山高新区机器人产业园

昆山高新区机器人产业园是当地重点发展的特色产业基地之一，已有新时达等企业入驻，形成较为完善的机器人产业链。

3. 国家芜湖机器人产业集聚区

国家芜湖机器人产业集聚区构建机器人全产业链，协同发展效应突出，形成以奥一精机、埃夫特、东旭光电等企业为龙头的产业链各环节集群。

（三）粤港澳大湾区

粤港澳大湾区的3C电子、家电等行业较为发达，并以此为依托形成了以应用为主线的本土机器人产业园，产业园的规模、园区内企业的实力在国内均拥有较高的排名。

1. 松山湖国际机器人产业基地

松山湖国际机器人产业基地具备人才培养等平台功能，截至2019年底，孵化近100家创业企业，助力30多家在孵企业获得风险投资。

2. 深圳南山机器人产业园

深圳南山机器人产业园围绕机器人等产品打造研发基地，通过技术平台等服务，吸引固高科技、英威腾等企业集聚。

3. 深圳市智能机器人产业园

深圳市智能机器人产业园基于产业需求，进行服务、平台等功能创新，企业、孵化器、创业园等落户于此，并吸引了大批优秀人才、科研团队入驻。

（四）东北地区

东北地区工业机器人产业发展时间较早，培育出哈工大机器人集团、新松两个行业巨擘，相关机器人产业园区数量较多。

1. 哈南机器人产业园

哈南机器人产业园注重机器人产业化和示范应用，以核心零部件等产品为业务方向，致力成为国家级机器人产业示范基地。

2. 大墨智能机器人产业园

大墨智能机器人产业园集机器人研发、生产等环节于一体，引进中国科学院自动化研究所等国内外企业及科研机构。产业园兼具机器人全产业链园区、科技旅游园区功能。

（五）中部地区

中部地区的机器人产业园发展较晚，但随着国家政策的制定、地方政府及园区管委会的经营改进以及得天独厚的地理优势，已具备一定的后发优势，在园区运营模式、企业招商服务政策、本地化企业培育等方面处于中等偏上水平。

1. 洛阳机器人智能装备产业园

洛阳机器人智能装备产业园是当地机器人智能装备产业基地核心区，吸引圣瑞机器人等企业入驻研发、生产。

2. 湖南省机器人产业集聚区

湖南省机器人产业集聚区注重打通全产业链，2019 年上半年相关企业营收 24 亿元，同比增长 26%，入驻企业包括深选智能等。

3. 湘潭新松机器人产业园

湘潭新松机器人产业园重点规划"一平台四基地"，即智能产业创新服务平台、机器人产业研发创新基地、机器人装备及零部件生产基地、工业4.0 产业基地和机器人健康产业基地，[1] 整合机器人、旅游等产业资源，打造智能制造特色小镇。

---

[1] 《打造中部地区机器人规模化生产示范基地》，湖南省人民政府门户网站，2017 年 11 月 16日，http://www.hunan.gov.cn/hnyw/zwdt/201711/t20171116_4773391.html。

（六）西南地区

西南地区是最早布局国内产业园区建设的区域之一，依托原有机械制造、集成电路等机器人相关产业园的发展基础，在政府引导和应用市场的助推下，为机器人产业园营造良好的发展氛围。

1. 重庆永川国家工业机器人高新技术产业化基地

重庆永川国家工业机器人高新技术产业化基地完善研发、创新、金融等体系，打造一体化产业集群，预计2020年底实现总产值达400亿元。

2. 智能装备及机器人产业园

智能装备及机器人产业园以"一联盟、一基金、六中心"为主要建设工作，"一联盟"即智能装备及机器人产业发展联盟，"一基金"即产业引导基金，"六中心"包含机器人本体应用研究中心、机器人核心部件自主研发中心、智能制造系统集成中心、机器人展示交易中心、人才实训中心、再制造中心。① 产业园集合四川省机器人研究所等科研机构，构建完整产业链。

（七）西北地区

西北地区的机器人产业园区，主要依托地方高校的科研成果孵化企业、政府招商引资企业、本土机器人龙头企业，形成了规模相对较小的机器人产业园区。园区的产业链单一，尚未形成聚集效应。

1. 西安人工智能与机器人产业基地

西安人工智能与机器人产业基地以机器人产业为核心，建设集研究、应用等于一体的技术创新基地，新松等企业先后入驻，西安市政府未来要将该基地打造成为百亿机器人产业集群。

2. 陕西机器人智能制造产业园

陕西机器人智能制造产业园内含研发、办公、厂房等生产生活配套设施，截至2019年底，已引进陕西朝天红智能设备有限公司等企业。

---

① 《总投资120亿元 智能装备及机器人产业园落户成都》，《成都晚报》2017年7月28日，http://www.sc.chinanews.com/qt/2017-07-28/1223.html。

B.7
中国机器人产业资本市场发展报告（2020~2021）
——市场投融资步调放缓，投资机构关注企业成长性

孙虹　申靓*

摘　要：　2019年，国内经济下行，机器人产业下游投资固定资产步调放缓，机器人企业营收规模及毛利率下降，机器人产业面临诸多挑战，企业通过收并购等途径加强国内外业务布局，以技术研发、战略合作等方式打造核心竞争力。从应用行业来看，医疗和物流领域依然是资本关注的热门领域，教育娱乐及商业服务等领域均产生龙头企业，竞争格局逐渐清晰。企业需建立清晰的战略发展规划，降低频繁高额海外收购、产品缺乏应用场景等带来的经营风险。未来，投资者在持续关注热门赛道和头部玩家的同时，需密切关注不断在潜力赛道深耕的企业。

关键词：　机器人产业　资本市场　上市公司　投融资活动

一　机器人产业资本市场发展现状

本报告以上市公司为样本建立监测池，使用营业收入、毛利率、研发投

---

* 孙虹，统计学学士，哈工大机器人集团市场分析师，主要研究方向为机器人产业；申靓，管理学学士，哈工大机器人集团高级市场分析师，主要研究方向为智能制造行业。

入等指标，开展业务数据分析，借此了解机器人产业整体发展情况。同时，对国内机器人产业大型企业并购等业务进行剖析，窥见典型企业市场发展路径及目标。最后，通过对初创企业投融资事件分析，观察机器人产业资本动态。

（一）机器人企业营业收入规模有所下降，研发费用率呈上升趋势

1. 一、二板上市机器人营业收入与毛利额同比下降

本报告在一、二板（主板、中小板、创业板）上市企业智能机器板块中选择主业为机器人及相关系统集成的 25 家企业作为分析样本，其中，样本上市机器人企业大部分为工业机器人企业（见表 1）。

表 1　2019 年样本池 25 家上市机器人企业主要营业指标

单位：亿元

公司名称(简称)	股票代码	市值	2019 年营业收入	2019 年毛利额
汇川技术	300124	1083.43	73.90	27.82
科沃斯	603486	306.06	53.12	20.34
新时达	002527	35.91	35.34	7.33
天奇股份	002009	33.98	31.58	6.14
诺力股份	603611	51.29	30.87	7.25
机器人	300024	239.65	27.45	7.67
科大智能	300222	96.48	23.13	4.35
三丰智能	300276	79.87	19.45	5.36
哈工智能	000584	47.79	17.37	3.64
拓斯达	300607	118.86	16.60	5.65
华昌达	300278	43.36	15.83	1.68
博实股份	002698	131.60	14.60	6.08
埃斯顿	002747	191.16	14.21	5.12
赛为智能	300044	67.63	12.77	4.28
赛腾股份	603283	106.34	12.06	5.41
华中数控	300161	37.44	9.06	3.55
克来机电	603960	113.93	7.96	2.35
东杰智能	300486	50.16	7.36	2.33
亿嘉和	603666	124.36	7.24	4.61

续表

公司名称（简称）	股票代码	市值	2019 年营业收入	2019 年毛利额
今天国际	300532	36.58	7.12	2.06
中大力德	002896	24.68	6.76	1.94
天永智能	603895	21.15	4.70	1.01
快克股份	603203	44.63	4.61	2.53
智云股份	300097	37.94	3.03	0.53
福能东方（曾用名：智慧松德）	300173	55.62	2.75	0.79

资料来源：作者根据公开资料整理，按企业 2019 年营业收入倒序进行排序（市值数据截至 2020 年 10 月 15 日）。

2019 年一、二板上市机器人企业样本池较 2018 年有所调整，补充了机器人系统集成业务占比较高的企业，新增科沃斯、亿嘉和、天永智能等后续上市企业，以期保证数据完整性。其中，科沃斯为 A 股 "家用服务机器人第一股"，占据国内扫地机器人市场的最大份额；亿嘉和凭借在特种行业巡检机器人的经验积累，提供多系列智能产品和系统解决方案；天永智能在汽车行业自动化领域获得了一定的市场竞争地位。

（1）机器人上市企业营业收入与毛利额同比下降

2019 年机器人上市企业整体营业收入比 2018 年下降 1.02%（见图 1），机器人上市企业营业收入下降，主要受国内外经济摩擦、市场投资放缓因素影响，下游需求减少，机器人产业规模收缩。

2019 年营业收入排前五名的机器人上市企业分别是汇川技术、科沃斯、新时达、天奇股份、诺力股份，其中，汇川技术、诺力股份、新时达同比增长分别为 25.81%、20.94%、0.54%，科沃斯、天奇股份同比下降分别为 6.70%、9.85%。

2019 年，汇川技术营业收入达 73.90 亿元，同比增长 25.81%，营业收入的增长由收购并表带来；诺力股份营业收入达 30.87 亿元，同比增长 20.94%，主要原因在于当期核销无须支付款项。这两家企业的营业收入增长均是非机器人业务收入增长所致。

2019 年，科沃斯营业收入 53.12 亿元，同比下降 6.70%，主要原因在于其开始重视发展自有品牌业务，缩减了代工相关业务。2019 年科沃斯服务机器人 ODM[①] 业务收入同比下降 89.1%，清洁类小家电 OEM[②] 业务同比下降 20.0%。

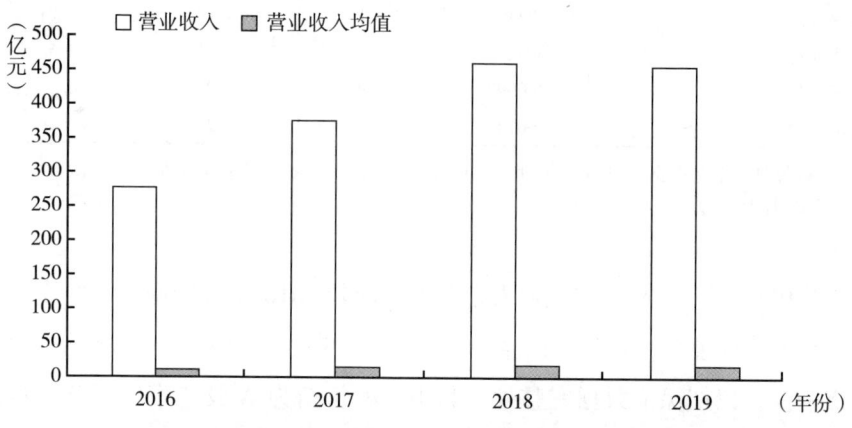

图1　2016～2019 年机器人上市企业整体及平均营业收入

资料来源：作者根据公开资料整理。

2019 年机器人上市企业整体毛利额同比下降 6.16%（见图 2）。机器人上市企业毛利额下降，主要由于机器人产业下游需求减少带来营收规模缩减，行业竞争加剧造成毛利额不断下降。

2019 年毛利额排前五名的机器人上市企业分别是汇川技术、科沃斯、机器人、新时达、诺力股份。其中，汇川技术、新时达、诺力股份同比增长分别为 13.29%、3.78%、18.13%，科沃斯、机器人同比下降分别为 5.59%、21.29%。

2019 年汇川技术毛利额为 27.82 亿元，同比增长 13.29%，主要原因是企业并表营业收入增长，带动毛利额增长。

2019 年科沃斯毛利额 20.34 亿元，同比下降 5.59%，主要原因在于企

---

① ODM，Original Design Manufacture，原始设计制造商，企业根据品牌商的产品规划进行产品设计和开发，然后按品牌商的订单进行生产，产品生产完成后销售给品牌商。
② OEM，Original Equipment Manufacture，原始设备制造商，品牌商提供产品外观设计、图纸等产品方案，企业负责开发和生产等环节，根据品牌商订单代工生产，最终由品牌商销售。

业营业收入同比下降；2019 年机器人毛利额 7.67 亿元，同比下降 21.29%，主要原因在于企业选择性接单，对于未达到付款要求的订单予以舍弃，降低了营业收入。

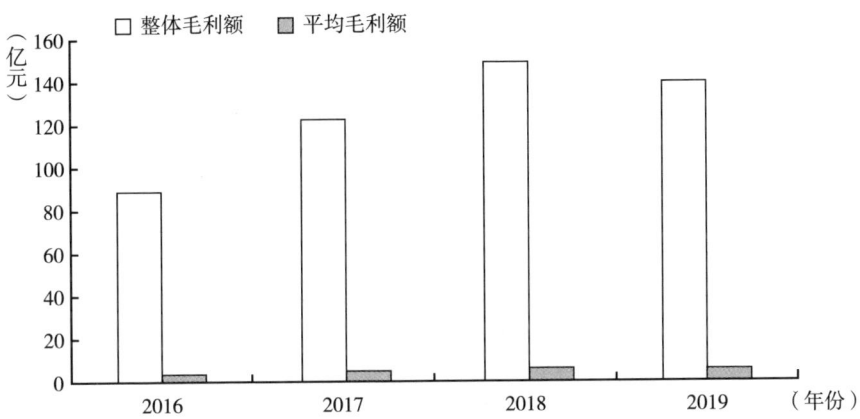

图 2 2016~2019 年机器人上市企业整体及平均毛利额

资料来源：作者根据公开资料整理。

（2）机器人上市企业毛利率呈下滑趋势

2019 年，机器人上市企业竞争加剧，企业毛利率同比下滑（见图 3）。

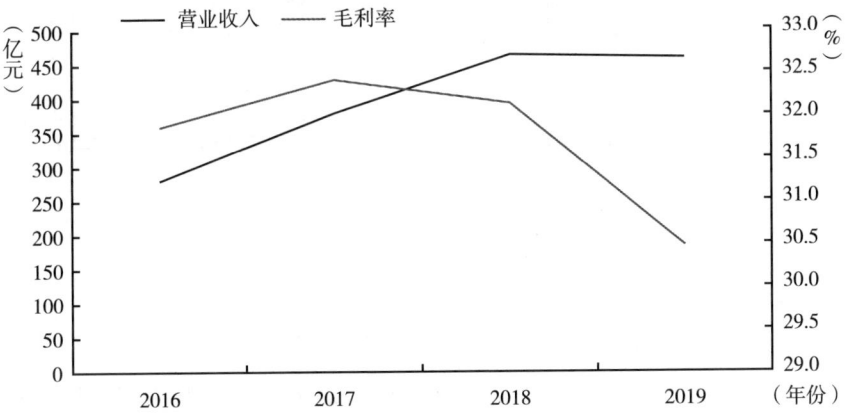

图 3 2016~2019 年机器人上市企业营业收入及毛利率

资料来源：作者根据公开资料整理。

2019 年毛利率排前五名的机器人上市企业分别是亿嘉和、快克股份、赛腾股份、博实股份、华中数控，毛利率分别为 63.64%、54.98%、44.87%、41.68%、39.20%。

（3）机器人上市企业研发费用率呈上升趋势

2018 年机器人上市企业整体研发投入为 26.32 亿元，占当期营业收入的 5.68%；2019 年机器人上市企业整体研发投入为 32.64 亿元，占当期营业收入的 7.12%（见图 4）。上市企业研发费用率提升的原因在于研发投入与企业技术创新息息相关，能够帮助企业突破核心技术，提升开发、生产、竞争能力。

2019 年营业收入排前五名的企业中，汇川技术研发费用率为 11.58%，超过上市企业整体平均研发费用率水平。在其他样本中，科大智能、赛腾股份、华中数控、智云股份的研发费用率超过当期营业收入的 10%。

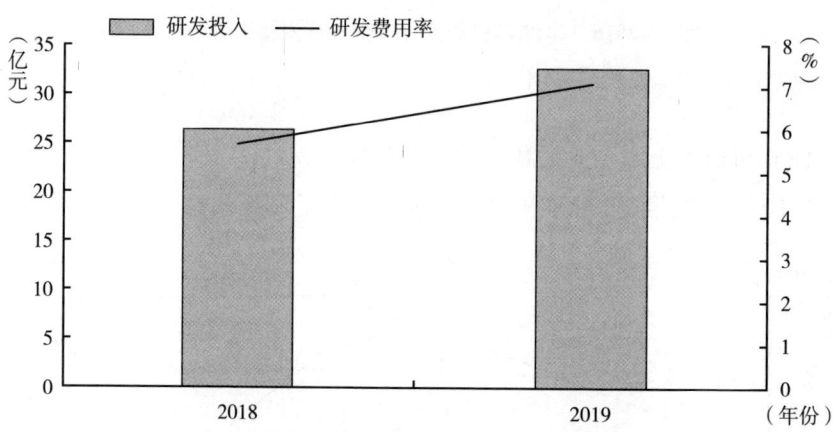

图 4　2018～2019 年上市企业研发投入及研发费用率

资料来源：作者根据公开资料整理。

（4）68% 的上市机器人企业，资产回报率同比下降

伴随机器人企业经营规模的扩大、成本的上升，企业净利率进一步下降。2019 年，样本池 25 家上市机器人企业中，20 家企业资产周转率下降。由于效益和效率两方面的因素，2019 年，机器人产业样本池 25 家上市机器

人企业中，17 家企业 ROA 同比下降，占总比例的 68%；营业收入排前的 5 名企业中，除了新时达 ROA 同比有所提升以外，其他均下降（见表2）。

表2　2019 年样本池 25 家上市机器人企业 ROA 同比变化

公司名称（简称）	产业链	营业收入（亿元）	2019 年净利率（%）	2019 年资产周转率(%)	2018 年ROA（%）	2019 年ROA（%）
新时达	全产业链	35.34	1.71	54	-4.59	0.93
机器人	全产业链	27.45	10.56	28.22	5.07	2.98
埃斯顿	全产业链	14.21	6.20	38.38	3.33	2.38
华中数控	全产业链	9.06	2.12	37	0.44	0.79
汇川技术	上游	73.90	13.67	59	12.48	8.01
中大力德	上游	6.76	7.77	69	8.48	5.38
科沃斯	中下游	53.12	2.28	124	14.04	2.84
拓斯达	中下游	16.60	11.33	76	11.87	8.59
博实股份	中下游	14.60	22.45	39	5.38	8.76
亿嘉和	中下游	7.24	35.40	54	22.38	19.06
天奇股份	下游	31.58	1.86	53	2.48	0.99
诺力股份	下游	30.87	8.01	72	6.14	5.76
科大智能	下游	23.13	-113.77	33	5.87	-36.98
三丰智能	下游	19.45	13.81	37	4.90	5.13
哈工智能	下游	17.37	2.78	38	2.92	1.07
华昌达	下游	15.83	-97.54	42	0.53	-40.80
赛为智能	下游	12.77	-36.71	27	1.63	-10.05
赛腾股份	下游	12.06	10.72	70	10.17	7.46
克来机电	下游	7.96	15.54	73	9.69	11.32
今天国际	下游	7.12	6.67	44	1.24	2.94
东杰智能	下游	7.36	12.33	34	4.06	4.19
天永智能	下游	4.70	-8.61	40	4.01	-3.43
快克股份	下游	4.61	37.69	42	16.28	15.83
智云股份	下游	3.03	-230.23	14	4.65	-31.17
福能东方（曾用名：智慧松德）	下游	2.75	-54.05	16	-36.79	-8.73

资料来源：作者根据公开资料整理。

2. 科创板上市机器人企业营业收入与毛利率有所增长

2019 年，科创板正式开板，以机器人为主业及相关系统集成企业积极把握资本市场风向，抓住科创板上市机会。其中，江苏北人、瑞松科技、石头科技分别于 2019 年 12 月 11 日、2020 年 2 月 17 日、2020 年 2 月 21 日正式挂牌上市,天智航、埃夫特分别于 2020 年 4 月 1 日、2020 年 4 月 13 日完成 IPO 过会。本报告将以上 5 家上市企业设立样本分析池(见表 3)。

表 3 2019 年科创板机器人上市企业样本池

单位:亿元

公司名称(简称)	股票代码	营业收入	主营业务
江苏北人	688218	4.73	系统集成
瑞松科技	688090	7.31	系统集成、工业机器人
石头科技	688169	42.05	服务机器人——扫地机器人
天智航	688277	2.30	服务机器人——医疗机器人
埃夫特	688165	12.68	系统集成、工业机器人

资料来源:作者根据公开资料整理。

(1)科创板机器人上市企业营业收入、毛利额快速增长

2018~2019 年,科创板机器人上市企业营业收入及毛利额呈上升趋势,其中,2019 年科创板机器人营业收入同比增长 22.44%,毛利额增长 26.62%(见图 5)。科创板机器人上市企业营业收入、毛利额增速明显高于一、二板机器人上市企业,原因在于企业规模较小、业务拓宽速度快,能够灵活应对市场需求变化。

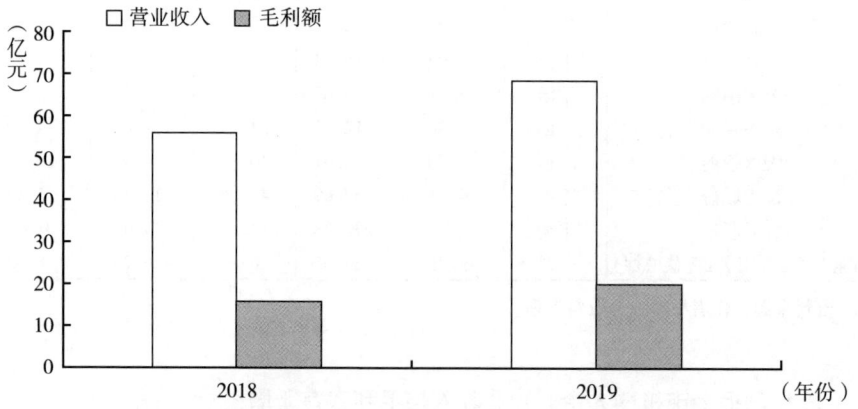

图 5 2018~2019 年科创板机器人上市企业营业收入及毛利额

资料来源:作者根据公开资料整理。

（2）科创板机器人上市企业毛利率稳步增长

2018~2019 年，科创板机器人上市企业毛利率稳步增长，2019 年毛利率为 29.13%，比 2018 年增长 3.42%（见图 6）。科创板机器人上市企业毛利率低于一、二板机器人上市企业，原因在于科创板机器人上市企业多数为机器人系统集成企业，市场竞争度高，整体毛利率较低。

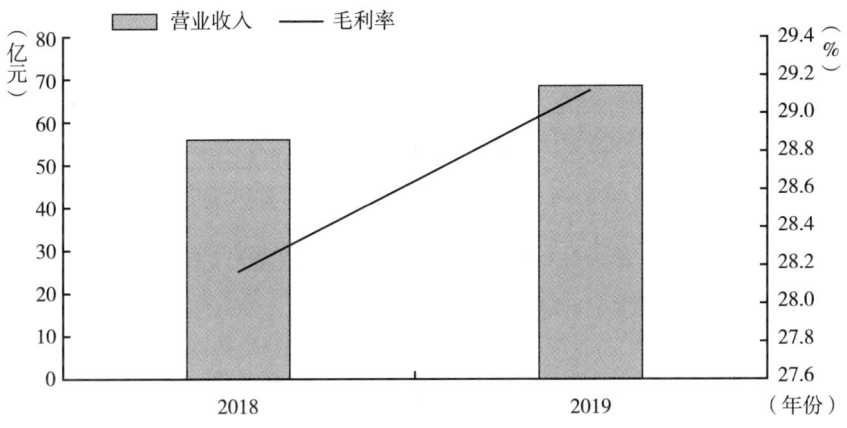

图 6　2018~2019 年科创板机器人上市企业营业收入及毛利率

资料来源：作者根据公开资料整理。

（3）科创板机器人上市企业研发投入持续增加

2019 年科创板机器人上市企业整体研发投入为 3.96 亿元，较 2018 年的 2.71 亿元增长 46.13%；2019 年研发投入占当期营业收入 5.73%，较 2018 年 4.80% 的研发费用率提升 19.31%（见图 7）。科创板机器人企业研发费用率提升的原因在于企业增加了研发投入，增幅高于营收增幅。

（二）机器人企业收购、投资活跃，增加资金杠杆推动业务发展

1. 国内机器人企业收并购活跃度高

2019 年国内机器人企业收并购保持热度，机器人企业向横向细分技术纵深，以资金换取标的企业的技术资源。

机器人企业重点关注国际技术领先企业，进行海外业务布局，如埃斯

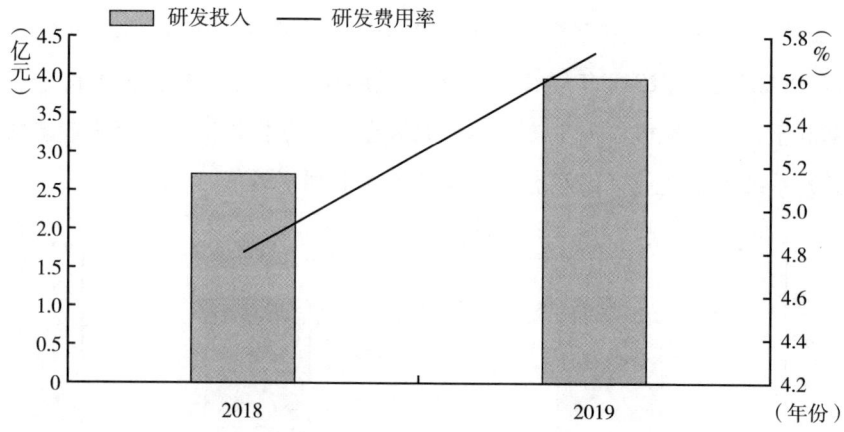

图7 2018～2019年科创板机器人上市企业研发投入及研发费用率

资料来源：作者根据公开资料整理。

顿、双环传动、复星国际等，在获取标的企业技术与市场的同时，借助收购打入国外市场，进一步整合产业资源，提升自身市场占有率及市场规模。

部分企业期望通过收购案完成现有业务的拓展及新市场的介入，如爱仕达在自身机器人业务的基础上增收钱江机器人股份，掌握标的企业渠道与客户，形成业务协同效应；东杰智能收购贝芽科技部分股份，完善企业产业链布局结构，进入服务机器人领域（见表4）。

表4 2019年机器人企业收购事件

投资方	被投方	被投方简介	事件	投资方目的
埃斯顿	CLOOS	德国焊接机器人公司	以1.96亿欧元收购标的企业100%股权及附加资产	获得标的企业焊接机器人相关技术；掌握标的企业渠道，打入国际市场；标的企业掌握机器人激光焊接和机器人激光3D打印技术，推动投资方技术创新

投资方	被投方	被投方简介	事件	投资方目的
双环传动	STP 集团	德国精密成型件制造商,拥有戴姆勒等客户	拟通过现金支付方式收购 VVPKG 所持 STP 集团的 81% 股权	借助收购实现优势互补、产品面拓展,进一步拓展欧洲市场
复星国际	FFT GmbH&Co.KGaA	德国柔性自动化生产线解决方案提供商	通过基金完成标的企业收购	利用标的企业技术,提高生产效率,为旗下生产企业智能制造赋能增值,推动全球市场布局
爱仕达	钱江机器人	主要产品有工业机器人,布局核心零部件、本体领域	以 1.37 亿元收购标的企业 39% 股权	将持有标的企业 90% 股权,可整合机器人资源,形成协同效应,掌握标的企业渠道与客户
东杰智能	贝芽科技	教育领域人工智能研发应用商	以 2040 万元收购标的企业 42% 股权	以机器人为载体,以教育为应用场景的服务机器人领域,完善公司智能制造产业链延伸
华昌达	东风设计院、上海咸兴智能科技	东风设计院在汽车自动化领域具有相应知识产权;上海咸兴智能科技全资子公司 Valiant Corporation 是高端智能装备及机器人自动化集成系统制造商	拟购买东风设计院 80% 股权、收购上海咸兴智能科技部分份额	扩展智能装备领域市场占有率及市场规模;加速国际市场进入和资源整合
福能东方（曾用名：智慧松德）	超业精密	锂电池高端装备生产商	拟以不超过 7.744 亿元购买标的企业 88% 股权	融合标的企业技术研发能力,延伸产业链
深蓝机器	刚玉智能	自动化物流系统集成及相关设备的研发生产销售商	拟出资 1077 万元购买济南蓝腾商贸持有的太原刚玉物流 60% 的股权	整合行业资源,扩大市场规模
昊志机电	Infranor 集团、Bleu Indim	工业自动化解决方案提供商,产品有伺服电机、数控系统等	拟以 3340.38 万瑞士法郎向 Perrot Duval 购买其持有的标的企业 100% 股权	获得标的企业在数控系统、伺服驱动和伺服电机等领域的产品、技术、品牌、渠道和团队,提升业务规模和盈利能力

投资方	被投方	被投方简介	事件	投资方目的
汇川技术	贝思特	电梯配件生产商,产品有电梯人机交互界面系统、电梯门系统以及牵引控制系统,拥有较多优质电梯厂商客户	以24.87亿元收购标的企业100%股份	标的企业是投资方的下游企业,双方合作多年,投资方并购可拓展下游市场,形成协同效应

资料来源:作者根据公开资料整理。

2. 部分智能制造企业建立基金助力机器人产业发展

2019年,新松、海康威视、瑞凌股份等企业看好机器人市场发展潜力,与专业投资机构合作建设基金,对机器人、智能制造领域方向进行投资,以借助基金平台挖掘潜力项目及企业,进行外部战略发展布局,打造规模及协同效应(见表5)。同时,智能制造企业与专业投资机构合作可掌握其投资优势资源,学习管理经验及风控体系,降低投资风险,提高投资质量与效率。

表5　2019年新设立机器人产业相关投资基金

企业	企业简介	基金/基金公司
新松	机器人及自动化解决方案提供商	子公司拟与新星股权基金等单位设立广州开发区华埔进取产业投资基金合伙企业,投资智能制造等新兴领域
瑞凌股份	逆变焊接等设备提供商	拟参与投资设立建信远致智能制造产业投资基金,投资半导体等领域
海康威视	物联网、大数据提供商	拟与中电基金等单位投资设立海康智慧基金,投资机器人等领域
中国中车	轨道交通装备供应商	参与国家制造业转型升级基金股份有限公司,投资新一代信息技术等领域
华阳集团	以汽车电子等产品为主营业务	拟与珠海中科等单位投资设立珠海横琴中科华创投资合伙企业,投资智能制造等领域

资料来源:作者根据公开资料整理。

（三）机器人产业资本活跃度降低，部分细分领域持续受到资本青睐

1. 2019年机器人产业投融资事件活跃度下降

随着细分赛道龙头企业的出现以及非刚需机器人领域泡沫的破灭，机器人产业投融资事件活跃度有所下降，投融资事件依然集中在早期阶段。

2019年机器人产业投融资事件数量为87起，较2018年减少54起，同比减少38%，2019年全行业整体投融资事件减少34.4%，机器人领域投融资事件数量下降速度略快于全行业整体。2019年机器人领域投融资金额194.6亿元，相比2018年产生的221.3亿元投融资金额降低12%（见图8），全行业整体投融资金额下降39.7%，机器人领域投融资金额下降幅度明显低于全行业下降幅度。

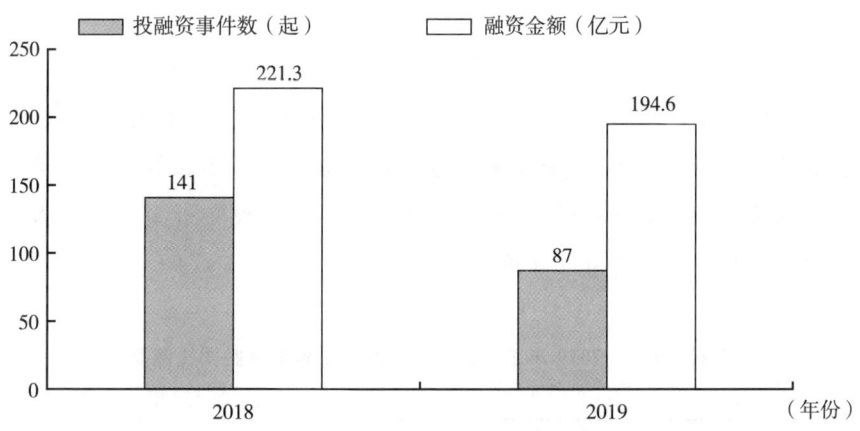

图8　2018~2019年机器人产业投融资事件数量及金额

资料来源：作者根据公开资料整理。

机器人产业投融资事件如图9所示。2019年，机器人产业投融资事件主要集中在种子/天使轮、A轮，该比例逐年减少，B轮及战略投资投融资事件数占比逐年增加（见图9中虚线），主要由于2014年、2015年创新创业热潮，早期创投事件达到历史峰值，2015年以后全行业回归均值的状态。

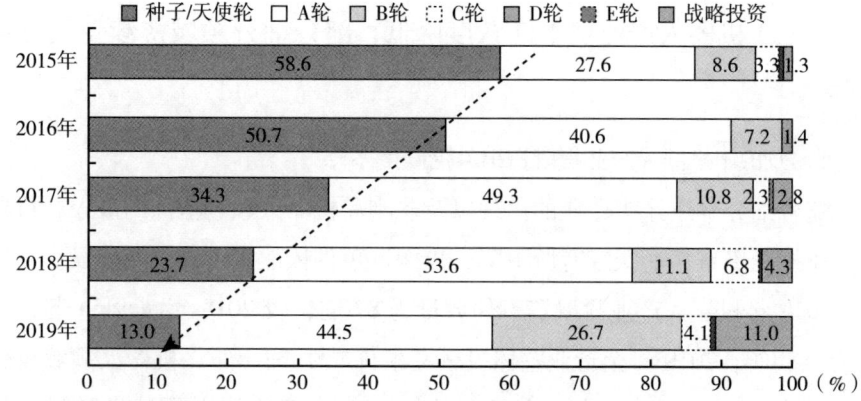

图9 2015～2019年中国机器人领域各轮次投融资数量比例

资料来源：作者根据公开资料整理。

2. 机器人产业上游及部分细分领域持续受到资本青睐

（1）机器人产业上游持续受到资本青睐

2019年，机器人上游领域共产生43起投融资事件，同比减少8.5%，下降幅度远小于机器人整体38%的降幅。服务机器人核心技术在于传感器与智能技术，资本在技术较为成熟的机器视觉、语音语义领域集中布局。2019年在芯片及控制系统领域分别产生3起、2起投融资事件；2018年，两个领域未产生投融资事件（见表6）。

表6 2018～2019年工业机器人上游投融资事件数同比趋势

单位：起，%

产业链位置	相关领域	2018年投融资事件数	2019年投融资事件数	同比	2019年投融资事件数占比
上游	机器视觉	30	29	-3.3	67.4
上游	语音语义	11	4	-63.6	9.3
上游	芯片	—	3	—	7.0
上游	控制系统	—	2	—	4.7
上游	夹具	1	2	100.0	4.7
上游	谐波减速器	3	2	-33.3	4.7

产业链位置	相关领域	2018 年投融资事件数	2019 年投融资事件数	同比	2019 年投融资事件数占比
上游	机器触觉	2	1	−50.0	2.3
合计		47	43	−8.5	100.0

资料来源：作者根据公开资料整理。

工业机器人上游投融资事件相对较少，2019 年共产生 4 起，其中 2 起产生在谐波减速器领域，2 起产生在控制系统领域，未产生伺服电机领域投融资事件。

机器视觉领域持续受到资本青睐，2019 年占上游投融资事件份额的 67.4%。不断有机器视觉企业在不同轮次获得了资本的注资，投资方不乏 BAT 等互联网巨头以及 IDG 等知名风投企业。

（2）服务机器人依然是资本重点关注的领域，部分机器人细分领域投融资活跃度较高

2019 年，服务机器人依然是资本重点关注的领域，共产生 48 起投融资事件；全产业链布局的企业产生 1 起投融资事件；工业机器人领域共产生 38 起（见图 10）。

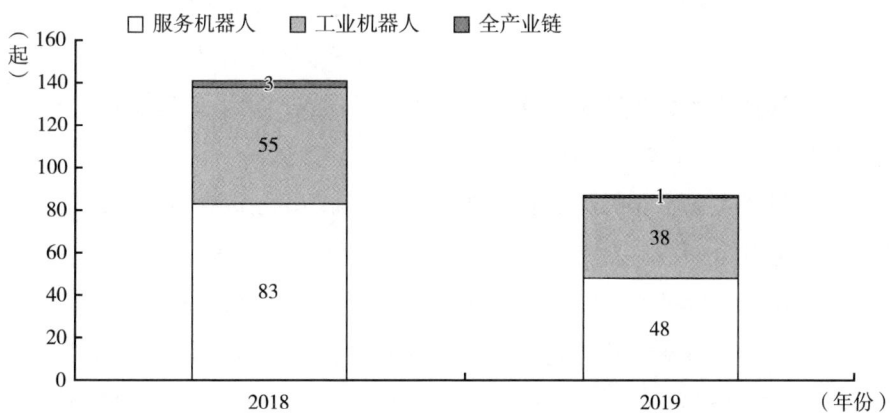

图 10　2018~2019 年机器人产业细分领域投融资事件数

资料来源：作者根据公开资料整理。

在工业机器人投融资事件中，大多是系统集成企业获得投资；在服务机器人领域中，融资事件数较多的是医用机器人、移动导览机器人（见图 11）。

图 11　2019 年机器人投融资事件热力图

资料来源：作者根据公开资料整理。

2019 年，物流系统机器人领域产生 13 起投融资事件，同比下降 19%，低于机器人产业整体 38% 的下降幅度。其中移动机器人产生 8 起、智能仓储产生 4 起、分拣机器人领域产生 1 起融资事件。物流系统机器人除了产生 5 起 B 轮以上的投融资事件外，在较早期的轮次中也获得了资本注资。

协作机器人现阶段受限于市场空间，并随着细分赛道具有潜力的企业浮出水面，其资本活跃度降低。2019 年，协作机器人产生了 3 起投融资事件，同比减少 10 起，降幅为 77%。

医疗机器人在服务机器人细分领域热度最高。由于医疗机器人的技术要求相对其他细分领域（如教育娱乐等领域）更高，技术成熟度较低，医疗领域暂时没有产生机器人独角兽企业，投融资事件所处阶段较早，融资规模相对较小，2019 年暂未产生过亿元的投融资事件。2019 年医疗机器人领域产生 13 起投融资事件，其中医用机器人产生 7 起、康复机器人产生 4 起、护理机器人产生 2 起。医疗机器人未产生 B + 轮及以上轮次的融资事件。

教育娱乐机器人所在领域为 TO C 的细分赛道，下游市场规模较大，持续有企业进入，同时保持着较高的资本活跃度，属于热门赛道，目前已产生类似优必选之类的独角兽企业，2019 年产生 10 起投融资事件。

应用于酒店、零售等领域的移动导览机器人、商业扫地机器人等，持续获得资本关注。2019 年有 9 家商业服务机器人企业被投，同比减少 16 起，下降 64%，在服务机器人的细分领域中下降幅度最大（见表 7）。

表 7　2018~2019 年机器人产业细分领域投融资事件数同比趋势

单位：起，%

细分领域			2018 投融资事件数	2019 投融资事件数	同比
全产业链	全产业链	全产业链	3	1	−67
工业机器人	传统工业机器人	传统工业机器人	26	22	−15
	物流系统机器人	物流系统机器人	16	13	−19
	协作机器人	协作机器人	13	3	−77
服务机器人	公共服务机器人	商业服务机器人	25	9	−64
	个人/家用服务机器人	教育娱乐机器人	19	10	−47
		家政机器人	13	7	−46
		医疗机器人	15	13	−13
		建筑和拆除/检查和维护系统机器人	9	5	−44
		野外机器人	2	3	50
		救援与安全应用机器人	—	1	—
合计			141	87	−38

资料来源：作者根据公开资料整理。

（四）独角兽企业及千里马企业分布领域呈现不同特点

1. 机器人独角兽企业产生于教育娱乐及物流等领域

"独角兽"企业是指具备发展速度快、受投资者青睐等特点的创业企业，较为量化的评判标准为成立不到 10 年、估值达到 10 亿美元且未上市的企业。

据统计，2018~2019 年，机器人领域共诞生了 4 家独角兽企业，分别为优必选、旷视科技、地平线及 Geek+。

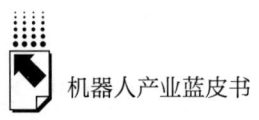

表8 2018～2019年机器人领域独角兽企业

单位：亿美元

独角兽企业	估值	细分领域
优必选	55	教育娱乐机器人
旷视科技	40.9	视觉
地平线	30	芯片
Geek +	12	物流机器人

资料来源：IT桔子。

优必选在发展初期，通过自主研发在伺服舵机等领域形成先发优势，构建覆盖娱乐、教育、安防等行业的机器人产品矩阵。优必选获得高估值的原因，离不开其具备的自成长性。坚持自主研发和生产，将成本降到足够低，以此打开市场，获得销售收入，从而支撑其研发支出，打造自成长、可持续发展的商业模式。

旷视科技及地平线均处于产业链上游，是中国领军的人工智能企业，具有领先的人工智能算法，面向机器人、无人驾驶、物联网等众多新兴潜力行业提供人工智能产品和解决方案。这些独角兽企业的出现，得益于资本对人工智能赛道的高度关注及中国日益重视核心技术的自主研发。

Geek + 专注智能物流领域，其能够获得巨额融资和估值的关键是产品的市场广阔性和技术领先性。物流机器人是近几年全球市场尤其是中国市场发展最快、热度最高的产品之一。同时，Geek + 具有技术研发和先发规模优势，已与唯品会、苏宁、迪卡侬等知名企业建立合作关系。

2. 机器人千里马企业集中在中下游领域

初创企业分级中，"独角兽""千里马"分别位居第一、第二梯队。相比数量稀少的"独角兽"企业，"千里马"企业覆盖的行业、方向更多。根据IT桔子的定义，"千里马"企业是指估值高于10亿元人民币，但低于10亿美元的企业。

据统计，2018～2019年，机器人领域共诞生21家"千里马"企业，覆盖了工业机器人、服务机器人等产业链上中下游（见表9）。

表9　2018~2019年机器人领域千里马企业

单位：亿元

千里马企业	估值	细分领域	产业链位置
云洲智能	48	无人船	中下游
小鱼在家	39	聊天机器人	中下游
图灵机器人	35	语义、操作系统	上游
来也科技	27.3	商业服务机器人	中下游
童心制物	25	教育娱乐机器人	中下游
深之蓝	25	水下机器人	中下游
乐聚机器人	20.8	教育娱乐机器人	中下游
小胖机器人	20	教育娱乐机器人	中下游
硅基智能	20	语音	上游
猎户星空	19.5	移动导览机器人	中下游
越疆科技	16.4	工业机器人	中游
钛米机器人	15	医疗机器人	中下游
快仓	15	物流机器人	中下游
李群自动化	13.5	工业机器人	中游
宇泛智能	12	视觉	上游
灵动科技	10	物流机器人	中下游
智昌机器人	10	控制系统	上游
Gowild 狗尾草	10	教育娱乐机器人	中下游
珞石机器人	10	工业机器人	中游
智齿客服	10	语音	上游

资料来源：IT桔子。

通过表9可以发现，机器人领域的"千里马"企业更加集中在中下游应用。这主要是由于机器人产业链中下游的细分赛道更多，每个赛道的商业化落地路径都不相同；而"千里马"企业大多已经扎根于相应的垂直场景，完成了在商业化方向上的初步探索。如云州智能专注于无人船研制，为海洋调查、无人航运等场景提供解决方案；小鱼在家面向家庭陪伴场景，将语音技术落地；深之蓝专注于水下机器人研发，为科研科考等场景提供解决方案。

（五）重点投资布局赛道注重企业成长性及创新性

1. BAT踏足机器人领域，赛道布局各有侧重

近年来，BAT等互联网企业针对机器人产业相关领域的不同赛道进行投

资布局。百度和阿里均偏爱位于产业链上游的机器视觉赛道，进行了众多早期投资和战略投资。这主要是由于机器视觉是人工智能在中国落地最顺利的技术，是机器人的重要组成部分，可以大幅提高机器人的灵活性和可操作性。

相对而言，腾讯则重点布局位于产业链中下游的教育娱乐机器人（见表10）。尽管目前服务机器人尚处于市场不成熟的早期阶段，但教育市场和娱乐市场存在大量需求，商业化路径更为顺畅，是较为理想的切入点。

表10 2017～2019年BAT在机器人领域投资事件

融资年份	投资方	被投企业	轮次	细分领域	产业链位置
2019	百度风投	阿丘科技	A＋轮	机器视觉	上游
2018	百度风投	小鱼在家	战略投资	聊天机器人	中下游
2018	百度风投	阿丘科技	A轮	机器视觉	上游
2018	百度风投	史河科技	Pre-A轮	特种机器人	中下游
2017	百度风投	驭光科技	A轮	机器视觉	上游
2018	阿里巴巴	速腾聚创	战略投资	机器视觉	上游
2018	阿里巴巴	驿公里	战略投资	洗车机器人	中下游
2018	阿里巴巴	商汤科技	C轮	机器视觉	上游
2019	腾讯投资	乐聚机器人	B轮	教育娱乐机器人	中下游
2019	腾讯投资	硅基智能	B轮	语音	上游
2018	腾讯投资	优必选	C轮	教育娱乐机器人	中下游
2017	腾讯投资	工匠社科技	A轮	教育娱乐机器人	中下游
2017	腾讯投资	乐聚机器人	战略投资	教育娱乐机器人	中下游

资料来源：作者根据公开资料整理。

2. 知名风投布局机器人产业，关注企业成长性、创新性

（1）IDG资本投资详情

IDG技术创业投资基金（IDG Capital）创始于1992年，作为在国内从事风险投资时间最久的机构之一，先后投资了科沃斯、商汤科技等机器人企业。2018～2019年，IDG资本关注服务机器人领域，主要布局在初创期、成长期等阶段，其投资策略是把握经济发展大方向，看中项目成长性、团队能力及模式创新性，把投资重点放在了机器人产业链上游的视觉、语音和产业链中下游的医疗及康复机器人等领域（见表11）。

表11 2018～2019年IDG资本在机器人领域投资事件

融资年份	投资方	被投企业	轮次	细分领域	产业链位置
2019	IDG资本	傅利叶智能	B轮	康复机器人	中下游
2019	IDG资本	北醒光子	B+轮	视觉	上游
2018	IDG资本	暗物智能	Pre-A轮	视觉、语音	上游
2018	IDG资本	钛米机器人	B轮	医疗机器人	中下游
2018	IDG资本	YOGO机器人	A+轮	物流机器人	中下游
2018	IDG资本	傅利叶智能	A轮	康复机器人	中下游
2018	IDG资本	Rokid	C轮	陪伴机器人	中下游

资料来源：作者根据公开资料整理。

（2）红杉资本投资详情

红杉资本成立于2005年，在机器人领域先后投资了大疆创新、李群自动化等优秀企业。红杉资本十分看重赛道的选择，保持敏锐的嗅觉，擅长提前挖掘热门赛道，同时保持深耕赛道、重点扶持头部公司的习惯。2018～2019年，红杉资本看好机器人产业链上游的视觉、语音和产业链中下游的医疗机器人及四足机器人等领域，对思灵机器人、硅基智能等优秀企业进行了多次投资（见表12）。

表12 2018～2019年红杉资本在机器人领域投资事件

融资年份	投资方	被投企业	轮次	细分领域	产业链位置
2019	红杉资本	宇树科技	Pre-A轮	四足机器人	中下游
2019	红杉资本	思灵机器人	Pre-A轮	医疗机器人	中下游
2019	红杉资本	思灵机器人	天使轮	医疗机器人	中下游
2018	红杉资本	硅基智能	A+轮	语音	上游
2018	红杉资本	硅基智能	A轮	语音	上游

资料来源：作者根据公开资料整理。

（3）深创投投资详情

深创投于1999年成立，相比于外资创投，深创投更专注于中国产业的升级和调整，坚持价值投资，投资方向聚焦于以技术驱动的科技领域。

2018~2019 年，深创投围绕机器人全产业链布局，包括产业链上游的芯片、零部件，产业链中游的工业机器人本体、机器人底盘等（见表13）。

表 13   2018~2019 年深创投在机器人领域投资事件

融资年份	投资方	被投企业	轮次	细分领域	产业链位置
2019	深创投	SRT 软体机器人	A 轮	机器人零部件	上游
2019	深创投	埃夫特	战略投资	工业机器人	中游
2019	深创投	上海芯歌	A 轮	芯片	上游
2019	深创投	国兴智能	A 轮	机器人底盘	中游
2018	深创投	潜行创新	Pre-A 轮	水下机器人	中下游

资料来源：作者根据公开资料整理。

二　机器人产业资本市场现存问题

（一）企业频繁高额海外收购带来一定经营风险

企业收购是投资方获得标的资源的布局方式，一些大型企业期望通过收购等资本手段开展业务的产业链横向与纵向延伸，以实现技术提升、资源整合、市场拓展。随着中国机器人企业的发展壮大、国际化视野越来越广阔，跨国收购优质标的企业的案例频发。2019 年，埃斯顿以 1.96 亿欧元收购德国老牌焊接机器人企业 CLOOS 成为行业热点新闻。近年来埃斯顿通过多次境内外收购（见表14），期望快速突破核心技术瓶颈，跻身行业前列，实现国际化战略布局。

表 14   埃斯顿境内外收购案例

时间	入股及收购公司	持股比例(%)	收购方式	收购金额	公司业务
2016 年 2 月	意大利 Euclid Labs SRL	20	现金	140 万欧元	机器人三维视觉等技术
2016 年 6 月	上海普莱克自动化设备制造	100	现金	7600 万元	生产压铸机周边自动化设备

续表

时间	入股及收购公司	持股比例(%)	收购方式	收购金额	公司业务
2016 年 7 月	南京锋远自动化装备有限公司	100	现金	3800 万元	主要经营汽车焊装生产线和自动包边业务
2017 年 2 月	英国 TRIO MOTION TECHNOLOGY	100	现金	1550 万英镑	运动控制解决方案提供商
2017 年 7 月	美国 BARRETT TECHNOLOGY	30	现金	900 万美元	专注于人机协作机器人等研究与制造
2017 年 12 月	德国 M. A. i	50.01	现金	886.90 万欧元	装配和测试生产线提供商
2017 年 12 月	扬州曙光	68	现金	3.25 亿元	武器装备用交流伺服系统、运动控制系统等
2019 年 8 月	CLOOS	100	现金	1.96 亿欧元	电弧焊等焊接机器人

资料来源：作者根据公开资料整理。

　　埃斯顿在积极拓展国际业务的同时，背后的经营风险不容忽视。第一，标的企业能否完成业绩承诺：据埃斯顿披露，标的企业签署的《业绩承诺补充协议》中承诺了 2020~2022 年的净利润，但目前全球经济持续低迷，制造业扩产投资行情不景气，标的企业能否完成业绩承诺还有待验证。第二，收购资金贷款产生高负债，企业现金流是否充足。据埃斯顿披露，截至 2020 年 4 月 6 日，公司账面可用货币资金总额 5.39 亿元，一年内到期借款总额 14.02 亿元（包括正常流动资金借款 11.15 亿元，国内信用证 2.56 亿元，一年内到期的长期贷款 0.31 亿元），需通过经营性现金流偿债、债务融资替换、资本市场融资等手段补充企业资金流动性，因此面临一定经营压力。第三，海外收购标的企业效益短期内不及预期。埃斯顿在 2017 年收购 TRIO、M. A. i 后，2018 年营业收入、归属于母公司净利润同比分别增加 35.72%、8.79%，但扣除非经常性损益，净利润同比下降 9.10%；2019 年，扣除非经常性损益，净利润同比下降 58.39%。

　　此外，已完成科创板 IPO 过会的埃夫特也从 2015 年起，接连在海外市场收购了 CMA、EVOLUT、WFC 公司，据招股说明书披露，2016～2018 年，其收购的 3 家公司营业收入不断增加，分别为 5.04 亿元、7.82 亿元、13.14 亿元，但扣除非经常性损益，净利润逐步下降，分别为 -0.81 亿元、-1.26 亿元、-1.40 亿元，埃夫特解释其原因为研发投入增加、生产未达规模效应成本高、海外并购形成无形资产摊销费用增加等。

整体来看，部分国内机器人企业采用了"自主研发 + 海外收购"的战略发展方式，期望缩短研发周期、快速突破行业壁垒、加快业务国际化布局。但频繁高价海外收购也暗藏一定的业务风险，需面对国内外宏观经济变化的复杂形势，防范经营风险，如标的企业无法达成预期业绩，投资企业营业收入、净利润、商誉减值可能性高；海外收购价格额度高，投资方使用大量资金完成收购案，为日常活动资金运转带来压力；国内外企业经营理念、发展背景不同，短期内标的企业技术、市场等资源整合难度高。企业收购需考验投资方的战略布局是否足够清晰，以埃斯顿为例，利用产业收购完成全产业链布局，海外收购以机器人核心零部件及技术为主，以不同细分领域系统集成商为辅，自身拥有明确的战略定位，这也是投资市场看好企业长期发展潜力的原因之一。

（二）服务机器人产业加速洗牌，缺乏切实应用场景的企业面临倒闭

在机器人产业发展早期，由于服务机器人存在巨大的想象空间，虽产品路径尚不明晰，因受到资本格外青睐，市场玩家纷纷入局，但部分企业未能真正解决用户刚需，进而导致自身融资困难，甚至面临倒闭。

2019 年是机器人产业加速洗牌、挤掉泡沫的一年，创业公司优胜劣汰，资本也逐渐趋于理性。据统计，截至 2019 年底，中国市场超过 2 年未融资的机器人企业数量接近 150 家。而放眼全球，部分同质化竞争激烈、商业化无法落地、缺乏切实应用场景的服务机器人初创企业更是纷纷倒闭，其中不乏明星创业公司（见表 15）。

表 15　2019 年全球服务机器人初创企业典型倒闭企业名单

倒闭企业	细分领域	成立时间	最后融资轮次	融资总额	倒闭时间	倒闭直接原因
Anki	教育娱乐机器人	2010 年	D 轮	1.82 亿美元	2019 年 4 月	资金链断裂
Seven Dreamers	叠衣机器人	2014 年	B 轮	9500 万美元	2019 年 4 月	资金链断裂
Jibo	聊天机器人	2012 年	B 轮	7270 万美元	2019 年 3 月	产品同质化竞争
快乐智慧科技	教育娱乐机器人	2015 年	A 轮	数千万美元	2019 年 6 月	产品同质化竞争
Reach Robotics	AR 游戏机器人	2013 年	A 轮	780 万美元	2019 年 9 月	产品同质化竞争

资料来源：作者根据公开资料整理。

从上述典型倒闭企业来看，其倒闭的直接原因大致是资金链断裂及产品同质化竞争，而剖析背后的因素，更多是由于上述企业均没有找到切实的应用场景。以 Anki、Jibo 及 Reach Robotics 为例，这三家公司的产品本质上都属于玩具类机器人，虽然看起来很酷，但所带来的新鲜感很快会消失，没有从根本上解决消费者的痛点；Seven Dreamers 的产品面向日常家务场景，但价格昂贵（成本接近 2 万美元），商业化落地非常困难；快乐智慧科技的机器人面向儿童学习场景，但产品创新不足，没有找到其细分领域价值所在，最终身陷同质化竞争泥潭。

（三）机器人产业市场失灵，资本助推核心技术发展力弱

2019 年，在国内外经济摩擦、市场投资放缓、下游应用行业不景气的背景下，机器人上市企业营业收入下降，毛利率也呈现下降趋势；虽然在一些细分领域，例如物流、医疗领域资本持续较热，但整体资本活跃度降低。机器人产业发展的整体推动，很大程度上仍然基于核心技术的不断突破。通过研究发现，资本针对机器人产业核心技术的发展推动作用有限。2019 年，机器人上游领域一共产生 43 起投融资事件，资本在技术较为成熟的机器视觉、语音语义领域集中布局，占比 76.7%；在芯片及控制系统领域分别产生 3 起及 2 起投融资事件，这两个领域在 2018 年未产生投融资事件，机器人上游投融资事件集中在技术较为成熟的领域，针对其他亟待发展的机器人

技术，例如工业机器人核心零部件伺服电机、RV 减速器及芯片等，资本注入动力不足。

机器人产业是一个多学科、投资大、硬件工作条件艰苦、开发周期长、技术推动难的产业。全球专营机器人的上市企业只有几十家，主要原因在于商业的本质是盈利，而推动机器人产业的发展需要庞大的资金，且实现盈利时间跨度较大。除了针对技术相对成熟的领域进行赛道的抢占，获得绝对的优势，以及技术难以短时间攻克的领域以外，无论是资本还是巨头，推动机器人产业发展的动力都不足。

三 机器人产业资本市场发展趋势

（一）机器人企业通过加大研发力度、企业并购等方式突破市场困局

2019 年机器人产业热度退潮，机器人一、二板上市企业整体营业收入同比减少 1.02%，毛利额同比减少 6.16%，68% 的上市机器人企业资产回报率同比下降，机器人企业短期内面临市场需求低迷、竞争加剧、投入高回报率低等难题。

为突破市场困局，企业通过增加研发和技术投入，提升核心技术水平，2019 年机器人一、二板上市企业整体研发投入比 2018 年增长 24.01%，占当期营业收入的 7.12%。

部分大型企业通过收并购等资本手段进行业务的横向与纵向延伸，优化自身业务结构。埃斯顿收购 CLOOS，提升焊接机器人技术实力；东杰智能收购贝芽科技部分股份，进入服务机器人领域。

此外，也有企业通过调整内部经营策略，改善自身生存状况。目前，国内机器人企业的应收账款占比较高，2016～2018 年，新松应收账款占当期营业收入均超 50%，带来资金周转风险。为降低经营风险，新松选择性接收订单，对于付款条件未达到要求的订单予以舍弃，以保证企业的正常运转。

未来，越来越多的国内机器人企业将立足自身条件，采用增加研发投入、企业并购、调整经营策略等方式突破市场困局，在宏观环境及市场不景气的情况下保证企业生存乃至良好发展。

（二）热门赛道竞争格局逐渐清晰，新机会将出现在潜力赛道

从 2018~2019 年的机器人细分领域投资事件数量变化可以看出，部分已经产生"独角兽"或者具有"独角兽"特质的龙头企业在热门赛道投资数量方面均有不同程度的减少，资金开始向头部企业汇集，竞争格局逐渐清晰（见表16）。

表16　2018~2019 年机器人部分细分领域投资事件数变化

单位：起

细分领域	赛道类型	2018 年融资事件数	2019 年融资事件数	数量变化
语音	热门赛道	8	4	−4
协作机器人	热门赛道	13	3	−10
商业服务机器人	热门赛道	25	9	−16
教育娱乐机器人	热门赛道	18	10	−8
物流系统机器人	热门赛道	16	13	−3
医疗机器人	热门赛道	15	13	−2
野外机器人	潜力赛道	2	3	+1
救援与安全应用机器人	潜力赛道	0	1	+1

资料来源：作者根据公开资料整理。

新的机会将出现在刚需方面，这些刚需之前由于技术不成熟而处于相对偏冷的潜力赛道。可以预测，在具体需求驱动下，面向更加垂直、更加复杂应用场景的机器人领域有望实现快速增长，比如随着老龄化加剧，用于养老助残的智能护理机器人；代替人类执行危险任务，面向军事、救援、巡检等特定场景的特种机器人等。

相比个人/家用服务机器人，公共服务服务人及特种机器人具有更高的技术要求，这既对创业团队的综合素质提出更高的要求，也意味着这些领域技术壁垒较高，不会轻易陷入同质化竞争。随着技术的不断发展，可以预

计，这些面向垂直和复杂应用场景的机器人领域将会涌现出越来越多的优秀企业。

（三）机器人领域或将更注重引入战略投资，获取更多行业资源

作为科技创业领域的典型代表，机器人创业主要受人才技术及行业资源驱动。

在人才技术方面，对机器人创业者的综合素质要求较高。据调研，机器人创业者主要来自学术界及大公司。因此，在一定时间段内，人才技术的供给趋于稳定，不会出现大幅波动。

在行业资源方面，现阶段机器人产业客户大多以 To G、To B 为主，需要与具体的场景和业务相结合。这意味着机器人领域创业对行业资源的要求很高。初创企业只有满足客户的具体需求才能获得第一桶金，在服务客户中积累的经验对于初创企业来说是重要的竞争壁垒，成功的客户案例是其拓展业务的重要推力。

行业资源驱动决定了具有协同效应的战略投资将会更多地出现在机器人领域。

中小企业资金不够充足，抗击风险能力较弱，需要立足自身技术优势，针对细分领域的某个环节，打造差异化产品，以产生不可替代的价值获得领域内巨头的战略注资或资本的关注。

值得一提的是，战略投资者虽然能提供强大的行业资源，但是一旦对企业注资，大多会介入公司的经营管理，这要求创始团队放弃一部分控制权，初创企业话语权会相应变弱。因此，创始团队在引入战略投资时，应在明晰战略规划的基础上，注重战略投资者的选择、股份占比及控制权问题。

四　机器人产业资本发展建议

（一）机器人企业紧握科创板设立发展机遇

机器人属于高投入产业，需要大量资金来解决企业核心技术突破、国内

外市场拓展、优秀人才引进等问题，否则将面临生存、发展瓶颈。目前，国内各级政府及金融系统已为企业融资问题建立了相关扶持政策、融资渠道，以解决企业的融资困境。

2019年中国科创板正式开板，凭借其与主板、中小板、创业板等不同的市场定位成为机器人资本市场关注的重点。主板上市多针对高收益的大型企业，中小板针对盈利性强的中小企业，创业板针对成长型企业，这三大资本市场板块对企业盈利能力要求较高，上市审批难度高。而科创板侧重新一代信息技术、高端装备等新兴产业，淡化盈利指标、进行注册制，主要从市值、研发、投资机构等维度筛选，平均审核周期短，降低了上市门槛，既帮助科技创新企业解决融资难题，又为产业筛选优质上市企业。

立足国内机器人产业，企业大多体量较小，但作为技术研发型企业，具备高估值、高研发投入、受投资机构青睐的特点。因此，科创板为众多机器人企业提供上市机会、融资渠道，帮助规范企业治理。此外，科创板还为投资机构引入新的退出渠道，提高投资科技创新企业的信心和积极性。

机器人企业需紧握科创板设立的发展机会，获得市场资本支持，实现核心技术突破及大规模的应用场景落地，促进企业快速成长。科创板虽提升了企业上市包容度，为相关满足条件的企业提供了新的发展机遇，但企业还需注重自身技术、业务、经营能力提升，以避免触发退市机制。

（二）投资者应持续关注热门赛道头部玩家，密切注意潜力赛道深耕企业

从产业发展趋势来看，服务机器人已进入全行业探索和深耕场景的时期，站在投资者的角度，建议持续关注教育娱乐、医疗等热门赛道的头部玩家。

对于救援与安全应用、野外机器人等潜力赛道，由于其物理环境多样且复杂，在现有技术水平下，不可能像"人"一样达到全知全能的境界，因此未来发展应以各细分场景为导向，以实现细分场景使用效益最大化为目标。

细分场景下的应用深耕程度将成为衡量服务机器人产品价值的标准，投资者应密切注意潜力赛道里涌现出的拥有切实应用场景、贴近最终用户且对刚性需求有深刻理解的优质企业。只有这些围绕场景应用不断产生切实价值的优质企业，才能在资本的助力下实现盈利并商业化落地。

（三）强化政策扶持作用，打造核心竞争力

机器人产业机遇与挑战并存。随着人力成本的不断提升以及人们物质文化需求的日益增长，机器人产业的发展在提升企业效率的同时，可以推动整个社会的发展。中美贸易摩擦带来的启示是：从全球竞争的角度看，中国工业如果不想被束缚，必须要有自己的核心技术。无论是从国家层面，还是资本与企业层面，在摆脱对进口的依赖、保有长期的竞争力、实现盈利的需求下，推动机器人核心技术的发展势在必行。

在资本对机器人产业推动力不足的情况下，要推动机器人产业不断向前发展，政府顶层设计及政策扶持作用更为关键。一直以来，国家出台了各种扶持政策，以推动机器人产业快速发展。机器人产业经过多年的发展，产业发展脉络逐渐清晰，将有助于政府相应的扶持政策向机器人产业发展最迫切的环节进行资源倾斜，持续助推机器人产业向前发展。

B.8
中国机器人产业人才发展报告
（2020~2021）

——人才需求多元化，培养机制待完善

张明文[*]

摘　要： 在全球范围内的制造产业战略转型期，中国机器人产业迎来爆发性发展的机遇。机器人产业规模的不断发展壮大，使得人才成为整个产业发展的关键。然而，现阶段中国机器人产业人才供需失衡，缺乏机器人研发设计、技术应用、装调维修、销售及售后服务等方面的专业人员，且人才培养机制尚不完善。政府、企业和院校机构为促进机器人产业发展、解决人才缺口问题，不断探索在线教育新模式及高效的人才培养路径，与国际相接轨，打造高标准人才培养体系，提升产业人才培养质量。

关键词： 机器人产业　供需失衡　人才培养　新职业

　　目前，随着智能制造的持续深入推进，中国机器人产业日新月异，而其中的人才问题成为影响整个产业发展的核心环节。从本质上讲，机器人是一种集成度很高的机电一体化装置，用以辅助或代替人做一些有危险、难以胜任、不宜长期进行的工作。从研发角度看，机器人是由人来完成设计研发、

---

* 张明文，哈尔滨工业大学工学硕士，哈工海渡教育集团创始人兼董事长，主要研究方向为工业机器人、智能制造、工业互联网及人工智能领域的技术研发与应用、人才培养和产教融合。

定义每件机器人产品的功能用途，以满足人们在不同应用场景中的需求。从应用角度看，在整个工业生产链条中，在较长时间内人的价值不能完全被机器人替代，未来发展的主要趋势是人机协作。因此，人的因素在整个机器人产业发展中显得尤为重要。本报告将从发展现状、现存问题、发展趋势和发展建议四个方面，分析中国机器人产业的人才发展情况。

一 机器人产业人才发展现状

（一）机器人产业人才的分类

机器人作为一种高端自动化装备，其技术集成度高且应用场景复杂，同时对于人才呈现多层次的需求。如表1所示，目前国内工业机器人领域的人才，大致可以分为四大类：统筹型人才、研发型人才、技术应用型人才、其他支持型人才。

表1　工业机器人领域人才类型

人才类型	相关内容
统筹型人才	企业管理人才;产品经理;项目经理等
研发型人才	电气、机械、软件、人工智能等研发工程师;系统集成应用方案设计人才等
技术应用型人才	系统编程人才;离线仿真工程师;现场调试工程师;操作及维护人员等
其他支持型人才	市场销售人员;售后服务人员;培训与评价人员;产业相关的法律、金融人才等

资料来源：钛禾产业研究院。

从人才规模来看，由于工业机器人是目前技术最成熟、应用最广泛的一类机器人，该领域的从业人员数量最庞大、层次最清晰、结构相对完善。

在广义的机器人领域（包括服务机器人，甚至更广义的智能机器等），尤其是针对C端场景的机器人领域，除了技术实力的比拼之外，还需要产品经理具备准确定义消费者需求、创造性开发不同类型产品的能力。广义机器人所涉及学科交叉更为复杂、场景细分更多且相对碎片化，与工业机器人相比定义相对模糊，因此本报告不将其作为讨论重点。

（二）机器人产业人才分布情况

1. 地域分布情况

机器人产业人才分布与国内机器人产业区域分布有着紧密的关系，在制造业集中区域会使用更多的工业机器人，也需要更多的产业人才。目前，国内机器人产业人才仍然主要集中在华东、华南和华北地区。各个地区产业人才在质量、规模、技术方向等方面均存在差异。

国外著名工业机器人企业在长三角地区均设有中国总部或生产销售基地，如发那科机器人总部建在上海、欧地希机器人在上海有全资子公司等。整体而言，机器人上游、中游和下游的企业正在长三角地区聚集发展，完整的产业链已逐步成型，为当地带来了大规模高质量的产业人才，尤其是机器人系统集成方面的人才。

粤港澳大湾区具有大量高新技术企业，如3C领域的华为、富士康等，家电领域的格力、美的等，它们愿意投入更多智能化制造设备，使得机器人的应用也越来越广泛，促使更多的产业人才向该地区聚集。

在京津冀地区中，北京聚集了多家机器人本体制造商的研发中心，如配天、珞石等，吸引了众多研发型人才。天津依托机器人产业园，着重培养特种机器人等各类人才。唐山的开元电气集团、唐山松下等公司实现了焊接机器人人才的培养和输送。

而研发型人才的分布，除了市场因素外，还与本地的科研环境、教育基础密切相关。例如在东北地区，制造业发展较早且基础较为良好，同时建有哈尔滨工业大学等众多知名高校，拥有一批国家重点实验室、工程研究所、高校实验室等。当地依托这些院校和科研机构进行工业机器人等产品的技术研发与成果转化，培育了哈工大机器人集团、新松、博实股份等国内机器人企业。在这些科研机构和领军企业的带动下，哈尔滨、沈阳等地成为中国本土机器人产业的发源地和技术研发的重要城市。

2. 行业分布情况

机器人应用领域的集中，使得机器人产业人才在各行各业的分布情况不尽相同。从中国机器人应用领域来看，汽车制造业是国内机器人最大的应用市场，其次是 3C 电子、金属加工、食品医药、仓储物流、塑料加工等行业。

汽车制造四大工艺的一致性要求高、工作标准化程度高，适合大规模使用机器人。而传统 3C 电子行业属于劳动密集型领域，需要人工进行大量的分拣、装配、焊接、涂装等作业，随着精度要求逐渐提高、人力成本不断上升，机器换人需求越来越旺盛，成为近几年机器人增速最快的应用领域。

（三）机器人产业人才主要来源

1. 院校自主培养

机器人技术涉及机械、电气、材料、控制、检测、通信和计算机等方面的知识，其对应的专业是一门新兴的、复杂的综合学科。

国内机器人相关专业最早出现于 2013 年，由常州机电职业技术学院和长春汽车工业高等专科学校两所职业院校首先建成工业机器人技术专业。据教育部 2020 年对各省级教育行政部门备案的高等职业教育专业设置情况进行汇总统计，截至 2020 年 7 月，国内开设工业机器人技术专业的高职院校数量已达到 708 所（见图 1）。

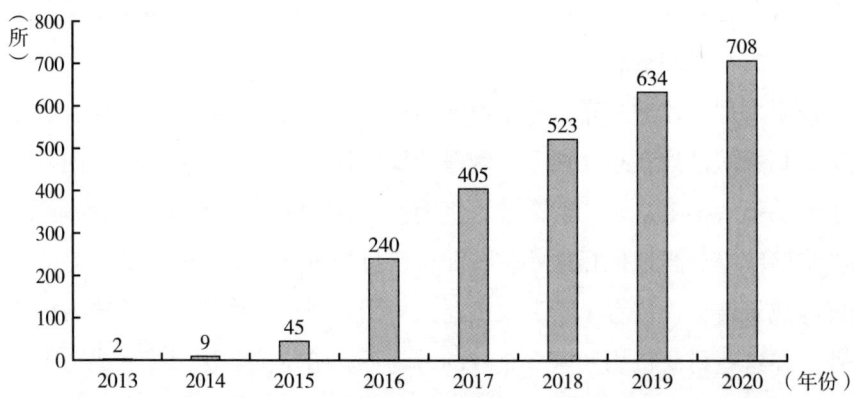

图 1 2013～2020 年中国开设工业机器人技术专业的高职院校数量

资料来源：中国职业技术教育学会。

职业院校的人才培养目标主要是掌握工业机器人工作站或系统的安装、编程操作、现场调试、维修保养、虚拟仿真等方面的专业知识和技能，专业设置侧重学生实践能力的培养，更多的是培养工业机器人技能型人才。

目前在学生培养方面，职业院校往往会与当地知名工业机器人企业合作，建立校企联合培养模式。如南京信息技术职业学院联手埃斯顿建立"埃斯顿南信机器人产教融合基地"，进行相关应用型人才培养。

随着新工科教育的不断推进，国内本科院校相继开设机器人工程专业。2015年，东南大学率先申报"机器人工程"专业，并于2016年2月正式获批，从此拉开了"机器人工程"新专业建设的序幕。

自列入招生计划以来，机器人工程专业在高校内迅速走红。根据2020年2月教育部公布的《2020年度普通高等学校本科专业备案和审批结果》，国内（大陆）开设机器人工程专业的本科院校数量已增加至249所（见图2）。

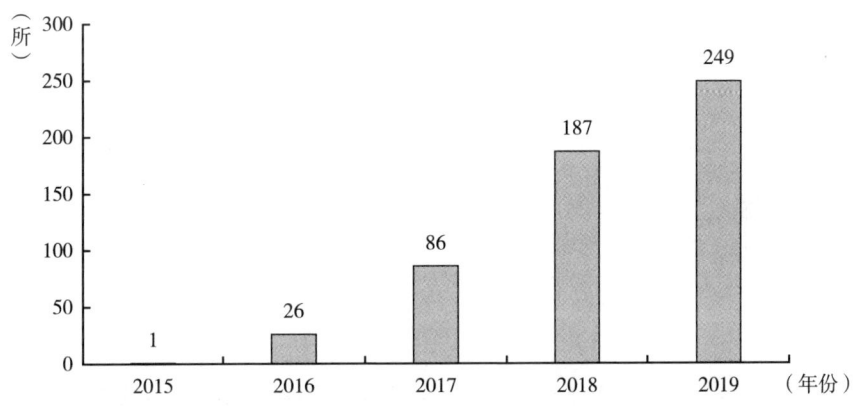

图2　2015~2019年中国开设机器人工程专业的本科院校数量

资料来源：教育部官网。

机器人工程专业主要是培养高素质综合型技术人才，能够胜任机器人系统集成应用、设计开发、装调与改造、运行及技术管理等方面工作。在实际培养过程中，考虑到每所高校的科研力量、优势学科、师资队伍等条件不同，具体的人才培养模式、课程设置也应存在差异。

2. 企业培养

机器人产业人才的培养仅靠学校是远远不够的，还需要企业的参与。学校教育为机器人产业人才构建了基础的知识结构，而企业则提供丰富的实践经验，不断提高产业人才的技术水平和专业程度。

除国内企业外，ABB、发那科、安川等国外知名机器人公司也相继在国内投资设厂，逐步扩大规模，抢占中国市场。2019 年，上海发那科三期项目在上海市宝山区正式动工，预计总投入 15 亿元用以打造智能工厂。

国外机器人厂商在进军国内市场的同时，也会大规模招揽国内应用、研发、生产和销售服务人员，建立完善的供应商体系，促进专业人才和技术的扩散，同时带动了数以万计的国内机器人产业人才的培养。

3. 社会教育机构培训

新兴技术运用的持续推进，使得传统的第一、第二产业越发智能化。伴随着国内制造业转型升级与改造的逐步完成，机器人被大规模采用，产业对人才的需求变得十分巨大，促使机器人成为先进制造业的新兴职业。而学校教育和企业培养的周期往往较长，"短平快"的社会教育机构应运而生。

目前，社会教育机构主要有两种类型：一类是由机器人集成和研发人员组建成立，服务教育市场和学员的同时，兼顾销售自身产品，如哈工大机器人集团旗下的哈工海渡等；另一类则是纯职业培训机构，如杭州指南车等。这两类机构的主要目标是培养机器人集成和终端应用的技术应用人才。

就培训对象而言，这些社会教育机构的教育模式主要分为两类：针对企业的职工，提供岗前技能培训、岗位转型或技能提升服务；针对各类院校的师生，与院校合作共建实验室或实训实践基地，进行师资培训、学生实训实践、技能考核认证等。

除技术应用型人才的培训外，业内还有专门针对销售、运营管理专业人才的教育机构。例如，哈工大机器人集团与哈尔滨工业大学经济与管理学院 EMBA 教育中心合作开设的繁星学院，通过校企联合的培养方式，培养具有战略思维的实战型管理人才。

（四）机器人产业人才评价

1. 机械行业工业机器人能力水平评价

为进一步加快中国工业机器人产业发展步伐，填补职业技能标准体系在智能制造领域的空白，综合相关职业的生产技术与加工工艺、设备使用与材料应用、从业人员结构分布和规模等因素，机械工业职业技能鉴定指导中心于 2015 年 9 月在广州组织召开工业机器人产业国家职业技能标准编写启动工作会议，为中国机器人产业的职业教育与教学、职业技能培训与提升、职业技能考核与鉴定、企业人才引进与岗位管理等提供科学规范的依据。

2017 年 3 月，机械工业职业技能鉴定指导中心在工业机器人产业职业技能标准发布大会上，发布两项职业技能标准——《工业机器人装调维修工》和《工业机器人操作调整工》，可应用于相关人才培养和职业能力等级认定等工作，有利于工匠精神的弘扬和中国智能制造的推进。这两项标准的发布应时应景、恰逢其时，填补了当时中国该产业技能人才培养评价标准的空白，具有现实指导意义和长远应用前景。

2. 工业机器人新职业发布

在传统产业升级带动下，工业机器人应用越来越广泛，"机器换人"在部分地区得到推广，带动了与机器人相关的生产制造、集成应用及服务、教育培训等企业的快速发展。工业机器人的大规模应用，加大了产业人才的需求，促使工业机器人系统操作员等成为先进制造业领域的新兴职业。2019年，人社部等部门向社会发布了首批 13 个新职业信息。

工业机器人新职业的出现，有利于促进企业单位的岗位要求与管理、人才定位与引进、职工技能培训等工作更加科学规范，对从业人员的职业发展规划、职业能力提升和职业素养提高都具有指导作用。

新职业信息发布后，社会各有关单位积极参加工业机器人国家职业技能标准编制开发工作，期望为职业教育、技能培训等提供科学依据。哈工海渡作为《工业机器人系统操作员》国家职业技能标准起草单位之一，将哈尔

滨工业大学在机器人领域的先进技术研究和哈工大机器人集团在机器人产业应用的丰富经验融入标准中。

2020年下半年，2个工业机器人新职业国家职业技能标准的正式发布，对机器人产业技能人才发展通道的构建、劳动者自身素质的提高、职业教育的引导、人力资源的管理优化等方面起到重要作用，进一步推动工业机器人产业人才培养工作，促进人才就业和岗位转型。

3. 1+X证书制度试点工作

为进一步落实《国家职业教育改革实施方案》（职教20条）要求，教育部等部门于2019年印发《关于在院校实施"学历证书+若干职业技能等级证书"制度试点方案》，正式启动"学历证书+若干职业技能等级证书"（简称1+X证书）制度试点工作。

1+X证书制度试点工作强调以学生为中心，以培养高素质、高水平、高质量人才为目标，探索建立综合型技术应用人才培养的新模式，改革人才评价机制，夯实就业技术技能。1+X证书制度的实施，有利于人才发展通道的贯通，以及产业结构性就业矛盾的缓解。

截至目前，工业机器人已在工业机器人操作与运维、工业机器人应用编程、工业机器人装调、工业机器人集成应用方向设立等级证书。

国家和行业从不同角度实施推广机器人产业人才培养的举措，加大培养力度，提高培养规范性，保障高质量机器人应用型人才的供给。

（五）机器人产业人才供需现状

市场需求决定了机器人产业的人才供应与培养方向。目前，国内机器人市场正在蓬勃发展，中国作为全球最大机器人应用市场，产业人才需要量较大。据《制造业人才发展规划指南》预计，到2025年，高档数控机床和机器人领域人才总需求量将达到900万人，缺口将达到450万人。

现阶段中国机器人产业人才供需仍然处于失衡状态，一方面，人才的规模远远不足；另一方面，人才的整体素质和技术水平还有待提高。

近年来，国内机器人企业单位和高校科研机构通过不断增加机器人技术研究投入，引进相关高技术人才，同时，着手培养对应技术储备人员，在一定程度上提升了硬件基础和技术水平，但编程调试、维护保养和技术管理等应用型技术人才缺口仍然较大，培养力度远远不足。

（六）机器人产业人才待遇

1. 研发型人才待遇

目前，国内机器人领域缺乏大量优秀研发人才，其中具有项目经验的工程型人才更为稀缺，导致企业出现了高薪难求人才的现象。在高薪吸引下，众多机器人相关专业的人才相继转至机器人研发领域。

图3是"机器人在线"网站根据2018年国内招聘网站1.5万余份样本数据统计的工业机器人研发工程师十大高薪岗位，其中，十大高薪岗位的平均月薪超过10000元的有七个，薪资最高的两大热门岗位为机器人算法工程师和机器人视觉工程师。

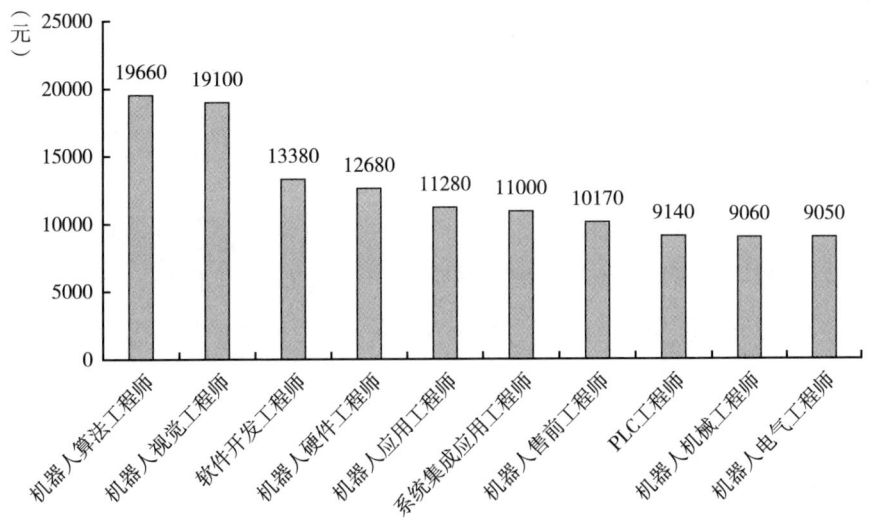

图3　2018年工业机器人研发工程师十大高薪岗位

资料来源："机器人在线"网站。

2. 应用型人才待遇

调查结果显示，掌握机器人应用技能的员工，其收入明显增加。图 4 为钛禾产业研究院在广东、江苏、浙江、河北等地区的 113 家智能制造企业，对操作机器人及智能设备的一线技术工人平均月薪的调查结果。

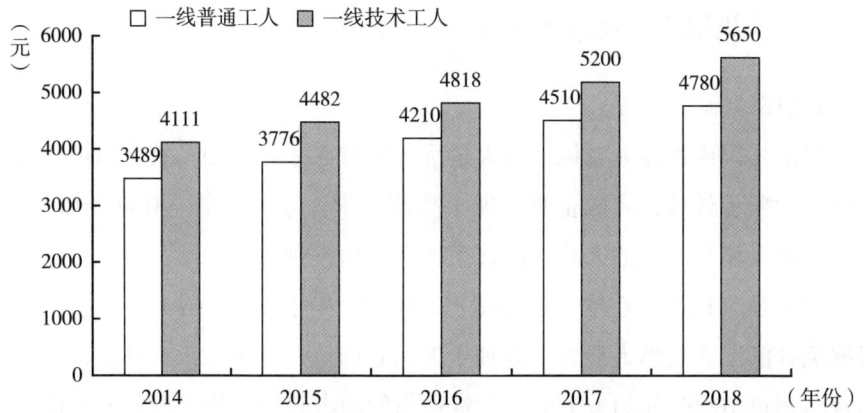

图 4　2014～2018 年制造企业一线普通工人与一线技术工人平均月薪对比

资料来源：钛禾产业研究院。

二　机器人产业人才现存问题

虽然各路人才大量涌入机器人产业，从国家到地方也针对目前的人才缺口制定了相关的政策和引导措施，鼓励产业人才的培养。但是，人才培养是一个漫长过程，优质人才短缺、人才结构不完善等问题仍制约机器人产业的发展。

（一）优秀的产品经理稀缺

机器人系统的复杂程度较高，研发出一款完整的产品，不仅需要各相关学科的专业技术人才相互配合，还需要具备项目统筹规划能力的产品经理，在把握市场实际需求的同时，了解产品研发，具备一定的产品整体设计能力。

中国机器人产业人才培养起步较晚，国内从事机器人领域研发的人员，来自机械类等专业居多。这些专业的毕业生，往往对涉及本专业方面的技术问题更加地关注，很难站在机器人整体系统角度设计和研发产品，以及优化配置。

机器人人才的培养，不仅需要高校的基础教育，还需要在企业中进行长期实践和经验积累。据国外企业经验，将一名相关专业的硕士及以上毕业生，培养成为合格的机器人产品经理，需要5~8年甚至更长的时间。

（二）研发型人才短板明显

目前，中国学校教育还处于注重理论知识轻实践的阶段，导致所学知识内容与产业实际应用技术相脱离，使得很多高校毕业的本科或研究生入职企业研发岗位后，存在技术方向偏差、将简单问题复杂化等现象。研发型人才有短板，不仅增加了产品成本，还拉低了用户应用体验，不利于产品的市场推广，大大降低产品的竞争力。

另外，中国机器人基础学科、产品设计、工艺研发等方面的技术人才也相当匮乏，无法满足现阶段产业发展需求。

（三）技术应用型人才缺口巨大

技术应用型人才缺口已成为制约制造企业自动化升级改造的一大主要瓶颈。

第一，由于市场需求的日益扩大，使得机器人产业人才供需失衡。针对113家智能制造企业的调查数据显示，2014~2018年，企业一线工人本科学历平均占比分别为6.3%、7.4%、8.4%、8.9%、9.3%，呈稳步上升趋势，这说明企业在转型升级过程中，更青睐高学历人才。而新员工经过短期的岗前技术技能培训，可逐步胜任数控机床编程操作、机器人调试与维护等岗位。但在实际产业中，技术应用型人才的招聘仍不易，尤其是具备两年以

上机器人编程操作经验的人员，出现供不应求的情况。ABB 等企业数据显示，仅在苏锡常地区就有 3000 余家企业在采用工业机器人，相关技术技能人才缺口超 2000 人。

第二，由于当前年轻人的就业心态，导致技术应用型人才的短缺。据服务于苏州当地企业的人力资源机构反映，部分机器人相关专业的应届毕业生更愿意在机器人本体制造商或集成商当销售人员，不愿意在车间或生产线当机器人编程操作员，在他们看来，虽然操作员的收入更高，但"没有什么前途"。

（四）人才培养机制尚不完善

1. 学校虽然开设专业，但缺乏有效教育

虽然国内院校纷纷开设机器人相关专业，但学校想要培养出高素质、高水平的产业人才，短期内还难以实现。

机器人是新兴产业之一，对应专业也是新兴专业，其教学所需的师资力量、课程资源、硬件设备等尚未形成统一的标准。大部分高校在制订人才培养计划时，都参考其他院校或者咨询相关企业，缺乏与自身办学特点相契合、与学生就业定位一致的计划。很多学校自身并无机器人相关的研发经验和实践应用基础，师资队伍大多是由原机械、自动化、计算机等不同专业的教师组合而成，教师本身也缺乏实际项目应用经验，这种情况下，想要在短期内培养出高质量的人才实属不易。

现有高校的机器人课程设置较为分散，多数未成立独立的机器人学院或研究院，大多是放在机械工程、计算机、自动化、电子等学院分别培养。

另外，硬件条件不完善的学校还有很多，其授课内容侧重理论知识和虚拟仿真应用。还有一部分高校热衷于参加各类竞赛，将获奖情况作为主要培养方向，甚至在大一就成立竞赛团队，集中学校资源服务竞赛，偏离了真正的工程应用型、实战研发型人才的培养目标。

《中国教育报》课题组对 82 家高职院校的调研发现，高职院校师资团队的培养，大部分是来源于网络平台自学，参加相关职业技能大赛及其赛前

培训，建设校企合作实训室，校外师资培训等，而有一部分课程或知识具有很强的专业性和实践性，没有实操经验的院校老师难以完成，为了确保教学质量达到预期效果，通常邀请企业高级工程师或专家来校授课。

2. 企业缺乏培训条件和培训耐心

对于践行转型升级的制造企业而言，以高额代价购置了智能化设备，通常要求能够立即将其投入实际生产应用中为保证生产效率，企业需要技术人员快速上岗，不希望投入过多精力进行员工培训。

长期的员工培训，不仅现场设备运行和实际生产条件不允许，人力成本也不允许。因此，大部分企业更愿意招收经社会培训机构二次培训且具备一定机器人编程操作能力的人员，或者直接以高薪挖人的方式来获得成熟的技术人员。

3. 优质社会培训机构稀缺

学校培训脱离实践，而企业培训又缺乏条件，催生了机器人社会培训机构。但是，综观整个机器人培训行业，水平参差不齐，优质的、上规模的培训机构屈指可数。

一部分社会培训机构是由其他技术方向培训机构转型或新增机器人课程而成，总体而言，缺乏完善的培训装备、配套的教学资源、优质的师资队伍和专业的课程体系。而另一些是机器人本体研发制造企业开办的培训机构或部门，基本针对本企业品牌的机器人设置课程。

规范、专业的培训机构，一方面需要具备政府部门授权的机器人办学资质，另一方面需要具有相关培训资质。但国内正规培训机构数量较少，经培训且合格的学员人数较少，难以满足市场的需求。如开办时间较长、专业从事机器人技能培训的机构——指南车，年培训人数也不超过 1500 人。

4. 技能考核评价体系不健全

目前，各类社会培训机构关于工业机器人技能人才的培养，尚无统一的评价标准或规范，大部分是根据经验或者产业用人单位需要而设置，不利于全国范围内人才培养工作的推广，对于解决技术应用型人才缺口稍显乏力。

针对当前技能考核评价体系不健全的情况，机械工业职业技能鉴定指导

中心起草工业机器人产业职业技能标准、开发配套职业培训教程，在机械行业范围内大力推广能力水平考核评价，有效地弥补了中国工业机器人产业技能人才培养评价标准的空白，进一步规范了工业机器人技能人才培养与评价工作。

但从国家角度而言，工业机器人产业职业技能标准还不具有代表性，而工业机器人新职业国家职业技能标准也刚刚发布不久，配套的培训教程、考核设备等评价体系尚未建立。在全国范围内大规模开展工业机器人新职业技能鉴定评价工作，虽然有政府部门的监管，但实施条件还未成熟，需要一段时间的尝试和完善。

5. 配套教学资源不够系统

机器人产业是新兴产业，其对应的教育刚开始不久，在整个教育领域内，完整的教学资源系统尚未形成。这阻碍了大范围的人才培养工作的推进，使得院校在授课或者实践过程中，缺乏合适的专业教材、教学课件、教学视频等。

目前，市面上的工业机器人教材有一部分与教学设备进行了捆绑，其内容主要是基于某款教学设备而设计的，使得学校在使用该教材的同时需要投入更多资金采购对应的设备，制约了教学工作的推广。而哈工海渡针对国内外主流品牌机器人开发通用型教材和专用型教材，迄今已出版60余套工业机器人技术专业"十三五"系列教材（见表2），总发行量超50万册，教材内容涵盖人才培养方案、高级编程、设计开发等。"十三五"系列教材获得了蔡鹤皋院士和韩杰才院士的亲自指导，并为系列书籍作序，成为工业机器人人才培养推荐教材。

表2　工业机器人技术专业"十三五"系列部分教材

序号	教材名称	主编	出版社	ISBN
1	工业机器人技术人才培养方案	张明文	哈尔滨工业大学出版社	978 – 7 – 5603 – 6654 – 8
2	工业机器人专业英语	张明文	华中科技大学出版社	978 – 7 – 5680 – 3262 – 9

序号	教材名称	主编	出版社	ISBN
3	工业机器人技术基础及应用	张明文	哈尔滨工业大学出版社	978 - 7 - 5603 - 6626 - 5
4	工业机器人入门实用教程（FANUC 机器人）	张明文	哈尔滨工业大学出版社	978 - 7 - 5603 - 6967 - 9
5	工业机器人离线编程	张明文	哈尔滨工业大学出版社	978 - 7 - 5680 - 3263 - 6
6	工业机器人编程操作（FANUC 机器人）	张明文	人民邮电出版社	978 - 7 - 115 - 52327 - 3
7	工业机器人原理及应用（DELTA 并联机器人）	张明文、于振中	哈尔滨工业大学出版社	978 - 7 - 5603 - 7317 - 1
8	工业机器人视觉技术及应用	张明文、王璐欢	人民邮电出版社	978 - 7 - 115 - 53326 - 5
9	智能协作机器人入门实用教程（优傲机器人）	张明文、王璐欢	机械工业出版社	978 - 7 - 111 - 64426 - 2
10	智能机器人高级编程及应用（ABB 机器人）	张明文、王璐欢	机械工业出版社	978 - 7 - 111 - 64400 - 2

资料来源：哈工海渡官网。

三 机器人产业人才发展趋势

（一）市场对人才的需求层次将更加多元化

人工智能、工业互联网等前沿技术的应用越来越广泛，对机器人产业研发人员的要求也日益变高，具备多学科知识和技术、兼具产品设计能力和项目统筹规划能力的高级工程型人才成为了企业的"香饽饽"。

随着机器人越来越智能化、功能越来越丰富强大，融合的学科和技术也越来越多。无论是上游零部件厂商、中游本体研发厂商还是下游系统集成商，整个机器人产业链对复合型研发人才的需求越来越迫切。

从工作环境来看，在人类需要与机器人紧密合作、频繁互动的场景中，人机共存所需的安全性越来越突出，人机协作方面的研发型和应用型人才需求也越来越大。从应用领域来看，随着机器人焊接、喷涂、打磨、装配等作

业越来越精细，可替代的生产工序越来越多，每种工序都需要有能操作相应设备的专业技术人员，并逐步往更深的能力方向发展。

伴随自动化改造升级的进程推进，制造企业原有的管理方式已逐渐不适应大规模的机器人生产，具备先进智能制造管理能力、熟悉机器人生产的企业管理人才将成为新型制造企业最核心的人才之一。

（二）机器人教育的青少年化

2016年以来，政府部门出台了一系列政策用于扶持机器人产业和先进制造业。在全球智能化的形势下，国家、地方、学校和家庭逐步形成一个共识——"机器人教育要从娃娃抓起"。

国务院印发文件，指明在中小学阶段设置人工智能相关课程。教育部先后出台《教育信息化"十三五"规划》《义务教育小学科学课程标准》，提出探索新教育模式，鼓励STEM教育，并将人工智能等内容列入高中新课标。

目前，中国青少年机器人教育的主要方式是技术与兴趣相结合，侧重实践环节，以技能操作训练为基础，培养青少年的动手能力、团队协作能力、创新意识以及对科技的兴趣爱好，帮助他们掌握机器人所需的基础知识与基本能力。

（三）政策扶持，深化产教融合

中国机器人产业的蓬勃发展，亟须一大批高素质、高水平的技术人才，但用人单位的需求侧和人才教育培养的供给侧在质量、技术水平方面依旧无法达到完全对等，"两张皮"的问题至今没有解决。

未来，政府将从顶层推进，通过政策制定实施为机器人产业高素质人才队伍建设保驾护航。基于政策指导，校企将加强合作、打破壁垒，形成良好的人才培养机制。国家引导、地方支持、校企联合、产教融合，将成为未来机器人产业人才发展的主要趋势。

（四）在线教育新模式探索

2020 年初，受新冠肺炎疫情影响，中国不少行业受到了沉重打击。在教育培训行业里，线下培训机构预期用工减少 50% 的比例最高，其次为线上线下融合机构，线下培训经历了前所未有的考验，而在线教育逐渐火热，得到了快速发展。在线教育打破了线下教育机构的区域性，冲破了教育培训在时间和空间上的制约，具有灵活、便捷等优势，促使机器人产业人才的培养出现新模式。

1. 线上职业技能培训平台

采用线上职业技能培训，既提高人员职业技能水平，又有效避免人员聚集，国家相关部门大力支持鼓励劳动者参与线上职业技能培训。截至 2020 年 7 月，国家免费开放的线上职业技能培训平台包括"工业和信息化技术技能人才网上学习平台"、"技能强国——全国产业工人技能学习平台"、"学习强国"技能频道、"人力资源和社会保障部教育培训网"、"中国职业培训在线"、"中国国家人事人才培训网"等。[①]

疫情期间，按照《人力资源和社会保障部 财政部关于实施职业技能提升行动"互联网＋职业技能培训计划"的通知》（人社部发〔2020〕10 号）要求，政府鼓励企业单位、各类院校、社会教育培训机构等大力拓展、开放线上培训资源。政府部门的引导，使得大量机器人教学资源涌入线上，为广大产业人才的技能提升提供丰富便捷的学习途径，对机器人产业人才的培养具有重要意义。

在疫情期间，全社会相关单位共同努力，构建机器人线上学习生态圈。例如，哈工海渡免费开放近千课时工业机器人课程，同时将机器人教学课程上传至学习强国（见图 5）、技能强国等国家免费开放平台。另外，哈工海渡还进一步与地方政府合作，其在线教学平台（海渡学院）被列入安徽、

---

① 吉林市人社局，《鼓励开展线上职业技能培训》，2020 年 2 月 28 日，http：//hrss.jl.gov.cn/gzdt/202002/t20200228_ 6862844. html。

江苏、浙江等省的线上免费职业培训资源名单，为机器人产业人才培养贡献力量。

图5 "学习强国"机器人教学课程

资料来源：学习强国。

2. 新职业在线学习平台

为了方便社会群众学习新职业技能，从事相关岗位工作，同时深入贯彻国家职业技能提升计划，践行新冠肺炎疫情防控期间"百日免费线上技能培训行动"，中国就业培训技术指导中心联合阿里巴巴钉钉推出新职业在线学习平台（2.0版），专注培养新兴产业技术技能人才。其中，工业机器人新职业培训课程已上线的是"工业机器人系统操作员（中级）"（见图6），通过线上技能学习及在线测评合格者，可获取培训合格证书，若符合地方政府规定的培训补贴条件，还可申领相关补贴。

新职业在线学习平台的意义在于引导广大社会群众了解熟悉新职业，提

图6 工业机器人系统操作员培训课程

资料来源：新职业在线学习平台。

供新职业学习途径，服务新职业岗位就业，提高新职业从业者整体技术技能水平，填补新型应用人才缺口。

四 机器人产业人才发展建议

（一）建立高效合理的人才培养路径

对于机器人产业人才的培养，政府部门、院校、企业单位三者是关键。要想形成高效合理的人才培养综合生态圈，需要三者分工明确、紧密合作，整合利用产业各环节资源。

政府部门需重视人才培养工作，投入相关资源，充分发挥组织引导作用，合理设计总体规划与布局，还要针对企业、高校的实际人才供需给予精准的支持和帮助。

学校要充分发挥自身优势，结合自身不足之处，根据实际情况规划出有针对性的人才培养方案，专业建设要做到与时俱进，精准把握产业需求，也可深化与当地机器人企业的合作，建立产教融合基地、产业学院等，培养具有实用价值的高质量产业人才。

企业需要制定长远发展所需的人才队伍规划，不能总是到急需用人时再

"高薪挖人"，而是要着眼于长期经营，积极与高校、社会培训机构合作，开辟多渠道的人才来源，建立"引进—自主培养—合作培养"的全方位人才培养和储备机制。

总之，提高先进制造业发展所需人才的能力，健全多层次、多类型人才培养机制，不是单方面的任务。只有政府部门、高校、企业三者之间形成高效联动，形成"产学研一体"的培养体系，才能源源不断地培养出高素质人才，优化产业人才的分布、层次、类型等。

（二）学校开设专业需重视质量

结合目前国内高校的专业开设数量和招生情况，预计到2022年，机器人相关专业的毕业生增长数量将超过产业人才缺口增长数量。人才规模的急剧增长，伴随而来的是人才质量的问题。不少高校为了"蹭热度""追风口"而开设机器人相关专业，但实际上并没有足够的教学能力和教学资源支撑，培养出来的学生专业水平参差不齐。

教育部门应重视学科质量的建设，控制新增专业的申请和备案审批。已经开设相关专业的学校，需要结合自身优势和实际情况进行不断优化和创新，打造专业特色，支撑当地机器人产业发展。

（三）加强就业心态的引导

与各方培养相对应的是人才自身。例如，"供不应求""火爆抢人"现象在局部地区会短暂出现，容易导致部分求职者的心态失衡，"高薪低能"的现象屡见不鲜。另外，不少毕业生宁可选择销售、管理等岗位，也不想在车间或生产线工作。这些问题既影响了求职者自身的职业发展，也破坏了整个产业良好就业氛围的形成。

加强对机器人产业人才的就业辅导，也是迫切需要开展的重要工作，将持续影响产业的健康发展，其具体落实仍需政府、高校、企业多方共同协作，通过开设职业辅导课程、校企共建就业指导中心、引入资深职场人士担任课外导师等方式，帮助在校学生尽早树立良好的职业发展观，提前做好职业规划。

（四）在线教育与线下培训相结合，全维度培养

机器人技术具有知识面广、实操性强等特点，特别是在涉及机器人编程操作、现场应用调试时，其实操过程如何有效地转化成教学视频，是业内普遍存在的痛点。

在这个问题上，哈工海渡进行了大胆尝试，将机器人实际产品放入录播现场，采用多机位协同拍摄，一边操作机器人，一边进行相关实操讲解，让学员对机器人整个应用有更直观的了解，从而脱离了传统的 PPT 课件教学。该方式得到了学员们的一致好评，引导业内教育者或教育单位开始加大力量投入到在线学习平台及资源的开发上来，线上教学的作用越来越显著。

目前，伴随机器人线上教育的快速发展，学员可选择合适的在线学习平台，随时随地无门槛地学习机器人知识，基础夯实后，再转到线下进行实操训练。针对产业实际应用情况，进一步或者专门提高技能，这样能够更有效地促进机器人产业人才的培养。值得注意的是，这里需要线上课程与线下课程的内容具有衔接性，让机器人知识能够串联起来，以培育高质量的人才。

当然，对于机器人产业而言，这种线上与线下相结合的方式，需要投入大量人力、物力和财力。比如开发在线教育资源，有时需要有对应的机器人产品，这些产品往往投入不菲，加上教学人员要求有几年相关产业应用经验，也增加人力成本投入。因此，这种机器人产业人才全维度的培养模式还在发展阶段，全国范围内的推广有待进一步推动。

（五）与国际接轨，对接人才培养更高标准

国内机器人产业由于起步晚，在机器人产业人才的培养方面，与国外发达国家之间存在明显的差距。因此，在做好服务国内产业人才需要的同时，还要与国际接轨，以更高的标准来要求自己。世界技能大赛是更高标准的一种体现，具体表现在高度安全意识、严格实施流程、严谨实操作业、技能技巧娴熟等方面，其评判标准国际都认可，其竞技水平代表了各领域职业技能发展的世界水平，是技能展示和交流的重要平台。上海获得 2021 年第 46 届

世界技能大赛举办权，"机器人系统集成"赛项也将首次亮相。

对于机器人系统集成者而言，不仅要求其能够觉察到机器人在制造流程、控制系统、机械臂及自动化规定更新方面的技术发展，还要具备为所有或部分系统自动化提供技术解决方案的能力。机器人系统集成者所掌握的专业技术较为全面且实践经验丰富，是机器人产业紧缺的综合型高层次人才。能够参加"机器人系统集成"世界技能大赛的人员，往往是该领域的技术代表，是全国范围内选拔出的优秀人才。

院校可以通过向世界技能大赛学习，以世界技能大赛为契机和平台，引入世界技能大赛标准设备和技能要求，将其变成日常化专业技能培训教学；建立具有地区代表和示范意义的人才培养基地，结合地区企业人才需求，以校企合作等方式，加强人才培养与技术交流，带动行业教育发展，推动企业技术革新。

目前，国内很多企业、院校、社会培训机构纷纷涉足世界技能大赛，以更高标准、更高要求来培养机器人产业人才。在这一方面，哈工海渡已与"机器人系统集成"赛项官方指定供应商发那科机器人公司达成合作，引进其标准设备，以高标准更新机器人产业人才培养体系及教学资源，以高要求提升机器人产业人才培养质量。

B.9
中国机器人产业知识产权/专利发展报告（2020~2021）

——国内专利申请数量快速增长，专利集中度低于全球水平

马志斌　郝瑞刚　姚金金*

摘　要： 随着中国经济的高速发展和产业转型升级的不断推进，中国机器人市场的巨大发展潜力吸引国内外相关企业积极参与市场竞争，未来的中国市场争夺将日益激烈。机器人属于新兴技术，自2011年以来，全球、中国的机器人相关专利申请数量都在持续增长，中国申请人的相关专利申请数量明显超越其他国家或地区的专利申请总量。中国受理的机器人相关专利技术集中度明显低于全球相关专利技术集中度，中国仍处于大量申请人积极参与专利申请的阶段，尚未出现少量申请人拥有大量相关专利的现象，与全球专利申请集中度相比仍有一定差距。美国、日本、韩国、德国等国家的申请人也都积极在中国布局机器人相关专利，中国申请人应进一步增加对技术的研发投入，提升专利保护意识，熟悉对专利法的运用，为企业的发展保驾护航。

---

* 马志斌，合肥工业大学学士，北京开阳星知识产权代理有限公司合伙人、专利代理师，主要研究方向为专利申请布局、专利分析以及专利侵权预警；郝瑞刚，西安理工大学学士，北京开阳星知识产权代理有限公司创始人，专利代理师、诉讼代理师、知识产权纠纷人民调解委员会人民调解员，主要研究方向为知识产权分析、企业知识产权管理以及知识产权战略等；姚金金，北京科技大学硕士，北京开阳星知识产权代理有限公司合伙人、专利代理师，主要研究方向为知识产权申请策略、企业知识产权管理以及知识产权分析。

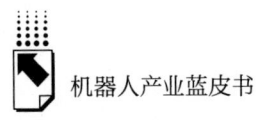

关键词： 机器人 专利数量 专利质量 全球专利布局

一 机器人知识产权/专利发展现状

本报告将从知识产权领域从业人员的视角，对全球机器人相关的专利进行检索和分析。检索采用的方式为以关键词为主并辅助采用国际专利分类号与洛迦诺分类号，检索平台为 incoPat 专利数据库，检索日期截至 2020 年 8 月 1 日。

（一）全球机器人专利发展现状

1. 全球机器人相关专利申请量发展趋势

检索结果显示，截至 2020 年 8 月 1 日，全球已公开的机器人相关专利总申请量为 372977 件。图 1 为 1949~2020 年全球机器人相关专利的申请趋势。

根据《专利法》第三十四条以及第四十条的规定，"发明专利申请后初步审查符合要求的自申请日起满十八个月即行公布""实用新型与外观设计专利初步审查符合要求即行公告"，而只有公布或公告后的专利才能检索到，因此 2019~2020 年申请的专利仍有大量处于未公开状态，无法统计完全，2019~2020 年的数据仅供参考。

从图 1 可以看到，1980 年之后全球相关专利申请才开始进入稳定发展阶段，2010 年之后进入快速发展阶段，全球相关技术在近 10 年开始快速增长。

具体来看，机器人技术的全球总体申请趋势可以分为：萌芽期、稳定发展期和快速发展期。

（1）萌芽期（1949~1980 年）

在 1980 年之前，机器人相关专利的申请量增长非常缓慢，全球申请量在 1965 年才首次突破 100 件，1980 年的年申请量只有 511 件，第一次突破 500 件。全球虽然每年都有机器人相关专利申请，但申请量增长趋势非常缓慢，技术发展一直处于萌芽状态。

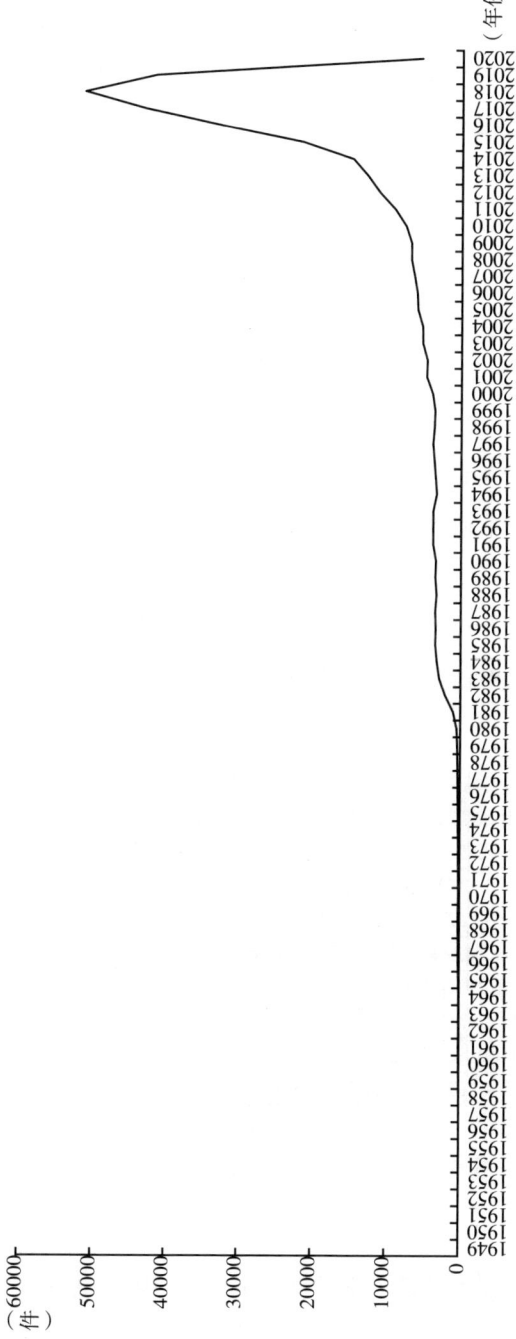

图 1 1949~2020 年全球机器人相关专利申请趋势

说明：由于 2019 年和 2020 年申请的专利尚有大量未公开，因此 2019 年和 2020 年的数据仅供参考。

资料来源：incoPat 专利数据库。

（2）稳定发展期（1981～2010 年）

这期间，全球机器人技术相关专利年申请量开始上升，从 1981 年的 1009 件逐渐增加至 2010 年的 7593 件，年平均申请量为 4185.9 件，年平均增长率为 8.63%。与前一阶段相比，专利年平均申请量得到增加，全球机器人技术进入稳定发展阶段。

（3）快速发展期（2011～2020 年）

这一阶段，全球机器人技术相关的专利数量快速增加，年平均申请量为 26405.3 件，年平均增长率为 22.45%，最大年增长率为 52%（2016 年），2018 年申请量已达 51300 件。机器人专利数量的增长说明技术在快速发展，相关专利持续、快速地产出，全球机器人相关专利的申请进入快速增长阶段。

2. 全球机器人相关专利主要申请人

申请人申请专利是对其技术研发成果的保护，专利申请量越多的申请人，其技术研发更为活跃，研发投入、技术产出相对较多。机器人产业内的申请人积极进行技术研发是推动机器人领域技术发展的重要因素。

全球机器人相关专利中，申请量排名前 10 的申请人及相应的专利申请量如图 2 所示。

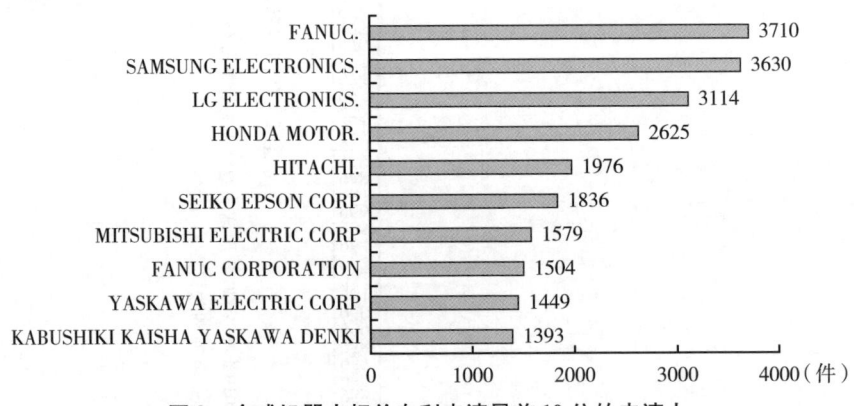

图 2　全球机器人相关专利申请量前 10 位的申请人

资料来源：incoPat 专利数据库。

从图 2 可以看到，全球机器人相关专利申请量最多的 10 个申请人均为国外申请人。

排名第一（FANUC LTD.）和第八（FANUC CORPORATION）的申请人均为日本发那科公司，该公司主要从事机器人、智能机器以及包含机器人的自动化成套生产系统的销售、安装和保养，机器人是其核心业务。

排名第二的三星电子（SAMSUNG ELECTRONICS CO LTD.）是一家韩国企业，三星集团涉及十多个行业，机器人属于新的技术热点，因此也被三星集团旗下的三星电子纳入了研发范围。三星电子在机器人领域的专利数量也已经积累到3630件，无论是技术产出还是产品上市，这些专利将成为三星电子的一大助力。

排名第三的乐金电子（LG ELECTRONICS INC.）也是韩国企业，机器人方面的研发主要是与家电配合使用的机器人设备，比如洗碗机、冰箱、空调等。该公司在CES 2018国际消费电子展上展出了搬运型机器人、购物车机器人、服务型机器人三款机器人产品，然而这些机器人尚未投入实际应用，各种功能仍有待进一步完善。乐金电子目前在售的机器人产品只有扫地机器人，未见其他机器人产品出售。该公司目前已经积累了3114件机器人相关专利。

综上可以看出，全球机器人相关专利拥有量排名靠前的主要是日本和韩国的企业，虽然中国申请人的专利申请总量比日本和韩国多，但专利申请人较为分散，专利数量排名前10中没有中国申请人。

3. 全球机器人相关专利技术集中度

技术集中度是指在某个领域内专利拥有量排名靠前的申请人其专利拥有量在该领域相关专利总量中的占比，占比越大则技术集中度越高。全球机器人相关的专利申请中，排名前50的申请人专利拥有量在全球相关专利申请总量中的占比如表1所示。

表1 全球机器人相关专利申请人技术集中度

单位：件，%

申请人	专利数量	占比
前5名	15055	4.13
前10名	22816	6.26
前15名	29049	7.97

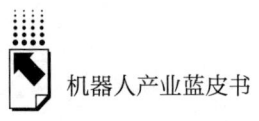

申请人	专利数量	占比
前 20 名	34101	9.35
前 30 名	42234	11.59
前 50 名	53930	14.79
全部申请人	364549	100

资料来源：incoPat 专利数据库。

从表 1 可以看到，全球排名前 5 的申请人专利数量之和是全球机器人相关专利总申请量的 4.13%，排名前 50 的申请人专利数量之和是全球机器人相关专利总申请量的 14.79%。机器人相关专利技术集中度相对较低，说明机器人技术分布较为分散，没有出现部分申请人的专利拥有量明显偏多的现象，但有利于排名靠后的申请人技术研发与专利布局。

4.全球机器人相关专利申请技术输出地分布

申请专利是申请人对技术研发成果进行知识产权保护的一种形式，地区内申请人提交的专利申请数量可以反映该地区申请人的知识产权保护意识以及与机器人相关技术研发的活跃程度。

全球机器人相关专利的申请人分别来自 125 个国家、地区或组织，图 3 为全球机器人相关专利申请量排名前 10 的技术输出地。

如图 3 所示，机器人专利的申请人中申请量排名靠前的所属国家或地区分别是中国大陆、日本、美国、韩国和德国，占全球机器人相关专利申请总量的 90.59%，说明这几个国家或地区是机器人专利申请与技术研发活动较为活跃的地区。

5.全球机器人相关专利申请目的地分布

申请人对专利的布局是基于对未来市场的防御，因专利具有地域性，申请人在某个国家、地区或组织的专利布局与申请人对相应目的地的市场重视程度密切相关。

全球机器人相关专利的申请目的地包含 89 个国家、地区或组织，图 4 为全球机器人相关专利受理量排名前 10 的专利申请目的地。

从图 4 中可以看到中国是相关专利受理量最多的国家，说明中国是机器

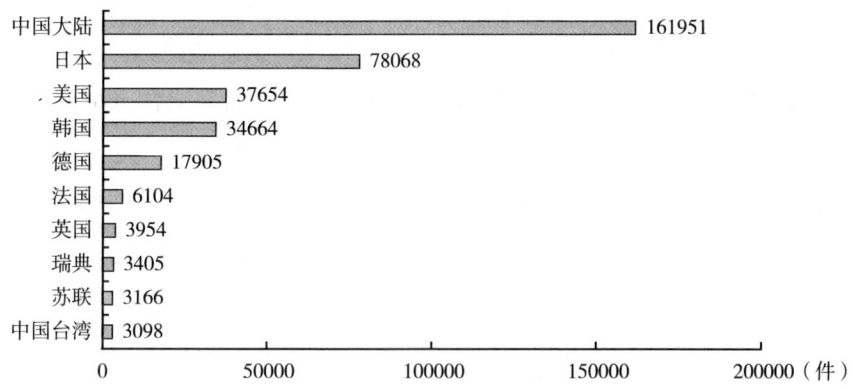

图 3　全球机器人相关专利申请量排名前 10 的技术输出地

说明：图中苏联专利申请量是在苏联解体前苏联存在时期公开的，因此仍称为苏联时期的专利。

资料来源：incoPat 专利数据库。

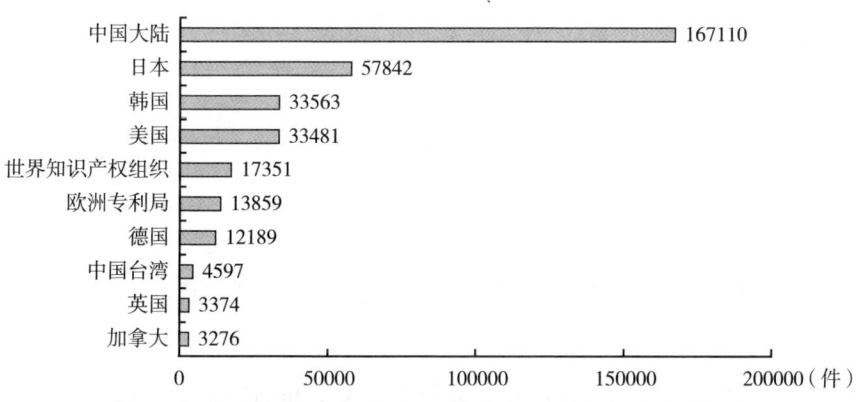

图 4　全球机器人相关专利受理量排名前 10 的专利申请目的地

资料来源：incoPat 专利数据库。

人产业的重要市场；另外中国申请人的专利申请一般都注重在本地的保护，向外申请的比例相对较少，中国申请人的相关专利申请量较多也是导致中国专利受理量最多的关键因素。

专利受理量排名第 5 的世界知识产权组织是 PCT 国际专利申请的统一受理局，该局的专利受理仅作为 PCT 国际专利申请进入一个或多个具体国家或地区的优先权途径，并不会对受理的专利进行授权。专利进入本国或本

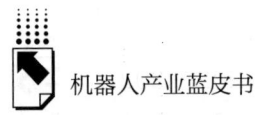

地区以外的国家或地区的成本相对较高,因此,申请人只会对较为关键、核心的专利进行 PCT 国际专利申请递交,以便以最低的成本同时进入多个国家或地区。所以,世界知识产权组织的专利受理数量可以体现全球机器人相关技术的重要专利数量。

递交至欧洲知识产权局的专利授权后,可以同时在欧盟成员国及部分其他国家进行登记,以获得在该国的知识产权保护;申请人就已经在欧洲知识产权局获得授权后的专利进一步在德国登记后,该专利就会同时出现在欧洲知识产权局和德国公开的专利信息中;申请人未将在欧洲知识产权局获得授权的专利向德国登记的,该技术方案无法在德国获得保护,也不会出现在德国公开的专利信息中;申请人直接向德国递交的专利申请亦不会出现在欧洲知识产权局公开的专利信息中。

(二)中国受理机器人相关专利发展现状

1. 中国受理机器人相关专利申请量发展趋势

中国受理的专利是指全球申请人以中国国家知识产权局为专利申请接收单位,专利的申请以及授权生效地均为中国。

公开数据显示,截至 2020 年 8 月 1 日,中国受理机器人相关专利总量为 167120 件,图 5 为 1985 ~ 2020 年中国受理的已公开的机器人相关专利数量变化趋势。

如图 5 所示,中国受理的机器人技术相关专利的数量变化趋势与全球机器人技术相关专利的申请趋势基本相同,中国申请人递交的大量专利直接带动全球相关专利申请一起进入快速发展期。

从起始时间上看,中国受理的机器人相关专利最早的申请年度是 1985 年,而全球机器人相关专利的最早申请时间为 1949 年。这与中国的专利制度实施时间有直接关系,国内第一部《专利法》于 1985 年正式实施,国家知识产权局相应开始接受专利申请,专利制度的实施时间相对晚于其他国家。上述原因导致中国受理机器人相关专利的最早申请年度比全球最早申请年度晚了 36 年。

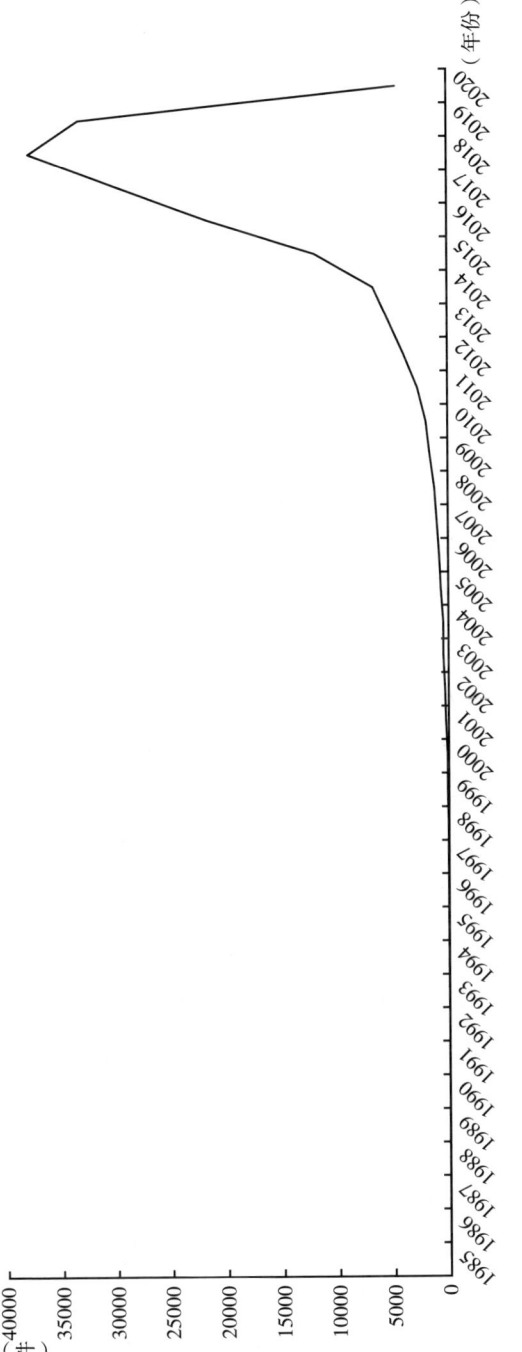

图 5　1985~2020 年中国受理的已公开的机器人专利数量变化趋势

资料来源：incoPat 专利数据库。

从总体趋势来看，全球机器人相关专利申请与中国受理机器人相关专利申请均处于快速增长状态。具体来说，中国受理机器人相关专利的发展趋势可以分为：萌芽期、缓慢发展期和快速发展期。

（1）萌芽期（1985～1998年）

在此期间，中国机器人相关专利年申请量相对较少，年申请量最多的是1998年，申请量为61件；虽然中国的专利制度已经建立并实施，但由于相关技术并未得到快速发展，机器人技术相关的专利申请并不活跃。虽然每年都有一定数量的专利申请，但申请量增长趋势非常缓慢，技术发展一直处于萌芽状态。

（2）缓慢发展期（1999～2010年）

这期间，中国机器人技术相关专利年申请量开始缓慢上升，从1999年的123件逐渐增加至2010年的1971件，年平均申请量为748.9件，年平均增长率为31.21%。与前一阶段相比，机器人专利年平均申请量开始逐渐增加，中国机器人技术进入缓慢发展阶段。

（3）快速发展期（2011～2020年）

这一阶段，国内机器人技术相关的专利数量快速增加，年平均申请量为17009.2件，年平均增长率为39.53%，最高年增长率为79.67%（2016年），2018年的年度申请量最高，申请数量为37853件。机器人专利数量的增长说明技术在快速发展，相关专利持续、快速地产出，中国机器人相关专利的申请进入快速增长阶段。这期间，中国经济逐渐得到发展，国民生活水平显著提升，工业、民用领域对机器人等应用前景较好的相关产品的需求量显著增加，大量申请人投入到相关技术的研发中；同时，国外相关企业开始加大对中国市场的专利布局，相关专利申请数量持续增加。

2. 中国受理机器人相关专利技术输出地分布

中国受理机器人相关专利的申请人分别来自53个国家或地区，图6为中国受理机器人相关专利数量排名前10的技术输出地。

如图6所示，中国受理的专利中申请人仍然是以中国大陆申请人为主，这与大量中国申请人的产品只在中国出售以及向国外申请专利成本相对较高有直接关系。

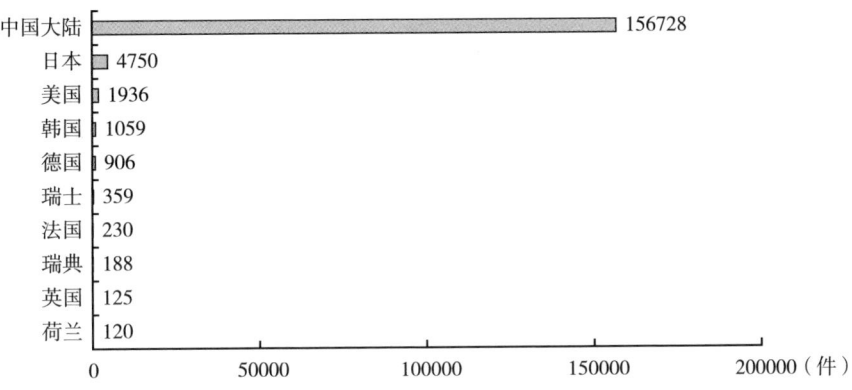

图6 中国受理机器人相关专利数量排名前10的技术输出地

资料来源：incoPat 专利数据库。

除中国申请人外，向中国递交专利申请数量较多的申请人主要来自日本、美国、韩国、德国等，这些国家的申请人在机器人技术相关领域的专利申请活动较为活跃，有能力、有需求向中国申请专利的申请人也相对较多。

3. 中国受理机器人相关专利申请类型分布

中国专利申请类型包括发明、实用新型和外观设计三种类型，根据对中国受理机器人相关专利类型分析，中国受理机器人相关专利的申请类型分布见图7。

从图7可以看到中国受理机器人相关专利申请还是以发明为主，占比达到54%、超过1/2。机器人涉及的控制、机器学习等技术一般只能通过发明专利的方式进行保护，而且机器人作为进入21世纪后才开始快速发展的新兴技术，创新水平相对较高，因此，发明专利申请占比超过1/2。实用新型只能保护产品结构方面的改进，专利申请量占比略少。国内机器人外观设计专利申请只有10%，外观设计对机器人技术的保护力度仅限于外观形状，相对而言保护力度较小，外观设计申请量占比最低。

4. 中国受理机器人相关专利有效性分布

专利有效性包括有效、失效和审中三种状态。有效专利表示已授权且维

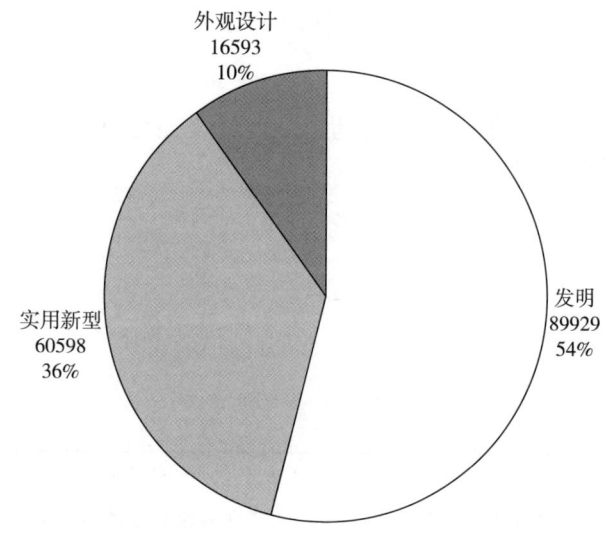

图7　中国受理机器人相关专利的申请类型分布

资料来源：incoPat 专利数据库。

持有效的专利。失效专利包括视为撤回、驳回、被全部无效、未缴年费权利
终止、主动放弃专利权、同日申请避重放弃专利权、保护期限届满等原因导
致的处于失效状态的专利。审中专利表示处于审查中的专利，包括已经公开
但尚未进入实质审查阶段的、已经进入实质审查阶段的专利申请。图8 为中
国受理机器人相关专利的有效性分布情况。

从图8 可以看到，中国受理的机器人相关专利中，有效专利占比达
46%，接近总量的1/2；审中专利不到总量的1/3；失效专利接近总量的
1/4。有效专利占比高、失效专利占比低，这与中国的机器人专利受理量变
化趋势有直接关系，中国受理的机器人专利年申请量在 1999 年逐渐增长，
2011 年才开始快速增加，2011 年之后申请的专利授权后都在保护期限内，
审查中以及处于保护期限内的授权专利占比较大，期限届满失效以及放弃维
护的专利数量相对较少，失效专利占比较低。

5. 中国受理机器人相关专利法律状态分布

专利法律状态包括公开、实质审查、授权、全部无效、驳回、放弃、期

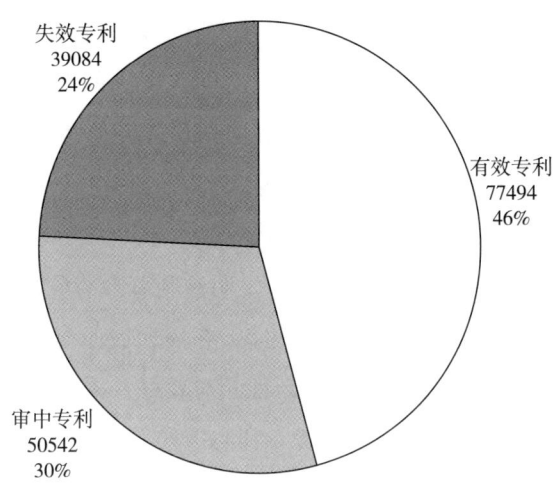

图8　中国受理机器人相关专利的有效性分布

资料来源：incoPat 专利数据库。

限届满等各阶段的专利状态变化，表2 为中国受理机器人相关专利的法律状态分布。

表2　中国受理机器人相关专利的法律状态分布

单位：件

法律状态	发明	实用新型	外观设计
授权	19866	44818	12803
实质审查	46719	0	0
未缴年费	4023	13143	3641
撤回	10074	0	0
驳回	5192	0	0
公开	3823	0	0
避重放弃	0	2268	0
期限届满	54	299	137
放弃	172	54	2
全部无效	1	14	10

注：法律状态是依据各法律状态对应的专利总量从大到小排序。

资料来源：incoPat 专利数据库。

表2中,国内机器人发明专利公开和实质审查状态的专利占发明总申请量的56.21%,超过了发明总量的1/2,而期限届满的发明专利只有54件,这与中国机器人相关专利在2000年专利申请量才开始逐渐增加、2000年之前相关专利申请较少有直接关系。这一点从实用新型和外观设计的期限届满数量与授权数量之间的关系也可以得到体现。

从国内机器人发明授权比例来看,发明专利总申请量减去法律状态为公开以及实质审查的专利,授权占比高达50.44%,驳回与撤回专利总量占比为38.76%,说明机器人技术整体创新性相对较好,授权专利占比超过1/2。

针对专利维护情况,从未缴年费专利与授权专利之间的数量关系可以得出结论。未缴年费表示专利授权后因未及时缴纳年费导致专利失效,即表示申请人已经放弃对该专利的维护。实用新型未缴年费放弃维护专利的比例最高,发明放弃维护专利的比例最低。

机器人专利无效方面,外观设计专利全部无效的比例最高,检索到的16593件外观设计专利中,有10件全部无效;发明专利全部无效的比例最低,法律状态为授权、未缴年费、期限届满、放弃和全部无效的24116件授权或曾经处于有权状态的发明专利中,只有1件被判定全部无效。

6. 中国受理机器人相关专利主要申请人

申请人申请专利是对其技术研发成果的保护,因此专利申请量越多的申请人,其技术研发更为活跃,研发投入、技术产出相对较多。图9为中国受理机器人相关专利数量排名前10的申请人。

从图9可以看到,排名第一的是中国科学院沈阳自动化研究所,该研究所的主要研究方向是机器人、智能制造和光电信息技术。中国科学院沈阳自动化研究所合作申请的机器人相关专利共计86件①,其中与深圳供电局有限公司、国家电网等企业合作申请专利70件,与沈阳自动化研究所(昆山)智能装备研究院、中国科学院沈阳自动化研究所扬州工程技术研究中

---

① 这里的86件,指的是与他人合作申请的专利,不包含该申请人单独申请的专利。即该申请人单独申请专利的数量为837件,与他人合作申请的专利为86件,合计923件。

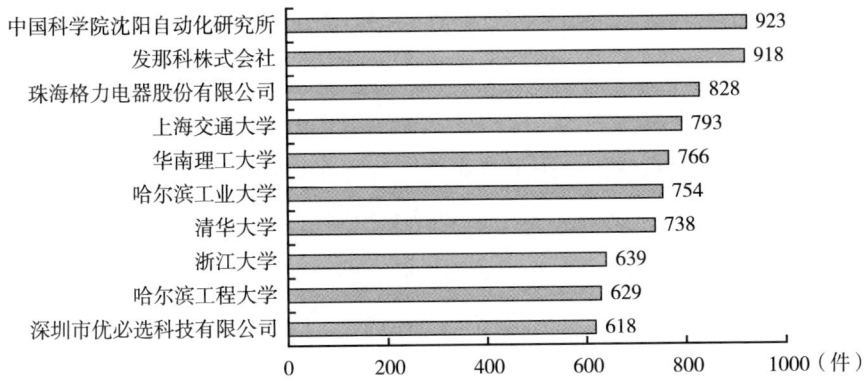

图9　中国受理机器人相关专利数量排名前 10 的申请人

资料来源：incoPat 专利数据库。

心、上海航天化工应用研究所这几家科研院所合作申请专利 19 件，其余专利则是与大专院校、机关团体合作申请的。由于存在同时与企业、科研院所、大专院校等不同类型申请人合作申请的情况，中国科学院沈阳自动化研究所与企业合作申请的专利数，以及中国科学院沈阳自动化研究所与科研院所合作申请的专利数量之和会大于中国科学院沈阳自动化研究所与他人合作申请的专利总数。

排名第二的发那科株式会社是日本企业，这家日本企业主要从事机器人、智能机器以及包含机器人的自动化成套生产系统的销售、安装和保养，机器人是其核心业务。

排名第三的是珠海格力电器股份有限公司，其主要生产用于工业生产的智能装备工业机器人，一般用于焊接、搬运、喷涂等生产工艺中。1991 年，珠海格力电器股份有限公司成立初期，生产的产品主要是家用空调，目前公司已发展成为覆盖家用消费品和工业装备两大领域的多元化全球工业集团。公司设立 15 个研究院，其中就包括 1 个机器人研究院，同时还设有机器人工程技术研发中心。① 珠海格力电器股份有限公司合作申请的机器人相关专

_____

① 格力官网：企业简介，https：//www.gree.com/single/32。

利共计 86 件，都是与格力旗下的企业合作申请的。

排名第四至第九的 6 位申请人都是大专院校，其中排名第四的是上海交通大学，该校的机器人研究方向较多，包括用于危险环境的特种机器人、用于辅助医疗的医疗机器人、用于农业领域的智能机器人等；此外，还包括泛在机器人技术与标准化研究，传感、网络与控制技术研究等与机器人直接相关的技术研究。上海交通大学合作申请的机器人相关专利共计 95 件，与企业合作申请的专利占比 82.11%，与机关团体、科研单位合作申请的专利相对较少。

排名第十的深圳市优必选科技有限公司成立于 2012 年，是一家集人工智能和人形机器人研发、平台软件开发运用及产品销售为一体的企业，主要的机器人系列产品包括智能巡检机器人、教育智能编程机器人、娱乐教育机器人和商用服务机器人。

7. 中国受理机器人相关专利的技术集中度与技术分布

（1）技术集中度

技术集中度是指在该领域内专利拥有量排名靠前的申请人其专利拥有量在该领域相关专利总量中的占比，占比越大则说明技术集中度越高。

表 3 为中国受理的机器人相关专利的技术集中度，即中国受理机器人相关专利数量排名前 50 申请人的专利数量之和在中国受理机器人相关专利总量中所占的百分比。

表 3　中国受理机器人相关专利的技术集中度

单位：件，%

申请人	专利数量	占比
第 1 名	923	0.55
前 5 名	4228	2.53
前 10 名	7606	4.55
前 15 名	10341	6.19
前 20 名	12641	7.56
前 30 名	16494	9.87
前 50 名	22499	13.46
全部申请人	167120	100

资料来源：incoPat 专利数据库。

从表3可以看到，就机器人技术而言，中国受理的相关专利中，前5名申请人的专利申请量之和仅为机器人相关专利总量的2.53%，这一数据明显低于全球前5名申请人的专利申请集中度；前50名申请人的专利申请量之和为机器人相关专利总量的13.46%，同样低于全球前50名申请人的专利申请集中度，说明中国的机器人相关专利的技术分布与全球相比更为分散，大量申请人在参与专利申请和技术研发，但尚未出现部分申请人的专利拥有量明显偏多的现象。这与机器人技术在中国发展起步较晚、相关专利申请从2011年才开始在中国快速发展有一定关系。

（2）专利技术分布

减速器是机器人完成各种动作的核心部件，减速器利用齿轮的传动变化，能够将电机的转数调整到所要的转数，并得到较大的转矩。而在机器人工作过程中，当负载较大时，单独考虑提高伺服电机功率的成本比较高，所以需要用减速器降低转速，提高输出扭矩。因此减速器在机器人工作过程中起着至关重要的作用，在机器人制造中占据的成本比例较高。图10为中国受理机器人各分支技术的专利数量占比。

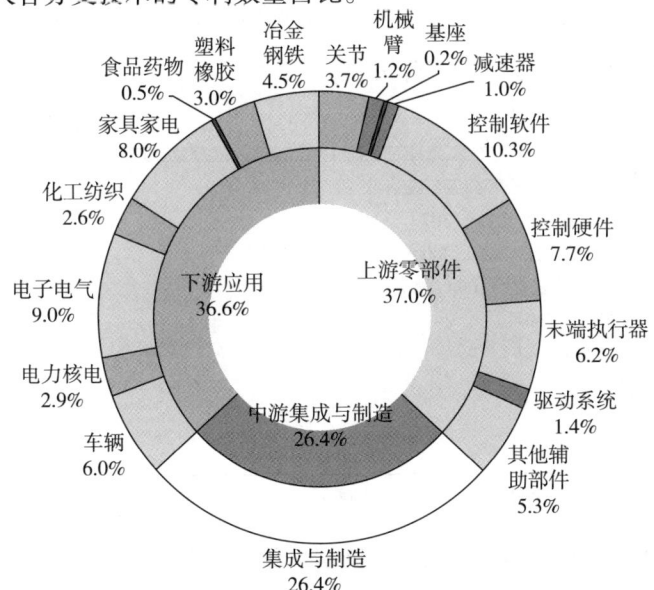

图10 中国受理机器人各分支技术的专利数量占比

资料来源：incoPat专利数据库。

从图 10 可以看出，在机器人产业链上游零部件中，减速器技术相关专利的申请量占比非常低，说明中国申请人在减速器领域技术研发活跃程度较低、专利申请量较少，减速器技术已经成为限制中国机器人技术高质量发展的技术瓶颈。

8. 中国受理机器人相关专利申请人地域分布

由于中国幅员辽阔，不同省份的经济、文化、工业等发展水平各不相同，对于知识产权的重视程度也有所差别，因此对于不同领域的技术，各省份申请人的专利申请积极性也有所差别。图 11 为中国受理机器人相关专利数量排名前 10 的申请人所在省份分布情况。

从图 11 可知，从国内申请人所在省份分布情况来看，广东、江苏、北京、浙江、上海领跑全国，机器人专利申请量占比都在 5% 以上；前 5 个省份申请人的专利申请量超过了全国总量的 1/2，占比达到了 57.27%。其中，仅广东省这一个地区申请的专利就占国内总受理量的 20.98%，超过了 1/5。这一结果与当地的经济、工业、交通运输等发展水平较好有直接关系，当然也与当地注册企业的规模、数量、所属技术领域有关。广东省排名第一的申请人是珠海格力电器股份有限公司。

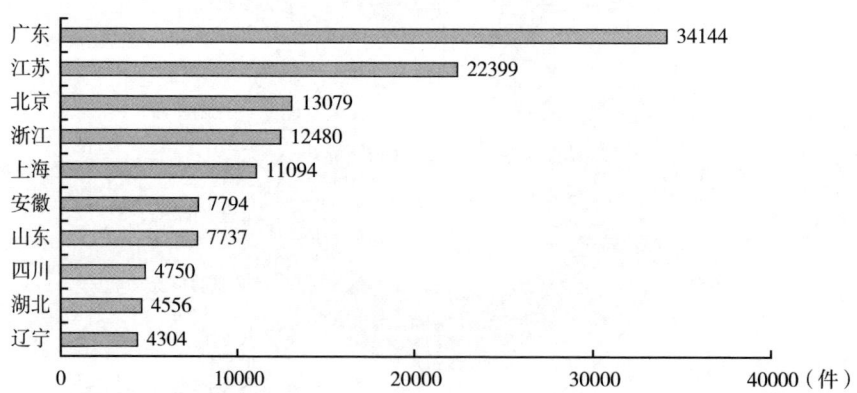

图 11　中国受理机器人相关专利数量排名前 10 的申请人所在省份分布

资料来源：incoPat 专利数据库。

二　机器人知识产权/专利现存问题

（一）中国的专利制度实施较晚，企业对知识产权的认知相对薄弱

中国从 1985 年才开始实施专利制度，申请人在专利保护方面更关注专利数量及布局，而对专利质量、诉讼技巧的关注度相对较低。专利稳定性和保护范围是评价专利质量的主要因素，因此，专利质量是专利价值的重要环节。专利质量较差，在后期的专利维权、无效应对、侵权谈判中将处于劣势，不利于企业未来的发展。

图 12 为 1949~2020 年全球机器人专利申请趋势和中国申请人专利申请趋势对比情况，可以看到，1998 年之后中国申请人在机器人领域的专利申请数量开始逐渐增加，2010 年之后专利数量增加迅速，在全球专利的申请量中占据了非常大的比例。中国申请人递交的机器人相关专利的数量已经具有明显优势，可将知识产权工作的重点适当向专利质量提升方向转移。

另外，由《2019 年全国打击侵犯知识产权和制售假冒伪劣商品工作要点》[①] 可知，国家已经开始加大专利执法力度，专利侵权纠纷与无效诉讼案件的数量将逐步提升，而专利质量会直接影响在起诉他人侵权、应对专利无效时成功的概率。因此，专利申请人有必要将知识产权工作重心向专利质量方面转移，进一步提升专利质量，使专利质量与数量同步提升。

（二）与全球数据相比，中国机器人专利技术集中度较低，专利申请较为分散

中国申请人专利数量在全球机器人相关专利数量中的占比相对较高，对

[①] 《全国打击侵权假冒工作领导小组印发〈2019 年全国打击侵犯知识产权和制售假冒伪劣商品工作要点〉》，中国政府网，2019 年 6 月 17 日，http：//www.gov.cn/xinwen/2019 - 06/17/content_ 5400941. htm。

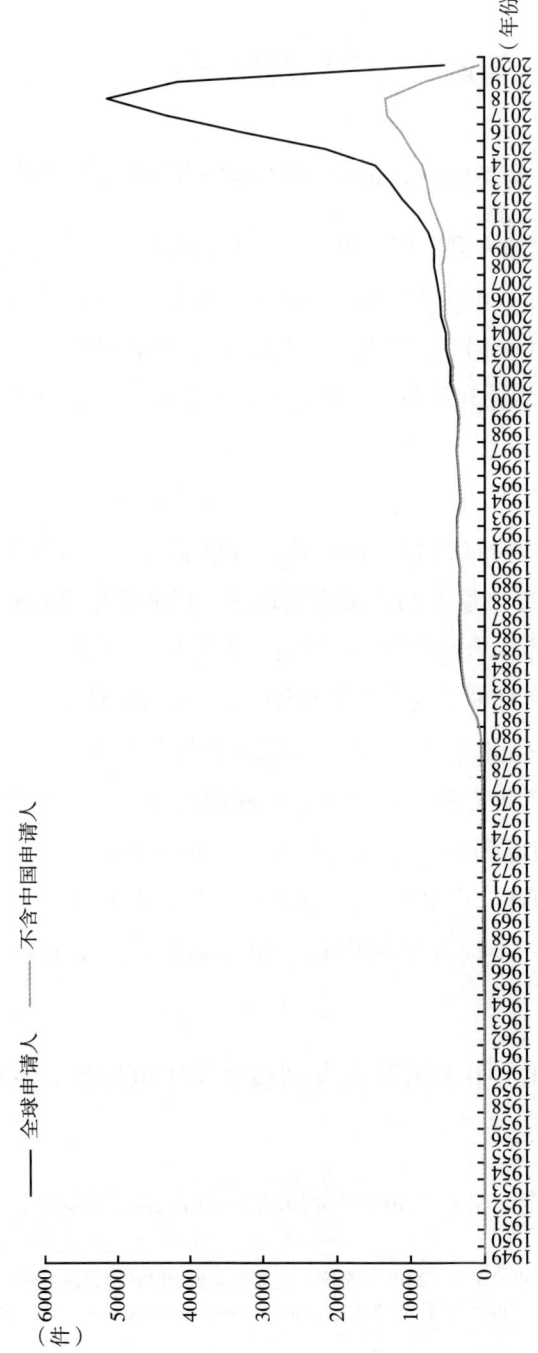

图 12　1949 ~ 2020 年全球机器人专利申请趋势和中国申请人专利申请趋势

资料来源：incoPat 专利数据库。

全球机器人相关专利总量的贡献较大，但全球机器人专利数量排名前 10 的申请人全部是日本和韩国申请人，中国申请人并没有出现。再从专利申请集中度来看，全球及中国前 5 名机器人申请人的专利拥有量占比分别是 4.13%、2.53%，说明中国申请人的专利申请较为分散，技术研发分散在大量不同的申请人中；小微企业①的研发投入能力有限，只能针对特定方向进行研发，且专利保护意识参差不齐，不利于机器人技术在中国的发展和知识产权保护。

（三）科研院所和大专院校申请积极性相对较高，企业参与度有待提升

从中国的机器人专利申请人前 10 名可以看到，排名第一的是 1 家科研院所，排名第二的是 1 家日本企业，其次是 6 个大专院校，本土企业只有 2 个。这说明在中国申请人中，企业参与研发的积极性低或者研发产出相对较少，专利数量积累较少，尚未出现拥有大量相关专利的巨头企业的身影。

（四）中国申请人的机器人专利布局主要集中在国内市场，对外的专利布局相对较少

从中国申请人的机器人专利申请技术流向可以看到，中国申请人在全球范围内共申请机器人相关专利 157863 件，其中递交至国家知识产权局的专利为 152713 件，占比 96.74%，也就是说中国申请人向外申请专利的比例只有 3.26%。该比例远低于美国、日本、韩国、德国等国家的专利申请量，即中国申请人的专利布局重点主要在于国内市场，对外的专利布局较少。

---

① 《中小企业划型标准规定》，中国政府网，2011 年 7 月 4 日，http://www.gov.cn/zwgk/2011-07/04/content_1898747.htm。

三 机器人知识产权/专利发展趋势

（一）机器人专利主要申请国的技术流向分析

专利申请的技术流向是指申请人向其所在国家或地区申请专利以及向其所在国家或地区以外的目的地申请专利的行为，从申请人所属国家或地区可以分析出机器人技术研发较为活跃的地区分布，从申请人的专利申请目的地可以分析得出申请人比较看好的机器人市场分布。

在机器人相关的专利申请中，全球申请量排名前 5 的国家分别是中国、日本、美国、韩国和德国。下面分别对这 5 个主要申请国家的专利技术流向进行分析。

1. 中国机器人相关专利申请技术流向

中国申请人在全球范围内共申请机器人相关专利 157863 件，其中递交至国家知识产权局的专利为 152713 件，占比 96.74%，递交至国家知识产权局的专利其他国家、地区或组织申请目的地为中国；其余 5150 件专利的技术流向其他国家、地区或组织，图 13 仅显示了中国申请人机器人专利申请技术流向排名前 10 的专利受理国家、地区或组织。

中国申请人的主要申请目的地还是中国，向外申请的专利不到 5%；向外申请的专利中，主要目的地是美国，向日本、欧洲专利局、欧盟、韩国申请的专利数量相对较少。

综上可以看出，中国申请人在机器人领域的专利申请更为注重在本国的保护，比较看好的对外市场是美国，其次是欧洲地区以及与中国邻近的日本、韩国等。中国申请人向外申请的机器人相关专利中，递交至世界知识产权组织的专利数量最多，说明中国申请人有意在世界范围内的多个国家或地区对技术进行保护，但相对于中国申请人在全球范围内申请的机器人相关专利总量来说，中国申请人递交的 PCT 国际专利申请的数量相对较少。

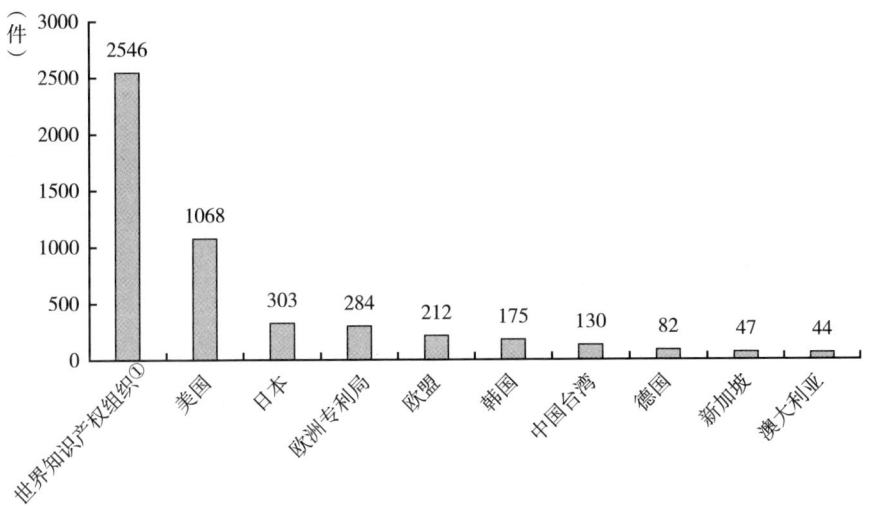

图 13　中国申请人机器人专利申请技术流向

资料来源：incoPat 专利数据库。

2. 日本机器人相关专利申请技术流向

日本申请人在全球范围内共申请机器人相关专利 76677 件，其中递交至日本的专利为 50566 件，占比 65.95%；其余 26111 件专利的技术流向其他国家、地区或组织，图 14 中仅显示了部分排名靠前的专利受理国家、地区或组织。

日本申请人的主要申请目的地还是日本，但对日本以外的市场也较为看重，向外申请的专利占比超过了 1/3。从图 14 可以看出，日本申请人向外申请的专利中，主要目的地是美国，专利申请量接近日本申请人专利申请总量的 1/10。

综上可以看出，日本申请人在机器人领域的专利申请更为注重在本国的

---

① 　向世界知识产权组织递交专利是专利进入其他国家的一种途径，是进入具体国家的基础文件；同时这种方式适用于一件专利同时向多个国家申请的情形，可以节省大量费用。可以认为，向世界知识产权组织递交专利，是申请人准备将该专利方案同时向多个国家或地区进行专利保护的意向表达。但是仅向世界知识产权组织递交专利而不进入具体国家是无法获得专利保护的，世界知识产权组织不进行专利授权，因此仅显示在图中供参考而不做具体分析。

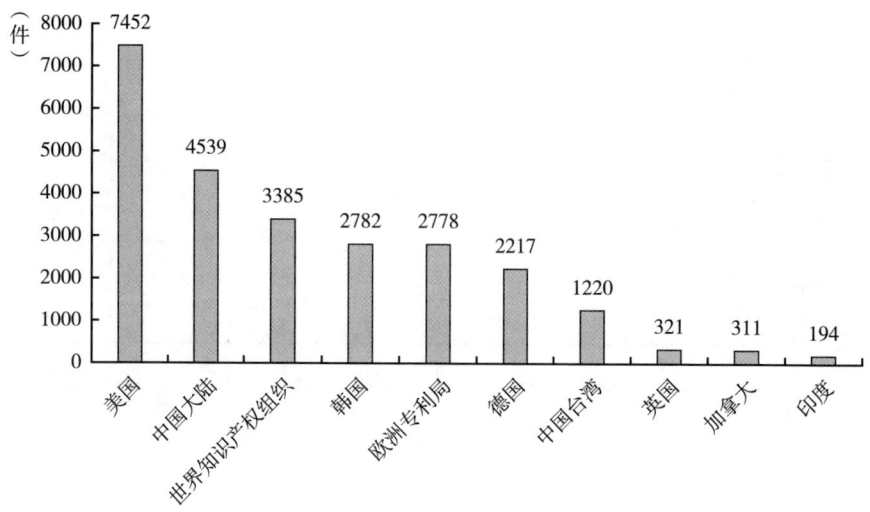

图 14　日本申请人机器人专利申请技术流向

资料来源：incoPat 专利数据库。

保护，比较看好的对外市场是美国，其次是中国大陆、韩国、欧洲专利局、德国等。

3. 美国机器人相关专利申请技术流向

美国申请人在全球范围内共申请机器人相关专利 37383 件，其中递交至美国的专利为 16194 件，占比 43.32%；其余 21189 件专利的技术流向其他国家、地区或组织，图 15 中仅显示了部分排名靠前的专利受理国家、地区或组织。

美国申请人对外申请的专利数量超过了在本国申请的专利数量，向外申请的专利占比超过了 1/2；向外申请的专利中，主要目的地是欧洲专利局和日本，专利数量均接近美国申请人专利申请总量的 1/10。

综上可以看出，美国申请人在机器人领域的专利申请更为注重对外布局，欧洲专利局和日本是比较看好的对外市场，其次是中国大陆、加拿大、韩国、澳大利亚、德国等。美国申请人向世界知识产权组织递交的专利数量在美国申请人向外申请专利总量中排名第一，说明美国申请人有意在世界范围内的多个国家或地区对技术进行保护。

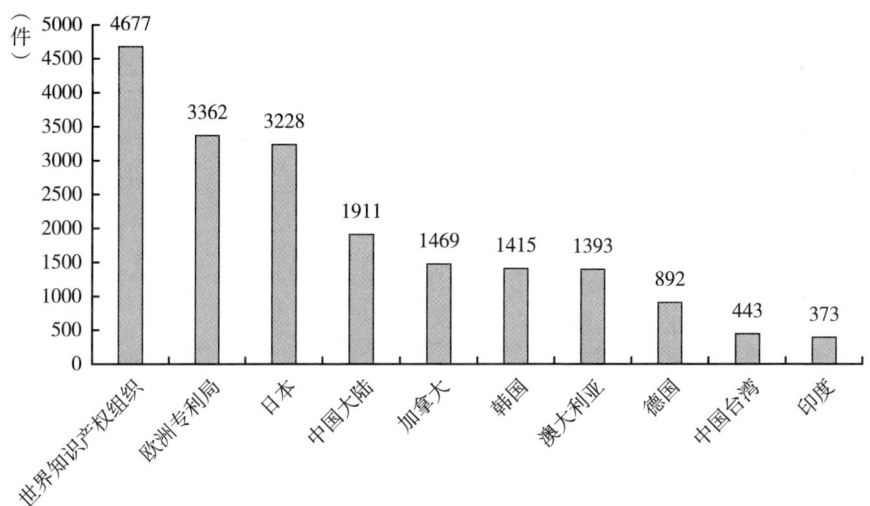

图15　美国申请人机器人专利申请技术流向

资料来源：incoPat 专利数据库。

4. 韩国机器人相关专利申请技术流向

韩国申请人在全球范围内共申请机器人相关专利33688件，其中递交至韩国的专利为27078件，占比80.38%；其余6610件专利的技术流向其他国家、地区或组织，图16仅显示了部分排名靠前的专利受理国家、地区或组织。

韩国申请人的主要申请目的地还是韩国，向外申请的专利占比不到1/5；向外申请的专利中，主要目的地是美国，向美国递交的专利数量是向世界知识产权组织递交专利数量的近2倍，是向中国递交专利数量的近2.4倍。

综上可以看出，韩国申请人在机器人领域的专利申请更为注重在本国的保护，比较看好的对外市场是美国，其次是中国大陆、欧洲地区、日本等。

5. 德国机器人相关专利申请技术流向

德国申请人在全球范围内共申请机器人相关专利17995件，其中递交至德国的专利为7192件，占比39.97%；其余10803件专利的技术流向其他国

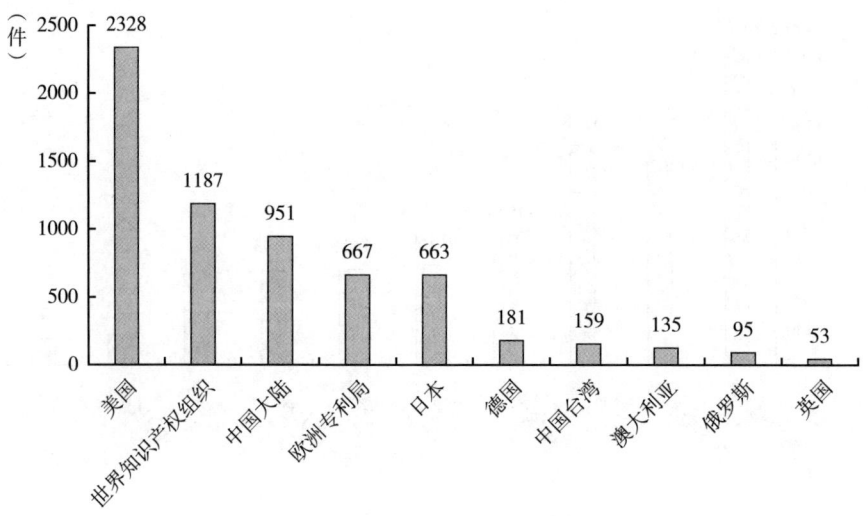

图16　韩国申请人机器人专利申请技术流向

资料来源：incoPat 专利数据库。

家、地区或组织，图 17 仅显示了部分排名靠前的专利受理国家、地区或
组织。

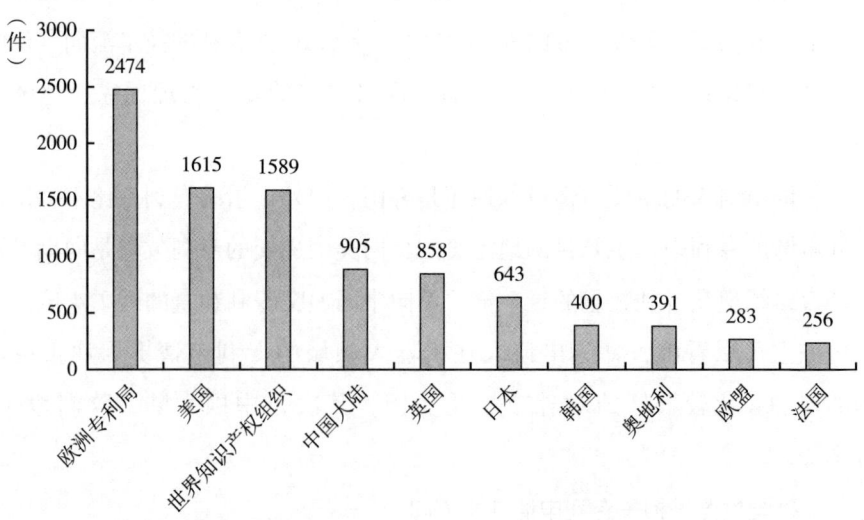

图17　德国申请人机器人专利申请技术流向

资料来源：incoPat 专利数据库。

德国申请人对外申请的专利数量超过了在本国申请的专利数量，向外申请的专利占比超过了 60%；向外申请的专利中，主要目的地是欧洲专利局，其次是美国。

综上可以看到，德国申请人在机器人领域的专利申请更为注重对外布局，比较看好的对外市场是欧洲地区，其次是美国、中国大陆、英国、日本等。

（二）中国受理机器人专利趋势分析

1. 中国受理机器人专利的申请人地域变化

不同时间段在中国受理的专利数量变化、申请人所属国家或地区变化，可以反映机器人技术在中国市场的保护热度和不同地区申请人的参与度，图 18 展示了 1985~2020 年中国受理的机器人专利申请量变化趋势。2019~2020 年的数据包括 2019 年 1 月 1 日之后申请的，且在 2020 年 8 月 1 日之前已公开的所有与机器人相关的专利申请。

从图 18 可以看出，1985~2020 年，无论哪个时间段，中国申请人的专利申请数量占比都在 1/2 以上。从 2000 年开始，虽有大量国外企业开始在中国布局机器人专利，但伴随国内机器人产业和技术的发展，中国申请人在中国受理专利中的申请量占比一直在持续上升，2015~2020 年中国申请人的专利申请量占比已经超过了 90%。

1985~1989 年，中国申请人的机器人相关专利申请量只有 57 件，占比 68%；其他国家或地区在中国的相关专利申请中，日本和美国的专利申请数量明显居多。这期间，开始在中国申请机器人相关专利的申请人所属国家或地区的数量已经达到 7 个。

1990~1994 年，中国申请人的机器人专利申请数量上升到了 83 件，是前 5 年的 1.46 倍，专利数量占比上升至 72%；其他国家或地区的申请人在中国的相关专利申请还是以日本申请人最为活跃，专利申请量达到了 16 件，美国申请人的专利数量占比有所下降。这 5 年间，除中国申请人外，在中国申请相关专利的申请人所属国家或地区的数量依然是 7 个。

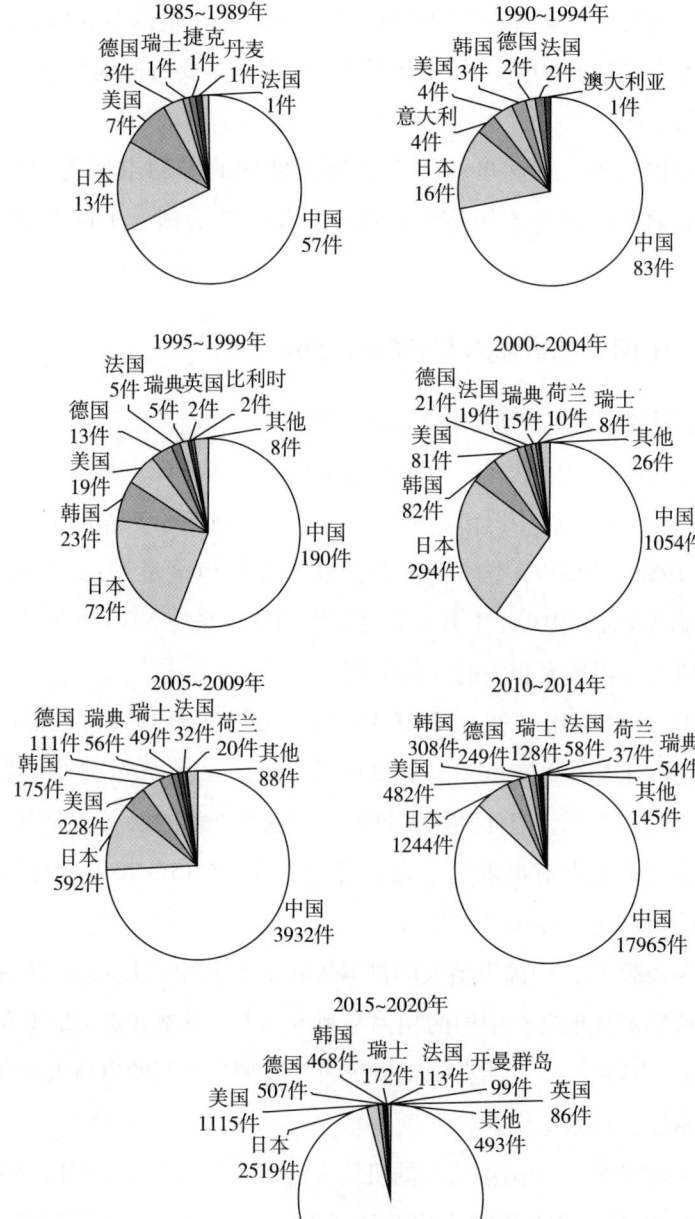

图18 1985～2020年中国受理的机器人专利申请量变化趋势

资料来源：incoPat专利数据库。

1995~1999 年，中国申请人的机器人专利申请数量上升到了 190 件，是前 5 年的 2.29 倍，专利数量占比为 56%，占比略有下降；其他国家或地区的申请人以日本申请人在中国的相关专利申请中最为活跃，其次是韩国、美国和德国的申请人，日本申请人的专利申请量达到了 72 件。这 5 年间，除中国申请人外，在中国申请相关专利的申请人所属国家或地区的数量上升至 14 个。

2000~2004 年，中国申请人的机器人专利申请数量上升到了 1054 件，是前 5 年的 5.55 倍，专利数量占比为 65%，占比开始回升；其他国家或地区的申请人以日本申请人在中国的相关专利申请中最为活跃，其次是韩国和美国的申请人，日本申请人的专利申请量达到了 294 件。这 5 年间，除中国申请人外，在中国申请相关专利的申请人所属国家或地区的数量上升至 19 个。

2005~2009 年，中国申请人的机器人专利申请数量上升到了 3932 件，是前 5 年的 3.73 倍，专利数量占比为 74%，占比持续上升；其他国家或地区的申请人以日本申请人在中国的相关专利申请中最为活跃，其次是美国、韩国和德国的申请人，日本申请人的专利申请量达到了 592 件。这 5 年间，除中国申请人外，在中国申请相关专利的申请人所属国家或地区的数量上升至 23 个。

2010~2014 年，中国申请人的机器人专利申请数量上升到了 17965 件，是前 5 年的 4.57 倍，专利数量占比为 87%，占比持续上升；其他国家或地区的申请人以日本申请人在中国的相关专利申请中最为活跃，其次是美国、韩国和德国的申请人，日本申请人的专利申请量达到了 1244 件。这 5 年间，除中国申请人外，在中国申请相关专利的申请人所属国家或地区的数量上升至 34 个。

2015~2020 年，中国申请人的机器人专利申请数量上升到了 133447 件，是前 5 年的 7.43 倍，专利数量占比为 96%，占比持续上升；其他国家或地区的申请人以日本申请人在中国的相关专利申请中最为活跃，其次是美国、德国和韩国的申请人，日本申请人的专利申请量达到了 2519 件。这期

间，除中国申请人外，在中国申请相关专利的申请人所属国家或地区的数量上升至44个。

整体来看，中国申请人的机器人专利申请量在2000～2020年迅速上升，专利数量增速超越其他国家或地区，专利数量占比已经上升至90%以上；就其他国家或地区的参与程度来说，日本申请人的参与度最高，其次是美国、韩国和德国；机器人专利申请量和参与的国家或地区数量也在持续增加，越来越多的国家或地区开始加入中国机器人市场的专利布局。

2. 中国受理机器人专利的法律状态分布

根据《专利法》第四十二条的规定，发明专利权的期限为20年，实用新型专利权和外观设计专利权的期限为10年，均自申请日起计算。到期后专利自动失效。因此本报告仅针对2000～2020年申请的发明专利和近10年申请的实用新型和外观设计专利的法律状态进行分析。

（1）机器人发明专利法律状态分布

图19为2000～2020年中国受理的机器人发明专利法律状态分布。

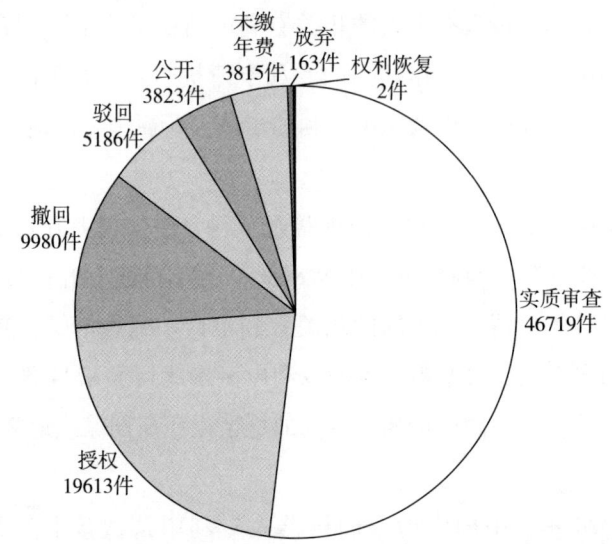

图19 2000～2020年中国受理的机器人发明专利法律状态分布

资料来源：incoPat专利数据库。

314

可以看到，2000~2020 年中国受理的机器人发明专利中，未缴年费①专利占比为 4%，所占比例相对较少。表 4 显示了 2000~2020 年中国受理的机器人发明专利维护状态数据，可以看到，申请时间越早，专利被放弃维护的概率越高，这与专利申请人技术更新快、申请越早的专利维护费用越高有关，因此对于已经不再使用或者不太重要的专利，就不再逐年缴纳年费以降低专利维护成本。但还是可以看到，除去已经届满失效的专利，2000 年申请的专利仍有 5 件处于授权状态，申请人仍在坚持维护专利权；2008 年申请的专利仍有 47.52% 处于授权状态，说明中国申请人对于机器人这一新兴产业的专利维护意识相对更强。

表4 2000~2020 年中国受理机器人发明专利维护状态

单位：件，%

申请年份	授权专利数量	未缴年费专利数量	有效专利占比*
2000	5	86	5.49
2001	41	140	22.65
2002	51	212	19.39
2003	116	380	23.39
2004	127	348	26.74
2005	205	356	36.54
2006	360	353	50.49
2007	347	505	40.73
2008	508	561	47.52
2009	695	638	52.14
2010	870	643	57.50
2011	1209	606	66.61
2012	1971	647	75.29
2013	2950	741	79.92
2014	3848	529	87.91

① 未缴年费是指专利权人在专利授权后没有在每年的申请日前按时缴纳年费，导致专利权丧失，该专利已经被申请人放弃维护。

续表

申请年份	授权专利数量	未缴年费专利数量	有效专利占比*
2015	5646	496	91.92
2016	9178	374	96.08
2017	5949	68	98.87
2018	3878	4	99.90
2019	1163	0	100.00
2020	120	0	100.00

* 有效专利占比 = 授权专利数量/（未缴年费专利数量 + 授权专利数量）×100%。
资料来源：incoPat 专利数据库。

另外，机器人授权专利占比只有 22%，超过 1/2 的专利处于实质审查阶段，占比达到 52.3%（见图 19）。由于机器人在中国属于新兴产业，中国申请人在近几年的专利申请数量急速上升，因此导致大量发明专利仍处于实质审查阶段，授权的发明专利占比相对较少，这一点从图 20 可以更具体地反映出来。

图 20 是 2011～2020 年中国受理的机器人发明专利法律状态，可以看到实质审查中的专利其申请年度主要集中在 2017～2019 年，2014～2016 年申请的专利只有少量处于实质审查状态。

各年度中，机器人专利占比相对较多的法律状态包括：实质审查、授权、撤回、驳回和公开。这里的撤回一般是在专利下发审查意见后未及时答复，导致专利申请失效的视为撤回，当然也包括专利公开后主动撤回的情况。

从数量上看，2016 年开始相关机器人专利申请量逐年增加，实质审查中的专利数量直线上升，再加上专利审查周期的逐步压缩，国家知识产权局的发明专利审查压力明显增加。

（2）机器人实用新型专利法律状态分布

图 21 为 2010～2020 年中国受理的机器人实用新型专利法律状态。

由于机器人实用新型专利只有在授权后才会公开，驳回或授权前撤回的实用新型专利不会被公开；而且机器人实用新型专利没有实质审查阶段，因此数量最多的是授权状态的专利。

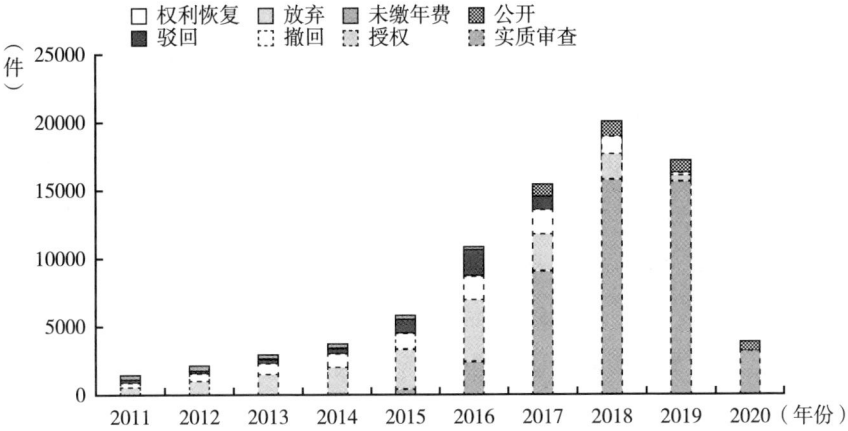

图20　2011~2020年中国受理的机器人发明专利法律状态

资料来源：incoPat专利数据库。

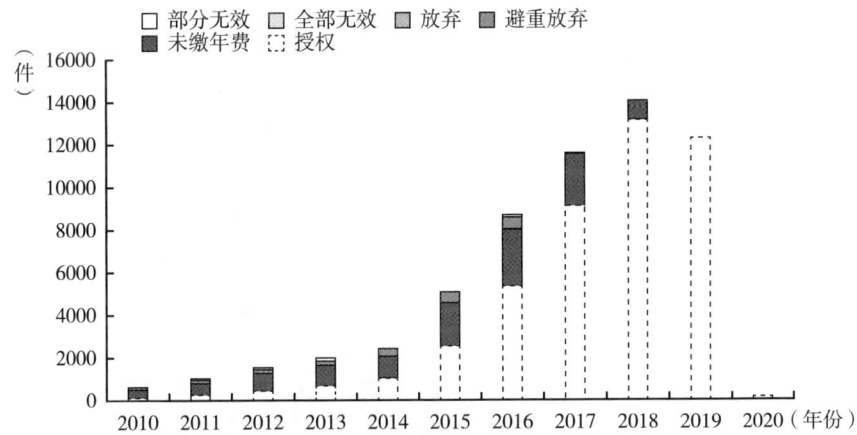

图21　2010~2020年中国受理的机器人实用新型专利法律状态

资料来源：incoPat专利数据库。

可以看到，申请时间越晚，授权专利占比越高；申请时间越早，未缴年费专利占比越高。这与机器人实用新型专利本身的申请成本相对较低、专利创造性相对较低，且只能保护结构类的改进，方法、施工工艺等无法通过有直接关系。上述因素导致申请人更容易放弃维护申请时间较早的或者已经不

再应用的实用新型专利。

几乎每年都有避重放弃的机器人实用新型专利，这与中国的专利申请制度有关。根据《专利法实施细则》第四十一条第二款的规定，申请人可以就一个技术方案同日申请发明专利和实用新型专利，待发明专利准备授权时，为避免重复授权，申请人可以选择放弃实用新型的专利权。这种情况下放弃的实用新型专利就属于避重放弃的情况。这是一种相对保守的专利申请方式，专利权人可以尽快拿到机器人实用新型的专利证书，提前进行维权；由于实用新型专利对于创造性的要求相对较低，因此即使发明专利因创造性不足无法授权，申请人也可以利用机器人实用新型专利对技术进行保护，但保护期限只有10年。

全部无效和部分无效是在机器人实用新型专利授权后被请求无效导致的，这种情况相对较少。

（3）机器人外观设计专利法律状态分布

图22为2010～2020年中国受理的机器人外观设计专利法律状态。

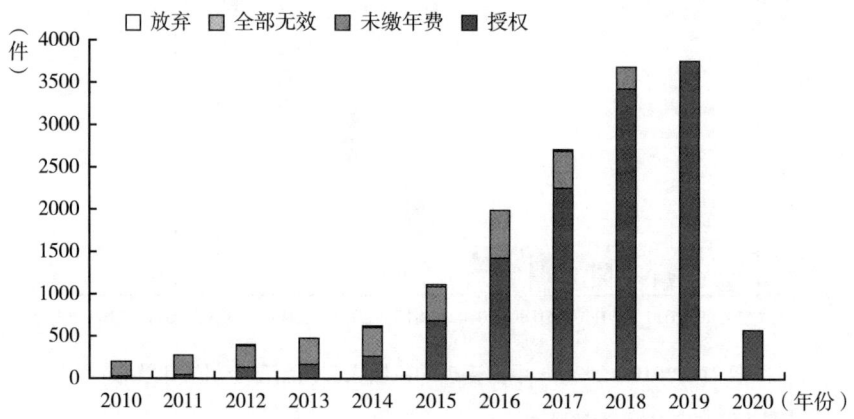

图22　2010～2020年中国受理的机器人外观设计专利法律状态

资料来源：incoPat专利数据库。

与机器人实用新型专利类似，机器人外观设计专利在授权后才会公开，驳回或授权前撤回的外观设计专利不会被公开，而且机器人外观设计专利的审查只有初审，而无实质审查阶段，因此数量最多的是授权状态的专利。

可以看到，申请时间越晚，授权专利占比越高；申请时间越早，未缴年费专利的占比越高。这与机器人外观设计专利本身的申请成本相对较低，只能保护产品的形状、图案、色彩结合有直接关系，上述因素导致申请人更容易放弃维护申请时间较早的专利。

全部无效和部分无效是在外观设计专利授权后被请求无效导致的，这种情况相对较少。

3. 中国受理机器人专利的技术效果变化

专利的技术效果反映了发明创造所能解决的问题以及实现的技术效果，因此不同时间段专利申请的技术效果变化，可以体现技术申请热点的变化趋势。图23至图26分别按10年、10年、10年、5年的时间段列出了1985~2020年各时间段内，机器人专利申请数量排名前10的技术效果及对应的专利数量。

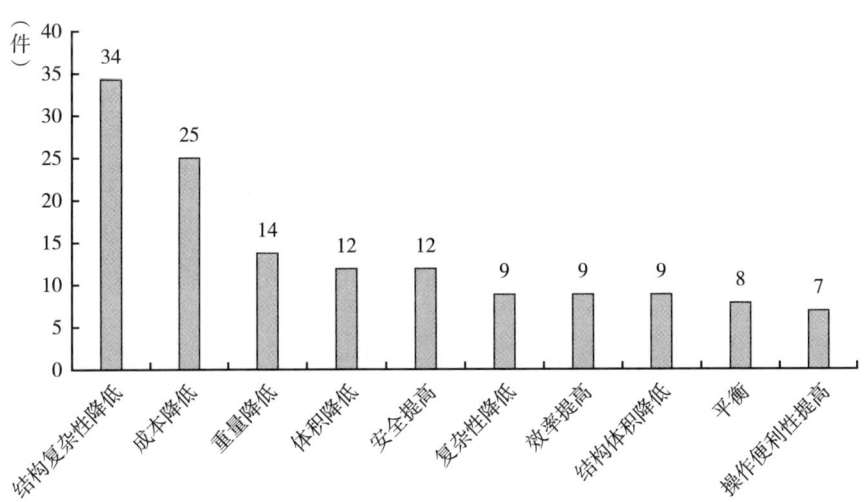

图23 1985~1994年机器人专利申请技术效果分布

资料来源：incoPat专利数据库。

可以看到，无论在哪个时间段，"结构复杂性降低"和"成本降低"都排在专利技术效果的前两名，这两个技术效果是专利申请人一直都比较关注

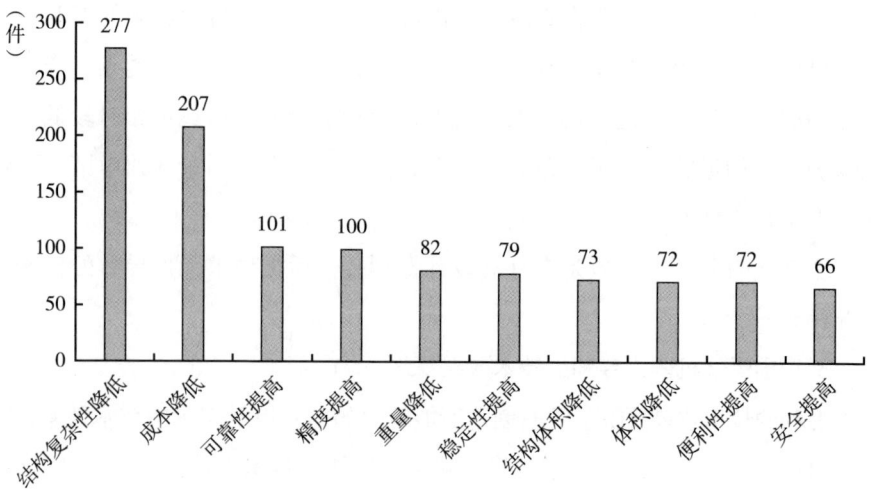

图24 1995～2004年机器人专利申请技术效果分布

资料来源：incoPat专利数据库。

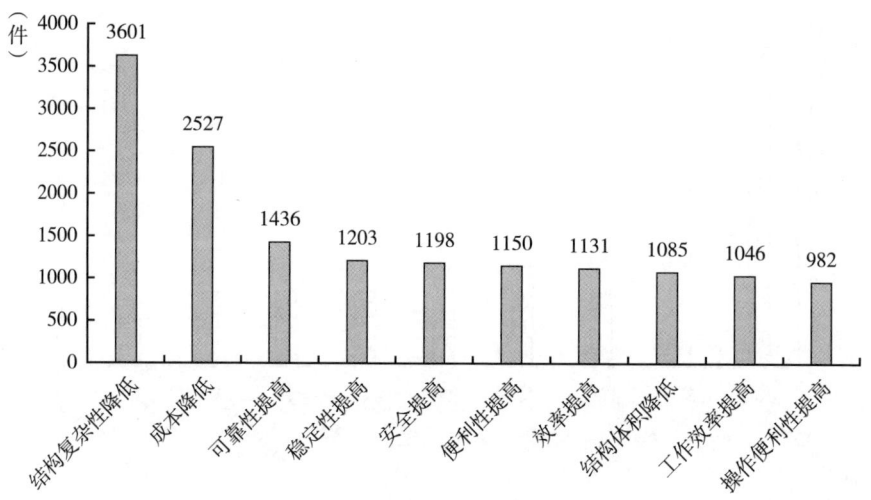

图25 2005～2014年机器人专利申请技术效果分布

资料来源：incoPat专利数据库。

的，涉及这两个技术效果的专利申请数量一直比较多。

1985～1994年，国内工业水平整体相对较低，设备体积相对较大，因此申请人对于"结构复杂性降低""成本降低""重量降低""体积降低"

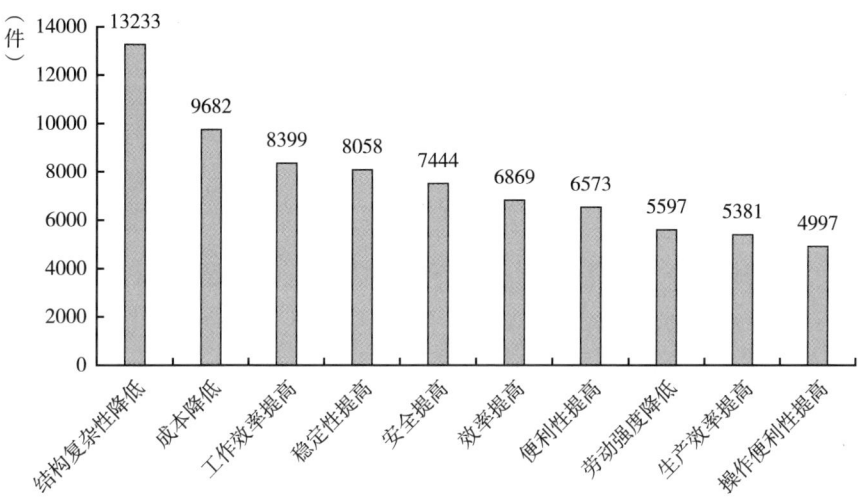

图 26   2015~2020 年机器人专利申请技术效果分布

资料来源：incoPat 专利数据库。

等问题较为关注；同时比较关注的还有"平衡"问题，以避免机器人在工作过程中失去平衡而出现倾斜或者摔倒的问题。

1995~2004 年，机器人专利新出现的关注热点是"可靠性提高""精度提高""稳定性提高""便利性提高"，"体积降低"和"重量降低"仍是比较关注的问题。

2005~2014 年，机器人专利新出现的关注热点是"效率提高"和"操作便利性提高"，"结构体积降低"的排名相对靠后。

2015~2020 年，机器人专利新出现的关注热点是"劳动强度降低"，"体积"和"重量"问题已经退出前 10 的排名，不再是申请人较为关注的技术效果。

总体来说，国内机器人专利申请早期对"体积""重量"问题关注度较高；随着机器人技术的发展，"体积"和"重量"问题已经得到解决，因此申请人对于机器人技术的关注点逐渐变为"安全提高""工作效率提高""稳定性提高""劳动强度降低""便利性提高"等更为细节性的改进之处。

四 机器人知识产权/专利发展建议

（一）专利权人关注专利质量

当专利权人要求实施者进行专利侵权赔偿时，可能会出现侵权判定结果为不侵权、专利被无效等各种情况，导致专利权人丧失维护自身知识产权的机会，不利于自身发展。

专利权人撰写专利时需针对方案进行充分检索，以及时发现方案是否已经被他人公开，引导专利权人提供改进的方案或者提供可以主动避开现有技术的替代方案，并以此为基础撰写的专利，在授权后被他人无效的概率相对较低，专利稳定性较高，但需要专业人员投入大量精力进行全面检索才能实现。

侵权判定结果主要受权利要求撰写质量影响，权利要求保护范围以及布局合理，则可以为专利权人获得合理的保护范围，起诉他人侵权时，判定为侵权的概率更高；权利要求的质量保障需要专利代理师在方案理解、技术沟通、方案扩展方面投入大量的时间才能进行合理的布局，是专利撰写过程中的核心环节。

决定侵权判定结果和专利能否被无效的关键因素是专利的权利要求布局和申请前的充分检索，这些工作都是需要在专利撰写过程中完成的，是影响专利撰写质量的核心内容。

因此，申请人在关注专利布局数量的同时，建议在专利质量控制方面投入更多的精力，避免在后期维权时处于不利地位，例如，成立专业的法务团队，积极参与或组织知识产权相关的培训，寻找高水平的代理机构完成核心方案的撰写等。

（二）有能力的企业可适当加大对机器人技术的研发投入

现阶段中国申请人对于机器人技术的研发较为分散，研发投入成本有限，虽然存在企业与大专院校、科研院所合作申请的情况，但专利数量占比较小。大专院校和科研院所在机器人技术申请的专利量依然超过了企业，甚至出现了发那科株式会社这家日本企业在中国的专利申请量排在第 2 名的现象，国外申请人在中国掌握大量专利的情况不利于中国机器人相关企业的知识产权保护。因此，建议有能力、有需求的企业可适当加大对机器人技术的研发投入，提升中国申请人的专利集中度，避免在中国机器人技术领域的专利申请出现国外申请人一家独大的现象。

（三）产学研结合，发挥各自优势，降低研发成本，探寻更多的研发方向

从中国受理专利的申请人排名可以看出，科研院所与大专院校在机器人领域的专利申请积极性相对较高，已经积累了一定的理论研究基础和一定数量的专利。

因此，企业可以结合自身的需求和优势，寻找合适的科研院所或大专院校进行共同研发，积极发挥各自的优势，通过产学研结合降低研发成本，探寻更多的研发方向。

（四）专利申请人注重国外市场的专利布局

专利申请在进行现有技术判定时，会对全球范围内已经公开的信息进行检索，包括申请人自己申请过的专利。专利具有地域性，因此，申请人在面对新的研发成果时，不应仅局限于国内市场，在向中国申请相关专利的同时，也应积极考虑向将来有意向进入的其他国家或地区进行专利布局，否则一旦超出优先权期限或者 PCT 国际申请进入国家阶段的时限，在中国申请的专利公开后将成为现有技术，此时申请人将无法在其他国家或地区对该技术方案进行保护。这种情况不利于产品向外的推广和销售，当后期有需求时知识产权短板将成为产品"走出去"的制约因素。

（五）申请人加强专利意识，熟悉诉讼技巧

现阶段知识产权已经成为企业的重要工具和谈判筹码，熟练掌握专利规则、合理利用知识产权工具，可以为企业争取利益的最大化，为后期的产品销售、维权保驾护航，降低企业的经济损失。

同时，申请人也可以适当了解最新的诉讼趋势、熟悉相关的诉讼技巧，将专利的布局、撰写与最新的诉讼趋势相结合，提升专利撰写质量和专利的稳定性，为后期的专利维权或无效应对提供坚实后盾。

B.10
中国机器人产业创新发展
报告（2020~2021）

——实现多维度产业创新，助推机器人产业发展

摘　要：　2019年，在国家大力推进新基建的时代背景下，机器人产业
获得更多助力，迎来了更多的可能性。科创板的设立、智能
制造基金的成立以及在全国范围内建设机器人产业园等措施
为机器人产业创新发展提供了多元化融资渠道及产业链支
持。机器人产业在技术研发、产品营销、产业融合等方面取
得了较多创新成果。未来，机器人产业将在政府支持下创新
发展，新产品、新应用不断涌现，企业构建多样化营销方
式，产业生态逐步形成，产业创新因素融合进而形成发展合
合力。

关键词：　机器人产业创新　新基建　关键技术　产业融合

一　机器人产业创新发展现状

产业创新是机器人产业可持续发展的强大动力，机器人产业的发展离不

---

* 葛姗姗，中国人民大学管理学硕士，北京大学－伦敦大学学院（PKU-UCL）国际MBA，哈工
大机器人集团市场总监，拥有13年大中型高端制造企业管理、市场品牌和人才培养经验；朱
磊，哈尔滨工业大学机电学院讲师，哈工大机器人集团副总裁，黑龙江省工业设计协会副秘
书长，国家工业设计奖评委，申报发明专利近50项，负责HRG市场、品牌、企业家学院。

机器人产业蓝皮书

开政策的支持及市场的推动。机器人产业创新的主体包括以国家政府为代表的相关机构，还包括持续深耕或者新进入机器人领域的众多企业或机构。创新成果主要体现在机器人产业创新环境的打造、融资渠道建设、产业链扶持、关键技术突破、商业落地探索以及产业融合变革等层面。

（一）政策创新因素

1. 国家政策鼓励基础产业发展，助推机器人产业实现产品及应用创新

新基建政策鼓励发展建设的领域包括人工智能、大数据、5G 等，这些领域相关技术的发展为机器人产业带来很多可能性，对机器人产业发展有着较大的促进作用。首先，人工智能的发展使机器人算法更加智能化，大数据的发展使得数据量级更大、模态类型更加丰富、范围更广，人工智能与大数据的发展，从算力和算法两方面促进机器人产品实现升级和创新，这将使得机器人的智能化水平得以进一步提升。其次，5G 使带宽大幅提升，机器人及自动化设备接入网的时间大幅缩短，可实现更大存储空间和算力，扩大机器人的使用范围，大幅提高机器人工作效率，成为引领机器人领域融合创新和驱动增长的新动力。这一方面可应用于高速实时通信传输要求极高的场景，保证了决策的准确性和及时性，如远程医疗、无人配送、室外巡检等；另一方面可实现机器人批量化协同工作。第三，新基建鼓励工业互联网快速发展，助力机器人技术实现数字化、网络化，提升机器人运行效率，同时产生更多价值。特高压是新基建中一个重要的方面，它的发展将为带电作业机器人、特高压巡检机器人提供广阔的市场空间，智能交通基础设施、智慧能源基础设施建设等也将为机器人带来新的市场增量空间。第四，新基建政策的驱动不仅可以引导游离资本去投资大数据和工业互联网等基础设施建设，也为相关企业开展相关研究和投入带来动力。未来，新基建将引导投资转向技术，实现投资从量到质的转变。

综上，新基建从机器人的产品创新、基础设施建设、技术研发支持、活跃资本及玩家、打造新的应用场景等层面为机器人产业进行助力，提供了创新外部环境。在此大背景下，机器人企业需深入了解市场需求、攻关技术、

打磨产品，练好内功，以把握时代的机遇，实现从无到有，快速发展。

2. 地方政策鼓励机器人产业创新发展，大力推动本地智能化改造升级

机器人产业跨学科，产品开发周期长，商业落地缓慢。想要推动机器人产业不断发展，除了市场驱动，也需要政策的持续支持。2019 年，中国中央依然大力推动产业升级改造，发展智能产业及机器人的应用和开发，同时全国各地也不断给予机器人产业政策支持，为机器人产业创新提供良好的政策环境。

地方政策支持主要以示范应用打造为目标，打造机器人创新能力和产业实力。例如，通过提升当地制造业机器人密度、打造智能制造应用示范项目、建设机器人产业集群等形式打造应用示范区。在具体实施过程中，各地区政策侧重各有不同，主要体现在以下几个方面。

第一，以建立健全产业链为目的，发展建设机器人产业集群。2019 年，深圳、上海、山东、安徽等地均在相关政策中提出通过建设机器人产业集聚区、机器人全产业链特色小镇、创新生态圈等形式，围绕以机器人产业上游技术研发、中游产品设计、下游应用为主线的机器人产业链，推动机器人产业在当地快速发展，提升当地制造业自动化水平，提升生产效率，实现制造产业升级。

第二，攻关机器人关键零部件，促进人工智能技术与机器人深度融合。2019 年，重庆、山东等地发布相关政策，提出重点发展机器人关键技术，力争与国际领先水平看齐。人工智能技术与机器人深度融合，可提升机器人的感知能力、智能化水平。浙江也针对该领域提出鼓励政策。

第三，提高制造业自动化程度，加快制造业智能升级。制造水平的提升对地区发展有着重大的意义，而实现机器人在制造企业中的使用，可大幅提高生产效率，实现制造业智能升级。江苏、浙江等地均发布政策，推进机器人智能化水平提升及智能制造升级。

第四，推进机器人在细分领域的应用。2019 年，黑龙江、湖南、重庆等地在相关政策中指出，要重点推进机器人在部分领域的应用。例如，湖南省重点鼓励推进工业机器人在省内优势产业中实现应用。

3. 创新产业配套支持，营造机器人产业创新环境

有力的产业配套支持是机器人产业创新发展的基础。2019年6月，科创板正式开板，拓展了机器人企业的融资渠道。同时，国家设立制造业转型升级基金，为智能制造企业提供资金来源。有了相关产业配套扶持，机器人企业可以在产品未全面商业化落地、未实现盈利的阶段专注技术攻关。

科创板重点支持技术研发水平高、具备创新能力的高新技术企业，机器人企业大多具备这一特点，科创板有望成为机器人企业新的融资平台。科创板对机器人产业的影响主要包括：为机器人产业拓宽企业融资渠道；科技型、研发型企业可通过资本市场支持获得快速发展；系统集成的体量、毛利率在整个产业链环节中最高，预计可优先实现受益。

国家对制造业转型升级高度重视，以财政部为第一大股东投资建立的国家制造业转型升级基金，在投资方向上主要围绕高新技术企业、基础制造企业及新型制造企业在不同发展时期进行战略投资。机器人相关企业涉足领域与国家制造业转型升级基金所支持的领域息息相关，基金的设立将为机器人企业创新提供有利环境。

4. 国内机器人产业园区提高建设水平，实现差异化功能布局

产业园区是中央或地方政府通过行政或市场化手段，划分一定区域，围绕发展规划和政策，聚集相关企业或产业，形成集聚程度高、集群优势明显的有效载体，其具备明显的辐射带动作用，将直接促进产业快速发展。

伴随机器人产业的发展，全国大中型城市相继建设机器人产业园区，但由于存在发展规划不清晰、管理运营水平不高等问题，机器人产业园区建设水平低、同质化发展、低竞争力企业仍获取政府补贴等现象频繁出现。

机器人产业的发展离不开产业园区的建设，依赖于产业园区来提高产业链分工协作效率和工业化进程。为进一步推进机器人产业园区建设水平，提升园区集聚规模效应，部分地方政府、企业逐步探索产业园区的差异化布局。

上海机器人产业园聚焦"机器人＋智能制造"特色产业，集聚发那科等200余家企业，推进快仓总部等重点产业项目，以打造上海机器人产业高

地和产业集聚发展标杆区。

哈工大机器人集团在惠州投资建设机器人智谷项目，将其定位为"科技创新人才综合体"，将构建机器人产业生态圈和创新人才圈，成为大湾区创新创业现象级项目。

（二）技术创新因素

1.控制器企业引入力控制以满足更多应用需求，简化控制方式以降低使用门槛

工业机器人的传统控制方式为位置控制，即机器人沿着事先规划好的轨迹在封闭、确认的空间中运动。随着机器人应用领域的拓展，市场需求推动机器人企业的创新，2019 年，在相关控制技术的带动下，创新型控制器不断涌现。

在某些场景中，单单将关节目标位置作为控制输出量远远不能达到应用的要求，必须引入力矩/力控制输出量，或者将力矩/力作为闭环反馈量引入控制。2019 年 9 月，珞石机器人推出柔性机器人 xMate 新品，其自主研发的新型控制器采用基于直接力控制技术的控制框架，可提供高动态力控能力，恒力控制精度优于 1N，具备柔顺控制特点，满足柔性操作场景需求。

机器人控制器的另一个创新方向是简化控制方式，降低使用门槛。节卡的小助系列协作机器人采用移动终端 App 控制模式，无须传统示教器、控制线，提高了示教过程灵敏度，支持远程控制协作。此外，珞石柔性机器人 xMate 控制器也进行控制方式创新，采用全图形化交互，降低了操作门槛。

2.伺服电机国产化率低，国内企业持续攻关相关技术

目前，国内绝大部分伺服系统市场被欧美和日系品牌占据，截至 2018 年，国产伺服系统占比已超过 20%，国产替代的速度不断加快。汇川技术、埃斯顿、禾川和格力等国内企业纷纷针对机器人研发了机器人用伺服电机，并相继进入批量化生产阶段。2019 年，汇川技术通用伺服实现销售收入 8.7 亿元。根据 MIR 2020 年第一季度的统计数据，禾川的伺服业务同比增长 119%，汇川技术的伺服业务同比增长 18%，而外资龙头企业整体增速相对较低。

　　国内企业持续致力于机器人用伺服产品的提升与改善，以禾川科技为例，在马达和编码器技术创新上，致力于开发减速机和马达一体的产品；对于需要在恶劣环境下工作的机器人，研发相匹配的机器人编码器；重点研发带 EtherCAT 网络的控制器以及带 EtherCAT 网络的伺服产品。

　　3. 减速器企业通过攻克关键工艺、更新齿形设计、提升检测水平等手段研发多款创新产品

　　减速器技术壁垒相对较高，国内企业通过采购先进设备等手段提升工艺水平，研发出多款创新产品。

　　2019 年 4 月，苏州绿的谐波针对高端工业机器人市场推出 Y 系列谐波减速器，提升了扭转刚度和传动精度。2018 年，来福谐波推出 δ 齿型谐波减速器以提高产品寿命、转矩容量；2019 年，来福谐波更新产品系列，推出 LSG、LSD 等高扭矩及超短谐波系列产品。

　　RV 减速器技术难度、基础工艺门槛高。秦川集团开拓以设计咨询为先导的研发模式，将技术研究与设备开发准确衔接，截至 2019 年，已开发四大系列产品，满足多种机器人选配需求。双环联动坚持自主研发创新，突破制造关键工艺等核心技术，于 2019 年开发具有更高"功重比"的 H 系列减速器。

　　4. 企业通过设计理论、研发模式创新等举措加快产品技术水平提升

　　目前，国内机器人企业为提升核心技术水平，构筑行业竞争门槛，缩小与国际巨头差距，越来越多地围绕市场需求，通过产品技术、研发模式等途径，加快机器人相关零部件及产品的技术和质量攻关，以持续提升企业自主创新能力。

　　苏州绿的谐波作为国内已实现批量供货的谐波传动企业，为提升企业技术竞争力，建立全新齿形设计理论体系，提高谐波减速器额定寿命及技术指标。

　　节卡机器人打破传统实验室研发决定产品的研发模式，打造"工程师文化"，于一线服务客户，依据客户现场需求研发、优化产品，最大限度由市场需求决定技术研发，促进产品实用功能落地，推进协作机器人的进一步普及。

5.机器人操作系统应用领域细分化，针对特定场景打磨产品

机器人操作系统是专为机器人软件开发所设计的操作系统架构，可让用户在统一的平台进行机器人软件开发，帮助机器人完成更复杂、高难度的工作，目前，普及程度最高的有 Ubuntu、Android、ROS，具备开源性、高性能等特点。伴随机器人产业的不断发展，产品应用领域更加细分，机器人厂商越来越希望正确的选择一个适配的操作系统，因此，陆续出现一批企业开发针对特定场景的机器人操作系统。

2019 年，库柏特发布机器人操作系统 COBOTSYS 3.0，集机器学习等技术为一体，降低了工业机器人使用难度，已在食品、物流等行业得到应用，合作企业有顺丰、菜鸟、中国烟草等。

图灵机器人的 Turing OS 机器人专属操作系统，让机器人具备多模态交互能力，适用于个人/家用教育娱乐领域，应用案例有蓝光机器人的哆啦A梦机器人等。

小 i 机器人的 iBot OS 机器人云操作系统，集云计算和大数据等技术为一体，快速帮助用户接入云端智能大脑，主要应用于公共服务机器人领域，应用案例有智臻网络科技的银行引导机器人 Ina、木爷机器人的餐饮机器人 Cooky。

猎户星空的 Robot OS 机器人业务解决方案平台，为开发者提供完整的机器人业务逻辑方案，可应用于服务机器人领域，应用案例有豹小秘、豹小递等服务机器人。

6.柔性抓手弥补传统机器人的不足，拓展机器人产业应用场景

传统机器人使用的夹爪主要由刚性材料制成，如金属、陶瓷等，无法针对材质较软、易碎、形状不规则的加工材料进行抓取。柔性抓手的出现，弥补了机器人针对该应用场景存在的欠缺。IFR 数据显示，目前90%以上的非刚性、形状不规则、易碎易损坏加工材料的上下料依赖人力，机器人替代空间较大。

目前，已应用于实际生产的软体机器人材质柔软，可以改变形状，实现易碎易损坏物品的抓取，还可根据物品形状变形包覆，实现对不同尺寸、形

状的物品进行抓取。国内柔性抓手产品已广泛应用于 3C 电子等领域，并逐渐开始在医疗康复领域实现应用，例如柔性抓手可应用于中风康复治疗、进行人体植入的医疗设备等。

国内软体机器人的代表企业为北京软体机器人科技有限公司，其研发的柔性抓手产品有 40 多种，获得了多项专利，其中不乏国际专利。2019 年，北京软体机器人科技有限公司获得多轮融资，被资本及市场看好。

（三）产品营销创新因素

1. 企业注重机器人设计创新，促进产品功能落地

如今，越来越多的机器人应用于工业、服务等领域，能够满足人们的使用和情感需求。因此，人们逐渐在产品功能、使用需求、市场竞争等方面对机器人设计提出了更高的要求。

从产品功能来看，企业的设计思维、理念将直接影响产品的功能落地，可通过设计来改进产品的功能拓展、实用体验。大疆推出 Robomaster 教育机器人，注重现代工业机械设计，视觉质感、科技感较强；采用模块化设计，可灵活组装；搭载机器人学习平台，培养使用者编程思维；基于机器人竞技基础，支持竞速和乱斗模式，提升用户娱乐体验。

从使用需求来看，企业需在产品设计上体现市场需求和消费痛点，避免因外观、大小等问题影响产品的使用。拓斯达通过对下游用户需求进行归类分析，设置更加通用的机器人参数标准，于 2019 年推出 HQ 系列机械手，既降低了生产成本，又为注塑行业、表面处理组装等工厂解决机械手过度空间浪费的问题，为用户解决使用痛点。

从市场竞争来看，国内机器人产品存在抄袭、外观设计大同小异的现象，企业为寻求一定的市场空间，需优化产品设计，尤其是个人/家用服务机器人作为 C 端消费品，其外观设计是否美观是消费者衡量是否购买的标准之一。

2. 企业降低产品成本及价格，激发市场潜力

在人口红利逐步减少、工作条件恶劣等多因素影响下，机器人的应用解

决了多个行业劳动力不足等问题，越来越多的企业期望借助机器人实现自动化生产。目前，虽国内外机器人产业链已较为完整，机器人产品不断发展成熟，但有部分因素制约着机器人进一步的普及使用，其中，价格就是重要瓶颈之一。如今，单台工业机器人、商业服务机器人的最低价格均在万元以上，对于企业而言，想要大规模采购机器人将承担一笔较高的开支，对企业生产经营压力较大。为帮助客户解决机器人使用顾虑，厂商陆续通过特定细分行业打磨、控制产品成本、探索新商业模式等手段降低机器人售价。

拓斯达针对注塑领域，定制化推出 HQ 系列标准化横走式五轴伺服机械手，共计 5 款，产品价格线上线下统一，最低零售价为 2.8 万元，最高零售价为 3.75 万元，降低企业采购成本。

越疆科技针对教育、工业等领域打磨机器人产品，通过技术研发等手段降低机器人售价，使企业"能用"且"用得起"。越疆科技推出协作六轴机械臂 DOBOT CR6-5，产品性价比较高，中小型企业及个人均可承受。

擎朗智能为突破商业服务机器人高价格限制规模化应用的问题，进行产品模块化设计，让产品大批量复制的同时，尽可能多地适配应用场景，让客户用更低的价格实现更多的功能。同时，擎朗智能为降低企业运营成本，推出租赁营销模式，花生系列机器人一天租金为 99 元，可连续使用 10 小时以上，帮助企业减少机器人使用的资金投入。

3. 围绕工业机器人打造可循环式全生命周期生态链，针对服务机器人以强大售后体系支撑应用落地

随着机器人产业的不断发展，客户对于机器人的关注不再只限于产品的质量，产品的相关配套设备及服务也成为他们关注的重点。

在工业机器人领域，工业机器人产品种类多、集成水平参差不齐，客户在采购智能设备及解决方案时难度高。51ROBOT 提出"ROBOT＋"应用升级服务理念，打造"工业机器人本体—操作编程培训—机器人标准系统—系统集成—实时监控软件—维护保养—二手机器人回收—翻新再制造"的全生命周期生态链，帮助客户解决问题，让客户享受到高品质产品以及一站式服务带来的便利。

在服务机器人领域，服务机器人智能化程度及技术复杂性不断提升，产品的安全性、售后等问题困扰着客户，这需要厂商重点应对。以高仙机器人为例，其售后岗位人力占比13%，通过自研远程问题排查软件系统、服务手册等方式解决客户问题，以24小时技术运维，发现客户痛点、解决使用问题、反哺产品研发，获得下游客户的认可。

4. 企业进行运营模式创新，维护及拓展客户群体

目前，国内外各行业竞争激烈，企业为保证自身生存发展，避免被市场淘汰，期望通过模式创新把握商业机遇，营销模式成为企业变革的途径之一。传统产品营销模式是通过广告宣传、人员推销等方式进行推广，以供客户进行了解和选择，而伴随产业的发展和市场需求的多样化，企业需要提供灵活、高效、个性、多元的营销模式来维护和拓展客户群体，提升经济效益。针对机器人产业，企业通过构造创新运营体系、打造多种营销组合等方式来打开市场。

产品本身具备连接属性，消费群体会因产品而聚合在一起。大疆利用无人机等产品作为中介，建立用户社群，举办航拍类型比赛，鼓励用户上传作品，使社群用户充分交流，对企业而言是免费且高效的宣传方式。同时，大疆会筛选优秀的航拍作品在官网展示，进一步激发用户参与积极性。目前，大疆的无人机社群已积累了上万名用户，其社群营销模式，将会让消费者获得更多的归属感，加强对品牌的忠诚度，帮助大疆维护及推广客户群体。

为解决公共服务机器人的普及受制价格因素的影响，云迹科技改变传统单一的产品销售模式，推出了包括销售、租赁和针对经济型酒店"租赁＋分成"三种模式，以降低用户机器人体验成本。云迹科技此前90%的酒店客户会选择租赁合作模式，但越来越多的中端酒店开始尝试通过分成模式来进行合作。

5. 面向国际市场需求，以产品技术创新、"出海"策略创新等方式开拓海外市场

伴随国内机器人产业的发展进步，部分技术实力强、有国际视野的本土企业积极向海外业务布局，并取得一定规模的市场订单。

国产机器人"出海"首先要解决产品和技术的稳定性问题，因为失去

本土优势的国产机器人必须在性能上更具优势才能在与国外品牌的竞争中脱颖而出。2019 年，极智嘉推出仓储机器人系统 RoboShuttle ®，实现仓库多层空间利用，提升产品性价比，落地法国某大型生鲜电商项目。

除产品创新外，国产机器人还在"出海"方式上进行革新探索，创造符合自身的差异化"出海"策略。炬星与三菱商事建立合作，提供 RaaS（Robot-as-a-Service）服务，降低导入 AMR 门槛，借机开拓日本市场。新松则选择绑定客户进行海外项目拓展，当中国制造业有海外建厂的需求时，新松为其提供一套完整的工业机器人解决方案，以强强联合的方式"出海"，同时紧跟国家政策，借助"一带一路"倡议东风，开拓东南亚业务市场。

（四）融合创新因素

1. 产学研深度融合，机器人相关企业探索打通"创新 + 创业 + 产业"链条

此前，中国机器人产业面临国内科技创新资源区域分布不均、高校等科研单位供给不足、企业研发滞后的问题，导致技术研发与市场应用脱节，基础科技研发成果转化率较低。伴随政府一系列鼓励机器人产业发展、促进成果产业化等政策的发布，人工智能等技术的发展，国内机器人产业正处于打通"产学研"链条的转型升级阶段，产业界纷纷积极探索新的发展模式。

新型研发机构最重要的职能是做科技研发成果的转化、附加孵化等服务，解决科技、经济"两张皮"问题。在相关政策引导下，一系列机构进行"产学研"模式探索。

深圳清华大学研究院是国内首个新型科研机构，打造产学研深度融合的创新孵化体系，截至 2018 年末，累计孵化 2500 多家企业、培养 21 家上市公司。

哈工大机器人集团凭借哈尔滨工业大学在机器人领域丰富的成果积累，以及自身在机器人产业实践中的业务积累，探索打造"创新 + 创业 + 产业 + 教育 + 资本"联动——HRG"科创产教"共同体模式，打通"创新链、产业链、资本链"。HRG 模式符合"新基建"三个基础内容（信息基础设施、融合基础设施、创新基础设施）中的多个要求，在突破关键技术等方面取得初步成效。HRG 下属的哈工大机器人（合肥）国际创新研究院自主

研发的机器人减速器检测系统等共 13 项解决方案入选安徽省发布的全国首个新型基础设施建设领域技术产品服务目录，侧面说明 HRG 取得的实质成果，解决制约产业发展关键技术问题的能力获得认可。

2. 机器人教育企业自研教具、打造线上、线下平台助力应用型人才培养，企业与主机厂合作培养专业人才

目前，机器人产业需要的人才层次、能力结构越来越多元化，人才是第一资源的重要性更加凸显。

近年来，中国特别注重机器人人才队伍的建设，通过在高校开设机器人相关专业、发布新职业、改善人才发展环境等多种方式为企业输送人才。2019 年，教育部印发通知，101 所高校获批建设"机器人工程"专业；人社部发布工业机器人系统操作员等新职业。

但国内机器人教育还处于初级探索阶段，高校教育注重理论知识体系的完整性，擅于培养通用型人才，在面向某个具体机器人型号的实际操作上存在不足。对于推行"机器换人"的制造企业来说，最大的痛点在于新技工的上手操作培训。购买了工业机器人的制造企业，很难抽出足够的设备和精力，投入到对新人的系统培训上。缺乏应用型人才是机器人产业普遍面临的困境，在此背景下，以哈工海渡为代表的机器人职业教育公司应运而生。

哈工海渡基于产业人才需求，重点设计侧重实操、"从零到一"的培训解决方案，开发满足应用和教学需求的教学装备，编写相关规划教材，完善教学资源。同时，哈工海渡设计开发"海渡学院"App，创新性打造线上线下互动教学平台。值得一提的是，在新冠肺炎疫情期间，"海渡学院"入驻"学习强国"App，开放共享优质教学资源，积极配合职业技能提升行动。

此外，部分机器人企业跨界与汽车主机厂商共建机器人学院，定向培养专业技术人才。2019 年，埃夫特与安徽汽车应用技师学院合作打造"埃夫特机器人学院"，HRG 与华晨集团签署合作协议培养高层次应用型人才。

3. 大型传统企业跨界布局机器人创新技术，推动自身主业提效增速，开拓新发展高地

在新兴技术的推动下，产业不断升级迭代，新的技术催生新的行业，行

业之间的关系也发生了明显的变化，在此背景下，跨界融合成为了常态。碧桂园、国家电网、格力等大型企业在其自身存量市场难以突破的情况下，纷纷布局机器人创新技术，一方面为了推动自身传统业务的提效增速，为行业升级而跨界；另一方面为了开拓新赛道，进入新的成长区，抢占新的发展高地。

身处劳动密集型的房地产行业，碧桂园对于人力成本上升、人手不足的现状认识更为深刻，尤其在建筑领域，存在高空作业等高危工种，整体行业面临着安全隐患。近年来，碧桂园逐渐将机器人作为房地产以外另一重点产业发展方向，致力于推进房地产产业自动化，以降本增效、降低产业安全隐患，并在其他领域积极探寻机器人商业化落地的可能性，进而实现盈利，打造新的增量市场。例如，碧桂园分别成立了建筑机器人及餐饮机器人企业，通过引进机器人产业顶尖人才，在机器人领域投入巨额研发经费，发布多项机器人相关专利，几十款建筑机器人样机进入测试阶段，数十款餐饮机器人投入使用。

在新基建政策推动下，特高压领域迎来快速发展。国家电网通过对机器人的研发投入，在机器人领域获取多项专利，实现了机器人产品在智能巡检、配网带电作业等场景下应用产品的内部供应，在一些高危作业场景，实现了自动化作业，既获得更加安全的工作方式，也大幅提升了效率。

家电制造是工业机器人最重要的应用领域之一。早在2013年，家电巨头格力就开始涉足机器人领域，经两年内部使用之后，于2015年成立了主营业务为机器人、机床等的格力智能装备公司。通过不断的研发积累，格力智能装备公司在机器人领域申请大量专利，并针对工业机器人领域在多个维度上进行了技术优化，在机器人领域获得了一定的成果。

4.特殊应用场景激发创新潜力，服务机器人在消毒、配送、治疗、防护等领域助力抗击疫情

疫情期间，防控疫情的有效方式是减少人与人的接触。在众多公共环境场景里，如医院、商场、酒店等，通过机器人来代替人力，不仅可以使相关机构业务正常运转，还有效减少了人与人的接触频次，进而阻止疫情的传播。例如，哈工大机器人（合肥）国际创新研究院推出的防疫消杀机器人，

由其替代人力在医院、商场、园区等场景针对环境进行消毒，保证消毒工作得以顺利进行，减少作业人员因为暴露在环境中感染病毒的风险。

疫情期间，医院的消毒需求较平时更高，钛米消毒机器人可在医院高质量完成消毒工作，不需要作业人员暴露在易感染的环境中。除此之外，疫情期间，配送机器人能够自己开门、坐电梯，替代部分人力工作，医护人员将药物、食物放在机器人上，然后设置好科室与床号，机器人可自行导航，向病房、病床输送药品、食品，在分担医护人员人手不足压力的同时，减少了病毒交叉感染的风险。

疫情期间，医护人员的防护等级进一步升级，需要对全身范围进行防护装备的佩戴以加强防护，在无形中增加了工作难度，尤其是打针、采血变得极为困难。磅客策着力辅助穿刺机器人研发，创新研发 AI 超声引导自主穿刺技术，可以精准识别血管的分布，快速计算出最优血管，判断血管及穿刺点的具体位置，帮助医护人员快速、安全、可靠地获取血液样本，还能降低交叉感染的风险。

在这场对抗新型冠状病毒感染的肺炎疫情的战争中，除消毒、治疗外，防护知识科普同样是其重要一环。通过部署巡逻机器人，对区域范围内实行自主巡逻、智能喊话、智能播报，提示行人戴好口罩、注意个人卫生等防护要点，还可直接通过红外热成像技术实时监控街道行人的体温，并对接政府部门大数据系统，及时锁定疑似病例，加强排查。

此前，服务机器人虽然引起了各大业界的广泛关注，但仅仅处于观望阶段，并未跨越市场教育阶段。新冠肺炎疫情中，服务机器人在各个场景的应用，除了对疫情进行有效的防控，还让社会各界看到了服务机器人的使用对于场景所带来的价值，将促进服务机器人在更多领域的商业落地。

二　机器人产业创新发展趋势

（一）政策多样化：政策多维助推机器人产业创新发展

2019 年，国家对机器人产业发展的支持力度不减，从中央到地方，不论是科创板的设立、新基建的提出，还是地方对机器人产业链发展的支持，政策对机器人产业的支持形式多样。

科创板大力支持高新技术产业或者战略性新兴产业的发展，强调企业的关键核心技术及创新能力，有助于引导机器人企业的创新方向，拓宽机器人企业的融资渠道。2019年，众多上游企业向中下游拓展，通过扩大企业营收规模，争取在科创板实现上市。

新基建从产品技术水平提升、基础设施建设、技术研发支持、活跃资本及玩家、打造新的应用场景等层面助力机器人企业创新发展，为机器人企业及新进入者带来新机遇。

地方支持政策围绕机器人产业链（如建立机器人产业园，建设机器人产业链，鼓励关键核心技术发展，推进智能化改造升级，推动机器人细分领域应用等）通过资金支持、成果奖励等形式对产业发展进行支持和鼓励。

（二）技术平台化：通过标准架构满足机器人广泛应用需求，加强快速拓展业务能力

机器人作为一种包含多学科知识的技术，发展历程中不断融合新学科、新成果，与前沿技术始终保持着紧密的联系。伴随着5G等各种先进技术的涌现与发展，在机器人产品上实现应用，机器人技术变得更加多样化，新的产品功能和应用不断涌现。在此背景下，技术平台化成为机器人技术的一个重要创新发展方向，库柏特结合深度学习、3D视觉、力控等技术，推出智能机器人操作系统COBOTSYS，配置统一的可视化编程环境和多任务表达框架，支持用户快速开发各种机器人应用；百迈技术自研工业级机器视觉通用平台通过集约式平台化管理覆盖多维产品矩阵，具有应用领域广、方案灵活、部署效益高等优势，已成功应用于半导体制造、面板制造等多个行业。未来，机器人企业将更注重技术平台的打造，通过标准化架构为用户提供产品及服务，满足广泛的机器人应用需求。此外，技术平台还可以利用开放架构，灵活接入第三方功能和服务模块，加强快速拓展业务能力，从而获得更多商业机会。

（三）营销社群化：让品牌和用户建立强信任关系，促进持续交易

近年来，机器人市场竞争日趋激烈，各机器人厂商运用多种方式展开市场争夺战，从"渠道为王"到"得流量者得天下"，营销方式不断翻新。2019年，在公域流量红利殆尽的大背景下，越来越多的企业开始瞄准私域流量，社群化营销成为一种效率极高的营销方式。大疆、哈工海渡等品牌，分别通过大疆社区、海渡学院 App 创建了私域流量，通过对相关社群的维护，增强用户对品牌的信任，保持用户的活跃度，建立了持续交易基础。例如，社群营销对于机器人初创企业来说帮助其沉淀了客户，维护成本相较传统的营销费用大大降低，可以帮助创业公司在竞争激烈的市场中站稳脚跟。

（四）市场全球化：机器人产业生态逐步形成

2019年，国外机器人企业不断在中国拓展业务、投资建厂的同时，国内机器人企业也纷纷选择"出海"，极智嘉将仓储机器人系统在欧洲落地，炬星与三菱建立合作降低 AMR 自动化仓库门槛打开日本市场，新松利用工业机器人解决方案布局东南亚市场。未来，伴随国内外机器人产业发展升级，在国内巨大市场潜力和良好经商环境下，将会吸引越来越多的外企来华发展；而中国政府相继推出的"一带一路"等顶层设计，将进一步鼓励相关本土企业、机构保持开放、合作的态度，更加积极地通过海外收并购、产品外销、技术创新、与国外相关企业合作等方式布局国外业务，开拓全球市场，这都将直接促进机器人产业全球化进程的加快，推动全球机器人产业生态的形成。

（五）场景垂直化：服务机器人聚焦场景需求，商业落地进程加速

2019年，机器人企业开始聚焦业务场景，并以为下游应用企业实现降本增效为目的进行产品设计，精简产品功能，降低产品使用成本，变得更加"务实"。同时，针对某一特定场景，机器人企业通过积累语料库、加强机器人语义理解力等方式，提升机器人在细分场景的专业化程度，机器人变得

更加专业化。在此背景下，服务机器人可以实现在某个具体业务场景中替代人力，提高业务效率，相应领域开始逐渐认可机器人的价值。

机器人企业聚焦需求，通过精简功能、商业模式多样化等方式，降低了用户的使用成本。更多下游用户开始为机器人买单，服务机器人逐渐在众多领域实现商业落地，机器人企业进而实现了盈利，部分企业还因此获得下游行业巨头的战略合作以及资本注资，进而为机器人企业持续优化产品提供了应用经验的积累以及资金的保证，实现了产业发展的良性循环，这也是机器人企业可持续发展的一条良好路径。

（六）创新融合化：机器人产业创新因素融合形成发展合力

此前，国内机器人产业政产学研各界创新力量较为分散，而随着机器人产业整体水平的不断提升，创新主体逐步丰富，正在探索构建以政府为保障、企业为主体、高校为助力、金融机构为支撑、行业协会为纽带等多元创新体系，且创新主体还能够在相关政策和机制下，互补创新资源，促进形成创新系统，具备创新发展合力。深圳清华大学研究院建立产学研深度融合的科技创新孵化体系，HRG 打造"科创产教"共同体模式，实现"创新＋创业＋产业＋教育＋资本"联动。机器人产业创新融合化发展，将最大限度发挥政产学研等组织的优势与特色，扎实推进机器人产业创新融合生态的建设。

Abstract

Annual Report on Development of Robot Industry in China (2020 – 2021) is a research report on the development of China's robot industry in 2019 and 2020, and is the second blue book in the series. This book is jointly established by HRG International Institute (Hefei) of Research and Innovation and China Institute of Science and Technology Evaluation, and is jointly completed with the support of industry experts.

There are three chapters in *Annual Report on Development of Robot Industry in China* (2020 – 2021), including a general report, four topical reports and five special reports.

The general report points out that China's robot – related application fields continue to expand, and the process of industrialization of scientific and technological research results is accelerating, but problems such as imperfect professional talent training mechanisms restrict the further improvement of the overall development level of the industry, and the joint efforts of relevant industry entities are urgently needed. At the same time, market opportunities such as the potential track of service robots and online talent education models have become the focus of the robot industry.

The topical reports analyze the four aspects of China's industrial robots, service robots, core components of the robot industry and robot industry system integration, and propose that the technological level of China's industrial robots has improved, and non – standard software and hardware products have become the focus of manufacturers'attention; service robots are penetrating multiple downstream application fields, and the industrial scale is showing a continuous growth trend; the technical barriers of core components in the robot industry need to be broken, and companies focus on the product development of new application scenarios; the robot industry system integration market is relatively fragmented, and the increasing demand for flexible production of smart factories drives the rapid development of market scale.

In the special reports, the Chinese robot industry is analyzed in details from five dimensions. "Regional Development and Analysis of Chinese Robot Industry (2020 – 2021)" report based on the seven major robotic industry clusters proposes that the robot development clusters in China have outstanding radiation effects, but there are problems such as unclear regional positioning. It is recommended to improve the development level of the robot industry through measures such as cultivating leading enterprises. "Current Situation and Analysis of the Capital Market of Chinese Robot Industry (2020 – 2021)" report points out that the medical and logistics fields are still hot areas of capital attention, and more market opportunities will appear on the potential track. "Current Situation and Analysis of Talents in Chinese Robot Industry (2020 – 2021)" report summarizes the exploration of new methods and new models of industrial talent training from all walks of life in China's robot industry, and proposes that online education is expected to become a new development opportunity. "Development and Analysis of Intellectual Property and Patent in Chinese Robot Industry (2020 – 2021)" report through the study of patent data in the robot industry proposes that the domestic robot industry patent applications are relatively scattered, and the applicants' patent awareness has been continuously strengthened. "Innovative Development and Analysis of Chinese Robot Industry (2020 – 2021)" report proposes that the innovation of the robot industry is embodied in technology, products, marketing models, etc. , and a diversified industrial innovation system is gradually formed.

Annual Report on Development of Robot Industry in China (2020 – 2021) systematically sorts out and analyzes China's robot industry from a scientific and rigorous perspective, hoping to provide enterprises, scientific research institutions and the general public with authoritative, full and accurate information about the development of domestic robot industry.

Keywords: Robot Industry; Industrial Robot; Service Robot; Core Components of Robot Industry; Robot Industry System Integration

Contents

I General Report

Abstract: In 2019, affected by the complex global economic situation, the growth rate of China's robot industry has slowed down. Under the influence of national policy guidance, the intelligent upgrading of manufacturing and the aging of society, the application of robotics has continued to expand, and the industrialization of scientific and technological research results has accelerated. However, problems such as incomplete and lagging domestic robot standards and professional personnel training mechanisms have restricted the further improvement of the overall development level of the industry. The joint efforts of government, enterprises, universities and other robot − related entities are urgently needed. In addition, with the changes in market demand and the evolution and application of

AI technology, new development trends and market opportunities have emerged in domestic robot industry. Some companies have adjusted their business directions and opened up the long – tail market. The potential track of service robots has become the focus of the capital market. Industrial talent training has explored online education models, and the industrial diversified innovation system has been gradually improved.

Keywords: Robot Industry; Robot Standards; Professionals

Ⅱ Topical Reports

B. 2 Development Report of Chinese Industrial Robot (2020 −2021)

—*Companies Focus on Industrial Application Innovation and Optimize Products in Segment Markets*

Shen Liang, Sha Xin / 021

Abstract: In 2019, affected by the economic downturn at home and abroad, the overall sales and import and export volumes of China's industrial robots have declined, but the proportion of domestic industrial robots has increased, and the sales of logistics, collaborative and parallel robot products have increased year on year. Robot manufacturers such as spraying, welding and polishing companies have improved their technical levels and expanded their application areas. The problems faced by the industrial robot industry such as intensive downstream application industries, market −dominated foreign brands and the heavy pressure of business operations can be solved through industrial application innovation, focusing on the deep integration among industries, universities and research institutes, optimizing products in subdivided areas, avoiding homogeneous competition and other means. In the future, with the development of industrial robot products and markets, non −standard software and hardware products will become the focus of manufacturers' attention after core components, and the market potential and application scalability of logistics and collaborative robots will

continue to increase.

Keywords: Industrial Robot; Human - machine Collaboration; Segment Markets

B. 3 Development Report of Chinese Service Robot (2020 -2021)

—*Application Areas Continue to Expand and Product Commercialization Is*

Accelerated　　　　　　　　　　　　*Sha Xin, Ge Shanshan* / 068

Abstract: In recent years, with the strong promotion of national industrial policies, the in - depth integration of artificial intelligence and information technology, the continuous breakthroughs in multi - sensing and navigation technologies, and the increasing improvement of the standard system, service robots have become more popular in housework, education, entertainment, hotel, party building, security, firefighting, coal mine, hospital and other fields, and its industrial scale continues to grow and has huge development potential. However, the overlap, deficiency and hysteresis of standards, lack of application rigid demand for some products, hidden danger of privacy leakage, and high degree of customization of some product categories have restricted the further development of China's service robot industry. In the future, with the development of edge computing, Internet of Things, brain - computer interface, voice recognition, new sensing and other technologies, the work efficiency of service robots will be improved, product costs are expected to be reduced, human - computer interaction will be more intelligent, and control and operation will be more convenient. In addition, categories such as outdoor delivery robots, commercial cleaning robots and construction robots are expected to further accelerate their implementation in the future as key technologies become mature and market awareness improves.

Keywords: Service Robot; Multi -sensor Fusion; Market Rigid Demand; Commercialization

Abstract: At present, the core components of domestic robots are gradually winning market space while continuously gaining technological breakthroughs. The gap between domestic and foreign robots is narrowing, and domestic products are gradually replacing imported products. However, China's core components still face problems such as unbroken technical barriers, application dependence on imports and lagging industrialization, which have restricted the rapid development of robot core components industry. Under the guidance and support of national policies, enterprises and other industrial entities need to seize market opportunities, increase investment in research and development, focus on the integration among industries, universities and research institutes, and achieve technical barrier breakthroughs and independent product innovation in subdivided product fields. At the same time, professional controllers, multi −sensor fusion and robotics software have become the focus of the core components industry.

Keywords: Core Components; Domestic Substitution Rate; Emerging Technologies

Abstract: In 2019, the growth rate of China's industrial robot system

integration market has slowed down sharply, and the system integration business of automotive and 3C electronics industries has declined. The market share of general industrial system integration continues to expand, and the application scope of handling integration is further expanded. The revenue scale of system integrators is generally small, and problems such as poor understanding of the process of subdivided industries have restricted the rapid development of the industry. It is urgent for system integrators to proactively expand to short − life − cycle industries, explore potential market space, focus on mid − to − high − end processes, and sort out core products that can be applied in batches. Affected by the COVID − 19 epidemic, China's industrial robot system integration market may see negative growth in 2020, but the epidemic will also promote manufacturing companies to accelerate the process of industrial automation. In the future, with the optimization and upgrading of China's industrial structure and the country's vigorous promotion of intelligent manufacturing, the demand for flexible production of smart factories is increasing, and the industrial robot system integration market has a bright future.

Keywords: Industrial Robot System Integration; Intelligent Manufacturing; Smart Factory; Flexible Production

Ⅲ　Special Topics

B. 6　Regional Development and Analysis of Chinese Robot Industry (2020 −2021)

—*The Role of Cluster Radiation Is Prominent and the Cluster and Synergy Effects Begin to Unfold*　　　　*Cao Yuan , Lu Yuanhang* / 208

Abstract: The report mainly analyzes the five dimensions of robot production factors, market demand factors, technological competitiveness factors, corporate competitiveness factors and policy factors in the seven major robot concentration areas, and elaborates the robot development status, existing problems and countermeasures in the industrial areas. It also analyzes the status quo and trend of each element in the typical areas of robot development, and finally analyzes the situation of typical industrial parks in the areas with examples. According to the above research and analysis, the radiation effect of robot development clusters in various regions of China is prominent, the industry is in the upgrading stage of high −quality development, the cultivation of industrial talents is accelerating, and the industrial cluster and synergy effects start to unfold, but problems and bottlenecks such as unclear positioning among various regions, lack of core competitiveness in products and failure to break through core technologies still exist. The future development of the regional robot industry still needs to take measures including cultivation of leading enterprises, promotion of regional industrial innovation and integration, strengthening the growth of regional unicorn enterprises, and co − construction and sharing of industrial ecology, in order to promote coordinated development among regions and comprehensively improve the development level and quality of domestic robot industry.

Keywords: Robot Industry; Core Competitiveness; Industrial Competition Theory

B. 7   Current Situation and Analysis of the Capital Market of Chinese

Robot Industry (2020 −2021)

—*Market Investment and Financing Activity Has Slowed Down and*

Investment Institutions Pay Attention to the Growth of Enterprises

Sun Hong , Shen Liang / 233

Abstract: In 2019, the domestic economy went downward, the downstream investment in fixed assets in the robot industry has slowed down, the revenue scale and gross profit ratio of robotics companies have declined, and the robot industry was facing many challenges. Companies have strengthened their domestic and foreign business layouts through mergers and acquisitions, and built core competitiveness through technology research and development and strategic cooperation. From the perspective of application industries, the medical and

logistics fields are still hot areas of capital attention. Leading companies have emerged in the fields of education, entertainment and commercial service, and the competitive landscape has gradually become clear. Companies need to establish a clear strategic development plan to reduce operating risks caused by frequent and costly overseas acquisitions and lack of product application scenarios. In the future, while investors continue to focus on popular tracks and top players, they need to pay close attention to companies that are constantly cultivating on potential tracks.

Keywords: Robot Industry; Capital Market; Listed Company; Investment and Financing

B. 8 Current Situation and Analysis of Talents in Chinese Robot Industry (2020 −2021)

—Diversified Demand for Talents and Training Mechanism to Be Improved

Zhang Mingwen / 263

Abstract: During the strategic transformation period of the manufacturing industry on a global scale, China's robot industry has ushered in an opportunity for explosive development. The scale of the robot industry continues to grow, making talents the key to the development of the entire industry. However, at the present stage, the supply and demand of talents in China's robot industry is imbalanced, there is a lack of professionals in robot R&D and design, technical application, assembly, adjustment and maintenance, sales and after −sales service areas, and the talent training mechanism is not perfect. In order to promote the development of the robot industry and solve the problem of talent gaps, governments, enterprises and institutions are constantly exploring new online education models and efficient talent training paths, in line with international standards, creating a high −standard talent training system and improving the quality of industrial talent training.

Keywords: Robot Industry; Supply and Demand Imbalance; Talent Training; New Occupation

Abstract: With the rapid development of China's economy and the continuous advancement of industrial transformation and upgrading, the huge development potential of China's robot market has attracted relevant domestic and foreign companies to actively participate in market competition. The future competition in the Chinese market will become increasingly fierce. Robotics is an emerging technology. Since 2011, the number of global and domestic robot − related patent applications has continued to grow. The number of related patent applications by Chinese applicants has significantly exceeded the total number of patent applications in other countries or regions. The concentration degree of robot −related patent technologies filed in China is significantly lower than the global concentration degree. China is still at a stage where a large number of applicants actively participate in patent applications. There has not been a phenomenon that a small number of applicants have a large number of related patents, which is not comparable to the global patent application concentration degree. Applicants from the United States, Japan, South Korea, Germany and other countries are also actively deploying robot − related patents in China. Chinese applicants should further increase their investment in technology research and development, enhance their awareness of patent protection, and be familiar with the application of patent laws for the development of enterprises.

Keywords: Robot; Patent Quantity; Patent Quality; Global Patent Layout

B. 10　Innovative Development and Analysis of Chinese Robot
Industry（2020 -2021）

—*Realization of Multi - dimensional Industrial Innovation and Boosting
the Development of the Robot Industry*　　*Ge Shanshan*, *Zhu Lei* / 325

Abstract：In 2019, under the background of the country's vigorous promotion of new infrastructure construction, the robot industry has gained more assistance and ushered in more possibilities. The establishment of the STAR Market, the creation of the intelligent manufacturing fund and the construction of robot industrial parks nationwide have provided diversified financing channels and industrial chain support for the innovative development of the robot industry. The robot industry has achieved many innovations in technology research and development, product marketing and industrial integration. In the future, the robot industry will innovate and develop with the government's support. New products and applications will continue to emerge. Enterprises will build diversified marketing methods. The industrial ecology will gradually take shape. The integration of industrial innovation factors will form a joint development force.

Keywords：Robot Industry Innovation；New Infrastructure Construction；Key Technology；Industrial Integration

权威报告·一手数据·特色资源

皮书数据库
ANNUAL REPORT(YEARBOOK)
DATABASE

分析解读当下中国发展变迁的高端智库平台

所获荣誉

- 2019年，入围国家新闻出版署数字出版精品遴选推荐计划项目
- 2016年，入选"'十三五'国家重点电子出版物出版规划骨干工程"
- 2015年，荣获"搜索中国正能量 点赞2015""创新中国科技创新奖"
- 2013年，荣获"中国出版政府奖·网络出版物奖"提名奖
- 连续多年荣获中国数字出版博览会"数字出版·优秀品牌"奖

成为会员

　　通过网址www.pishu.com.cn访问皮书数据库网站或下载皮书数据库APP，进行手机号码验证或邮箱验证即可成为皮书数据库会员。

会员福利

- 已注册用户购书后可免费获赠100元皮书数据库充值卡。刮开充值卡涂层获取充值密码，登录并进入"会员中心"—"在线充值"—"充值卡充值"，充值成功即可购买和查看数据库内容。
- 会员福利最终解释权归社会科学文献出版社所有。

数据库服务热线：400-008-6695
数据库服务QQ：2475522410
数据库服务邮箱：database@ssap.cn
图书销售热线：010-59367070/7028
图书服务QQ：1265056568
图书服务邮箱：duzhe@ssap.cn

社会科学文献出版社 皮书系列
SOCIAL SCIENCES ACADEMIC PRESS (CHINA)
卡号：983238716858
密码：

S 基本子库
SUB DATABASE

中国社会发展数据库（下设 12 个子库）

整合国内外中国社会发展研究成果，汇聚独家统计数据、深度分析报告，涉及社会、人口、政治、教育、法律等 12 个领域，为了解中国社会发展动态、跟踪社会核心热点、分析社会发展趋势提供一站式资源搜索和数据服务。

中国经济发展数据库（下设 12 个子库）

围绕国内外中国经济发展主题研究报告、学术资讯、基础数据等资料构建，内容涵盖宏观经济、农业经济、工业经济、产业经济等 12 个重点经济领域，为实时掌控经济运行态势、把握经济发展规律、洞察经济形势、进行经济决策提供参考和依据。

中国行业发展数据库（下设 17 个子库）

以中国国民经济行业分类为依据，覆盖金融业、旅游、医疗卫生、交通运输、能源矿产等 100 多个行业，跟踪分析国民经济相关行业市场运行状况和政策导向，汇集行业发展前沿资讯，为投资、从业及各种经济决策提供理论基础和实践指导。

中国区域发展数据库（下设 6 个子库）

对中国特定区域内的经济、社会、文化等领域现状与发展情况进行深度分析和预测，研究层级至县及县以下行政区，涉及地区、区域经济体、城市、农村等不同维度，为地方经济社会宏观态势研究、发展经验研究、案例分析提供数据服务。

中国文化传媒数据库（下设 18 个子库）

汇聚文化传媒领域专家观点、热点资讯，梳理国内外中国文化发展相关学术研究成果、一手统计数据，涵盖文化产业、新闻传播、电影娱乐、文学艺术、群众文化等 18 个重点研究领域。为文化传媒研究提供相关数据、研究报告和综合分析服务。

世界经济与国际关系数据库（下设 6 个子库）

立足"皮书系列"世界经济、国际关系相关学术资源，整合世界经济、国际政治、世界文化与科技、全球性问题、国际组织与国际法、区域研究 6 大领域研究成果，为世界经济与国际关系研究提供全方位数据分析，为决策和形势研判提供参考。

法律声明